「憲法上の権利」入門

井上典之
Noriyuki Inoue
編

門田 孝
Takashi Monden
植木 淳
Atsushi Ueki
春名麻季
Maki Haruna
著

法律文化社

はしがき

　「人権」という用語は様々な意味で用いられる。たとえば，教師による体罰や学校でのいじめは児童・生徒の「人権」侵害になる，セクハラ・パワハラは「人権」侵害行為である，隣の家から聞こえるピアノの音がうるさくて静謐な生活を送れないのは「人権」侵害だといったように，傷害や脅迫，恐喝といった刑事法上問題になる行為，いやがらせや迷惑行為として民事法上不法行為として問題とされる行為をも含めて「人権」侵害といった用語が使われる。また同時に，法律で他者と区別して不利益が課せられる場合，伝えたいことを法律で禁止されている場合，さらには，日常生活を普通に送るのに困っている人を法律が生活保護の対象から除外している場合も，当該法律が憲法違反としての意味での「人権」侵害だといわれる。しかし，体罰やいじめ，セクハラ・パワハラ，ピアノ騒音などを含め，それらすべての事例は，同じ意味での「人権」の問題になるといえるのだろうか。

　たしかに，他者の人格や人間性を否定するような行為は「人権」侵害といっても過言ではない。しかし，法秩序における最高法規としての憲法が保障する自由・権利と，一般用語として用いられる「人権」とは同じだろうか。また，小学校の社会科の授業でも教えられるように，「人権」とは「人間が生まれながらにして当然に持つ権利」であるとするならば，それは，人類の有史以来ずっと存在していたはずなのに，「人権」は少なくとも18世紀のフランス革命以後，すなわち近代に入ってから登場する観念に過ぎないのはなぜだろうか。

　本書は憲法の基本的な考え方を学ぶためのテキストである。ただ，これまでの他のテキストとは異なる魅力を持たせるために，「人権」といった普遍的性質を持つ一般的な「人間の権利」ではなく，あくまでも日本の法秩序における最高法規としての憲法によって保障された自由・権利という意味で，それがいかなる規範的内容を持つのかを簡単に理解してもらえるよう，本書の書名を『「憲法上の権利」入門』とした。日本の憲法学や判例では，「人権」「基本権」「基本的人権」といった用語が相互互換的に，また同義的に使用されている。

i

本書はその点の混乱を回避し，真の意味で憲法上保障されている自由・権利を「憲法上の権利」という用語で表記することにより，本来の法学的意味での「憲法上の権利」の内容を学習してもらえるよう企図した次第である。そうすることによって，本論で示されているように，一般の市民，個々人は，「憲法上の権利」を保障される主体であって，決してそれを侵害する者として登場するものではないことを理解してもらえると考えている。

　本書の意図は上記のとおりであるが，本論では「憲法上の権利」を学ぶうえで必ず知っておいてほしい重要な判例を数多く取り上げ，特に最高裁により憲法違反と判断された事例はしっかりと提示することで，最高法規としての憲法で保障されている規範内容を十分理解してもらえるであろうことを期待するものである。さらに部分的にではあるが，比較法的視点からの解説も取り入れて，真の意味での普遍的性格を持つ「憲法上の権利」の理解を深めてもらえるよう，執筆に際しての工夫も行っている。

　なお，本書の執筆者は，2011（平成23）年から2014（平成26）年までの4年間にわたり日本の憲法学における学説の展開を概観する『法律時報』の「憲法・学界回顧」（83巻13号，84巻13号，85巻13号，86巻13号所収）で協働した旧知の研究メンバーであり，本書作成にあたっては，共著といってもよいほどの草稿検討と相互参照を重ねてきたことをここに付記しておく。

　本書出版は，約2年半前に，繰り返しになるが，憲法上の自由・権利の内容を伝える入門書として上記の意図から企画された。その際には，退位の可否という観点から天皇の「人権」という用語も使用されていた。本書出版の年に「平成」が終わるとは，当時まだ予想できなかった。出版に時間を要したのは，ひとえに編者の責任である。そのようなご迷惑をおかけしたにもかかわらず脱稿を辛抱強くお待ちいただいた法律文化社の上田哲平さんならびに梶原有美子さんのご厚意に，ここで深く感謝の意を表する次第である。

　　2019年2月
　　　六甲嵐が吹き荒れる神戸にて

　　　　　　　　　　　　　　　　　　　　執筆者を代表して　井上　典之

目　次

はしがき

プロローグ：憲法で保障される自由・権利を学ぶこと …………………… 1

Chapter 01　憲法上の権利の主体としての外国人 ……………………… 9
　　　　　　──日本「国籍」の壁？

- 第1節　はじめに　10
- 第2節　外国人の権利の保障とその限界　10
- 第3節　外国人に「保障されない権利」とは？　13
- 第4節　権利保障が問題になる「外国人」とは？　17
- 第5節　おわりに　18

Chapter 02　憲法上の権利としてのプライバシー権 ………………… 21
　　　　　　──「新しい人権」の代表選手？

- 第1節　はじめに　22
- 第2節　憲法13条の保障するプライバシー権とは　23
- 第3節　私法上の権利・利益としてのプライバシー　25
- 第4節　憲法上の権利としてのプライバシー　28
- 第5節　おわりに　31

Chapter 03　法の下の平等 …………………………………………………… 33
　　　　　　──みんな平等ってどういう意味？

- 第1節　はじめに　34
- 第2節　憲法による平等保障の意味　34
- 第3節　不合理な差別？　それとも合理的な区別？　38
- 第4節　問題となる色々な差別　40
- 第5節　おわりに　43

Chapter 04　家族制度と憲法問題 ……………………………………………… 45
　　　　　　──婚姻・家族・親子とは？

　第1節　はじめに　46
　第2節　家族形成の自由と時代遅れの法律　46
　第3節　伝統的家族イメージと違憲の法律　49
　第4節　婚姻における男女不平等　52
　第5節　おわりに　55

Chapter 05　選　挙　権 ……………………………………………………… 57
　　　　　　──議会制民主主義の根幹？

　第1節　はじめに　58
　第2節　選挙制度の構築　58
　第3節　選挙権および選挙権行使の保障　61
　第4節　投票価値の平等　64
　第5節　おわりに　67

Chapter 06　思想・良心の自由 ……………………………………………… 69
　　　　　　──どうしても謝らなければならないの？

　第1節　はじめに　70
　第2節　内心の自由の保障とは　70
　第3節　外部的行為と「思想・良心の自由」　73
　第4節　私人間でも問題に　77
　第5節　おわりに　79

Chapter 07　信教の自由と政教分離 ………………………………………… 81
　　　　　　──憲法は宗教とどうかかわる？

　第1節　はじめに　82
　第2節　信教の自由　83
　第3節　政教分離　85
　第4節　信教の自由と政教分離をめぐる様々な問題　89
　第5節　おわりに　91

Chapter 08　表現内容規制 ………………………………………… 93
──「生産性がない」はどこがダメ？

第1節　はじめに　94
第2節　表現の自由の保障　94
第3節　表現内容規制としての個人・集団の名誉侵害　101
第4節　おわりに　104

Chapter 09　表現手段の規制と忘れられる権利 ……………… 107
──情報発信手段の進歩についていけるか？

第1節　はじめに　108
第2節　古典的手段の規制　108
第3節　テレビの規制　111
第4節　新たな手段としてのインターネット　114
第5節　おわりに　118

Chapter 10　情報受領の自由，知る権利と情報公開制度 ……… 121
──黒塗りでも公開したといえるの？

第1節　はじめに　122
第2節　情報受領の自由・権利とは？　122
第3節　民主制社会における「知る権利」　127
第4節　おわりに　130

Chapter 11　学問の自由と教育を受ける権利 ………………… 133
──勉強するのは自由それとも権利？

第1節　はじめに　134
第2節　学問の自由　134
第3節　大学の自治　136
第4節　教育を受ける権利　138
第5節　義務教育　142
第6節　おわりに　143

Chapter 12　職業選択・居住移転の自由 …………………………145
　　　　　――「なりたい自分」になれますか？

　第1節　はじめに　146
　第2節　職業選択の自由　146
　第3節　営業の自由と合憲性審査基準　148
　第4節　営業の自由規制の合憲性　150
　第5節　居住・移転の自由と国籍離脱の権利　153
　第6節　おわりに　154

Chapter 13　財　産　権 …………………………………………157
　　　　　――それは「誰のもの」なのか？

　第1節　はじめに　158
　第2節　財産権の保障　158
　第3節　財産権の制約　160
　第4節　損失補償　163
　第5節　おわりに　167

Chapter 14　生　存　権 …………………………………………169
　　　　　――私も保護してもらえますか？

　第1節　はじめに　170
　第2節　生存権の意義・構造・性格　170
　第3節　生存権と生活保護　174
　第4節　社会保障制度と立法裁量　176
　第5節　おわりに　178

Chapter 15　労働権・労働基本権 ……………………………181
　　　　　――労働組合に出番はあるか？

　第1節　はじめに　182
　第2節　労働の権利　182
　第3節　労働基本権　185
　第4節　公務員の争議権　188

第 5 節　おわりに　190

Chapter 16　法律の明確性 ……………………………………… 193
　　　　　──「淫行」って何？

第 1 節　はじめに　194
第 2 節　不明確な刑罰法規　194
第 3 節　裁判所による限定解釈　197
第 4 節　裁判規範の明確性？　199
第 5 節　おわりに　202

Chapter 17　適正手続の保障 ……………………………………… 205
　　　　　──「結果良ければすべて良し」とはならない？

第 1 節　はじめに　206
第 2 節　法定手続の保障（憲法31条）　207
第 3 節　住居侵入・捜索・押収に際しての令状主義（憲法35条）　211
第 4 節　自己に不利益な供述の強要の禁止（憲法38条 1 項）　213
第 5 節　おわりに　214

Chapter 18　罪刑法定主義と事後法の禁止 ……………………… 217
　　　　　──後出しはずるくない？

第 1 節　はじめに　218
第 2 節　憲法原理としての罪刑法定主義　218
第 3 節　遡及処罰の禁止と事後法　222
第 4 節　おわりに　227

エピローグ：「憲法上の権利」の考え方と残された問題 …………… 229

判例索引
事項索引
執筆者紹介

プロローグ：憲法で保障される自由・権利を学ぶこと

第1節　はじめに

　憲法の学習において，いわゆる基本的人権について学ぶことが非常に大切になるということはいうまでもない。しかし，憲法学において人権を学ぶとはいったい何を学ぶことになるのだろうか。どの自由・権利が何条で規定されているということ，たとえば，平等原則は憲法14条1項で，表現の自由は憲法21条1項で，生存権は憲法25条1項で規定されているということを知るだけで基本的人権を学んだということになるのだろうか。そんな単純な勉強ではないはずである。そこで，本書ではまずその点から始めることにする。

第2節　憲法で保障される自由・権利

> 基本原理としての「基本的人権」の尊重

日本国憲法第3章の「国民の権利及び義務」との表題は大日本帝国憲法第2章の「臣民権利義務」の例にならうものであるといわれている。ただ，日本国憲法は，11条で最高法規の章にある97条とともに，「この憲法が国民に保障する基本的人権」を「侵すことのできない永久の権利」として，人権の不可侵性・普遍性を明確に示すことにより「基本的人権」の本質と性格を憲法の条文上明らかにしている。そして，それは，大日本帝国憲法の権利保障の内容との比較において，日本国憲法が日本の歴史上初めて近代立憲主義の基本原理とされる「基本的人権」の尊重に立脚することを示すものになる。そのうえで，憲法12条が憲法上の自由・権利の享有主体となった国民の権利保持の責務を，憲法13条が，憲法上の自由・権利保障の核心的原理としての個人の尊重と生命・自由・幸福追求に対する権利の最大の尊重をそれぞれ定めるとともに，「憲法が国民に保障する自由及び権利」は「公共の福祉」による限界に服することを規定する。その結果，憲法11条から

13条までの規定は，憲法による自由・権利保障の意味を明らかにする総則的規定と位置づけられるのであった。

　もちろん憲法11条（ならびに97条）では，「基本的人権」という用語が使われているが，その語は直接にはポツダム宣言10項（ポツダム宣言10項第3文は「言論，宗教，思想の自由，ならびに基本的人権の尊重は確立されなければならない」と規定）に由来するとの指摘からすれば，文言そのものよりも，公共の福祉による限界（後述）があるとはいえ，普遍的で永久不可侵の基本的人権とともに「憲法が国民に保障する自由・権利」が，大日本帝国憲法下での「法律ノ範囲内」で保障されるのではなく，国民代表機関で国権の最高機関である国会（憲法41条）の立法によっても「最大の尊重を必要とする」性質のものとされている点に，日本国憲法での自由・権利保障の本質が示されているといえる。また，憲法11条や97条で示される人権の不可侵性・普遍性との関係で，人権総論的な問題として国民とともに外国人や法人の人権享有主体性が問題になるが，憲法11条の文言だけからは，その点に関する一義的な解答が必ずしも得られるわけではないことを付け加えておく（⇒ Chapter 01，エピローグ）。

「基本的人権」と「憲法上の自由及び権利」　まず，文言の読み方として，憲法11条が定める「この憲法が国民に保障する基本的人権」と，12条の「この憲法が国民に保障する自由及び権利」，13条の「生命，自由及び幸福追求に対する国民の権利」の関係が問題になる。

　この点で，形式的にとらえれば，最高法規としての憲法が保障する「自由及び権利」が「基本的人権」であると考えることもできる。しかし，1789年のフランス人権宣言において取り上げられたように，「基本的人権」をその不可侵性・普遍性との特性から自然権的・前国家的権利として「人間が生まれながらにして当然に持つ自由・権利」との定義でとらえれば，日本国憲法第3章の中には国家の存在を前提とする社会権や国務請求権，さらには年齢（成年者）によって参加の可否が区別され得る普通選挙の原則（憲法15条3項）の下での選挙権などが含まれることから，憲法12条で規定される「自由及び権利」と「基本的人権」は区別されるとも考えられる。その意味で，憲法12条にいう「自由及び権利」には，憲法11条（および97条）にいう「基本的人権」以外のものも含まれている。しかし，前者の中に後者が個別的・具体的にすべて網羅されて

列挙されているのかという点になると，必ずしもそうとはいえない。そのために，個別具体的に憲法上列挙されていない「基本的人権」の存在を認めたうえで，それらも「この憲法が国民に保障する自由及び権利」になると考えることができるとすれば，それをどのように憲法上取り込んで保障しているのかという問題が提起されることになる。

> **包括的権利としての幸福追求権**

個別具体的に列挙されていない不文の「基本的人権」として「この憲法が国民に保障する自由及び権利」の条文上の根拠とされるのが，幸福追求権と総称される憲法13条の「生命，自由及び幸福追求に対する国民の権利」になる。ただ，幸福追求権が不文の「自由及び権利」の条文上の根拠になる理由は，憲法上の権利保障の総則的規定を見ただけでは明らかでない。そこで，憲法13条前段にある「個人の尊重」を含めてその規定の意味が議論される。

憲法13条の規定する幸福追求権は，「この憲法が国民に保障する自由及び権利」の1つになることはいうまでもない。そしてそのうえで，13条は，憲法による権利保障の中核となる「個人の尊重」原理とそれを受けた幸福追求権を規定することで，憲法が第3章で保障する自由・権利全体を基礎づける原理とそれの権利化を定めたものと考えられている。

つまりこういうことである。憲法13条前段の「個人の尊重」は，人間社会における価値の源泉が個人にあり，国家を含めたすべての人的集団は一人ひとりの個人を構成単位として形成されるものであることから，集団（あるいは端的に国家）は個人のために存在し，個人が集団（ないしは国家）のために存在するものではないという個人主義の原理を表明するものとされる。この原理それ自体は権利とはいえず，ただ「個人の尊重」原理を順守する憲法上の義務は国家の側にあり，この国家の義務に対応する国民の権利が憲法13条後段の幸福追求権だと解される。そこから，幸福追求権の内容は，まさに「個人の尊重」原理の内容になる価値・利益すべてであり，幸福追求権自体が憲法上保障される自由・権利一般を言い換えたものととらえられる。そして，たしかに「個人の尊重」原理が憲法上の権利保障の核心的原理であることから，個別具体的に列挙されている自由・権利だけにとどまらず，憲法上保護すべき個々人の価値・利益は様々なものを含むという意味で，「個人の尊重」原理に対応する幸福追求

権は，不文の「基本的人権」を含みながらもそれよりも射程範囲の広い憲法が保障する「自由及び権利」の総称，すなわち憲法14条以下の個別的自由・権利保障をも含む包括的権利となり，個別的自由・権利を補充するものになると解されるのである。

第3節 「憲法上の権利」制約原理としての公共の福祉

|「憲法上の権利」よりも「公共の福祉」?| 「憲法上保障された自由及び権利」の総称としての幸福追求権の理解は，日本国憲法制定当初から当然のこととされていたわけではない。むしろ，最高裁は，賭博場開張図利行為の処罰（刑法186条2項）に関して，その初期の判決（最大判1950（昭和25）年11月22日刑集4巻11号2380頁）で，そもそも賭博行為は「健康で文化的な社会の基礎を成す勤労の美風（憲法27条1項参照）を害する」だけでなく，「副次的犯罪を誘発し又は国民経済の機能に重大な障害を与える恐れすらある」ものとして，「憲法にいわゆる公共の福祉に反する」と指摘し，賭博に関する行為が風俗を害し公共の福祉に反するとするだけで，賭博開張図利罪を憲法13条に違反しないと簡単に合憲判断を下している。なおその事件では，憲法11条から13条は「この憲法が保障する自由及び権利」の保障そのものではないとの栗山茂裁判官の意見が付されていた。また同様に，覚醒剤の販売・譲渡の禁止に関しても，最高裁は，その「違反に対し罰則を定めても公共の福祉のために必要なものであるから憲法13条に違反するとはいえない」との簡単な判断で合憲としている（最大判1956（昭和31）年6月13日刑集10巻6号830頁）。つまり，最高裁の初期の判例は，憲法13条の幸福追求権に関して，そこで問題とされた行為（賭博や賭博開張行為，覚醒剤の販売・譲渡）が憲法上の自由・権利として保障されているか否かを取り上げることなく，むしろ一定の行為の規制を合憲とするための決まり文句としての「公共の福祉」を用いる判断を下しているだけであった。

ただ，そのような最高裁の判断の中で，少数意見ではあるが，憲法13条の幸福追求権に包括的権利としての意味を持たせるものも登場する。それが，旅券申請の拒否処分の合憲性を争った事件（帆足計事件：最大判1958（昭和33）年9月10日民集12巻13号1969頁）の田中耕太郎・下飯坂潤夫裁判官の補足意見である。

そこでは，海外旅行の自由を憲法22条2項の「外国に移住する自由」に含めつつも，海外渡航に対する規制を「公共の福祉」による合理的制限とした多数意見に対して，上記補足意見は，規制の合理性は認めつつも，憲法上の自由・権利の保障リストは「歴史的に認められた重要性のあるものだけ」を取り上げたものであって「網羅的」ではなく，「我々が日常生活において享有している権利や自由は数かぎりなく存在」し，「それらは一般的な自由または幸福追求の権利の一部分をなしている」との見解を提示したのであった。

「憲法上の権利」保障の限界 不可侵で普遍的とされる基本的人権およびそれを包摂する形で保障される憲法上の自由・権利は絶対的に保障されるのかという問題について，一般には「自由は，他人を害しないすべてをなし得ることに存する」（フランス人権宣言4条）という観点から，自由・権利行使が他者に対して害悪をもたらす場合には制約が課せられるといわれている。しかし，日本国憲法にはそのような自由・権利保障の限界に関する明文規定は存在せず，わずかに12条で憲法上の自由・権利が「公共の福祉」のために利用されなければならないこと，また，13条で幸福追求権の「立法その他の国政の上で」の最大の尊重に「公共の福祉に反しない限り」との条件が付されていることを示しているにすぎない（もちろん22条1項および29条2項にも同様の条件が付されていることはいうまでもない）。初期の最高裁（その多数意見）は，特に憲法13条の「公共の福祉」が，一定の行為に対する規制に関して，問題の行為が憲法上の自由・権利として保障されているか否かを問題にするよりも，規制についての憲法上の正当性を強調するための決まり文句とする傾向が強かった。

ただ，そのように「公共の福祉」を規制の正当化理由として用いるとしても，「公共の福祉」という文言自体は非常に抽象的で，その内容は何かについて確定的なことをいうことはできない。さらに，上記のとおり，その文言は憲法12条，13条だけでなく，経済的自由を定める憲法22条1項および29条2項にも登場する。しかし，その概念の抽象性や文言が登場する条文の不規則性を理由にして，「公共の福祉」が幸福追求権を含めた憲法上の自由・権利の制約原理であることを否定することは，少なくとも憲法12条および13条の文言からはできない。そして，そこからむしろ，憲法上の自由・権利の制約原理としての「公共の福祉」の規範的意味は，「法律の留保」の下で法律によりさえすればい

かなる規制も可能と考えられた大日本国憲法下の権利保障とは異なり，国家はむやみに憲法上の自由・権利に干渉できるわけではなく，当該自由・権利にかかわる立法その他の国政上の行為は「公共の福祉」に基づく権限の行使でなければならないということを要請している点にあることを確認しておく必要がある。

> 現在の学説・判例の見解

憲法11条から13条が「憲法上の自由・権利」保障の総則的規定である点について，学説は一貫して承認している。たしかに初期の学説には，最高裁の判例同様，憲法13条の幸福追求権をも含めて，これらの規定の文言の一般性から，規範としては訓示的・倫理的意味を持つにすぎず，法的規範性を認めないものもあった。しかし現在では，これらの規定，特に憲法13条の幸福追求権が，上記の田中・下飯坂裁判官の補足意見のように不文の自由・権利の根拠となる包括的権利の憲法規範としての意義や，「公共の福祉」が憲法上の自由・権利行使の文言上の制約原理となることを否定するものはない。

そのような解釈の下で，現在の学説は，少なくとも憲法13条の幸福追求権に法的規範性を認めたうえで，その内容として憲法上列挙されていないが，最高法規としての憲法によって保障されるべき自由・権利とは何かについて議論を展開する。ただ，憲法上の自由・権利行使の制約原理としての「公共の福祉」のとらえ方についても，当該自由・権利の種類や性質に応じてその具体的内容を画定すべきとの共通認識はあるものの，「公共の福祉」の内容に関するそれ以上の一般的概念規定は行われていない。結局，これらの憲法上の規範的意味を探求するためには，抽象的な議論よりも具体的な事件で問題となる内容に従って検討する必要性が説かれ，最高裁判例によって示される具体的内容およびその動向が重要とされることになる。

最高裁判例も，初期のものとは異なり，憲法13条を国家権力の行使に対して「国民の私生活上の自由」を保護するものとし，そこから肖像権やみだりに指紋押捺を強制されない自由，個人情報を開示・公表されない自由を引き出し（京都府学連事件：最大判1969（昭和44）年12月24日刑集23巻12号1625頁，外国人指紋押捺拒否事件：最判1995（平成7）年12月15日刑集49巻10号842頁，住基ネット事件：最判2008（平成20）年3月6日民集62巻3号665頁），問題とされる行為が「憲法上

図　憲法上の自由・権利，基本的人権，公共の福祉による制約

出所：筆者作成。

の権利」として保障されるのか否かを検討するようになっている（⇒ Chapter 02）。また，「憲法上の権利」に含まれるとして保障される行為を規制する法律の合憲性についても，単に「公共の福祉」を援用することで合憲判断を下すのではなく，少なくとも規制の合理性についての理由（いわゆる規制の憲法上の正当化理由）は展開するようになっている。なお最近では，親子・家族という共同体についてではあるが，その中における「個人の尊重」原理の重要性を確認する判例も登場している（非嫡出子相続分差別事件：最大決2013（平成25）年9月4日民集67巻6号1320頁）。その点で，今後は，憲法が保障する自由・権利全体に対して13条の持つ意義を，より具体的に検討していくことが重要になってくるであろう（⇒ Chapter 03）。

第4節　おわりに

　以上見てきたように，憲法によって保障されている自由・権利を学ぶということは，規制される行為との関係で，いったい憲法のどの自由・権利が関連するのか，もし憲法上具体的に列挙されている自由・権利に当てはまるものがなければ憲法13条の幸福追求権の中に含めることができるのか，規制はどのような態様で行われているのか（法令に基づくものか，それとも単なる事実行為か），そしてその規制は「公共の福祉」の内容として憲法上正当化できるのか，といった諸々の事柄を総合的に考えていかなければならないということになる（図）。単純に，規制は憲法○○条の◎◎の自由に対するもので，それは一定の違憲審

査基準を当てはめればそれで終わり，といったものでないことも上記の説明でわかると思われる。以下の個別の各章では，憲法上の権利の保障として知っておいてもらいたい代表的な問題を取り上げて，上記の観点からの理解を深めるための具体的な領域での議論を検討していくことにする。

参考文献

辻村みよ子「人権と憲法上の権利」大石眞・石川健治編『憲法の争点』ジュリ増刊（2008）64頁

井上典之「人権の性格と限界」法教405号（2014）17頁

【井上典之】

Chapter 01

憲法上の権利の主体としての外国人
―― 日本「国籍」の壁？

第1節　はじめに

　憲法上の権利の享有主体として問題になるもののひとつが，外国人である。ところで，ここにいう「外国人」とは，どのような人たちのことをいうのであろうか。読んで字のごとく「国の外にいる人」と答えたとしたら，正解とはいえない。ここにいう「外国人」とは正確には，日本国籍を有さない者を指し，無国籍者も含む。日本国籍を有する者が「日本国民」であるから，「外国人」とは日本国民以外の自然人（人間）だといってもよい（ちなみに，憲法10条により，「日本国民たる要件」は法律で定めることとされており，これを受けて「国籍法」という法律が，日本国籍を取得するための要件を定めている）。

　国境を越えた人の移動がますます盛んになっている現在，日本には約230万人もの外国人が在留している。こうした日本国内の「外国人」に対しても，日本国憲法による権利の保障は及ぶのであろうか。及ぶとした場合，外国人には，日本国民と同様に権利が保障されるのであろうか。

第2節　外国人の権利の保障とその限界

> 憲法の権利保障は外国人にも原則として及ぶ

　結論からいうなら，憲法第3章の「国民の権利及び義務」という表題にもかかわらず，日本国憲法による自由・権利の保障は，日本国内にいる外国人に対しても，原則として及ぶと考えるのが通説・判例の立場であり，一部に異論はあるものの，このこと自体はほぼ解決済みの論点といってよい。

　日本国憲法の保障する基本的人権（憲法11条・97条）は，すでに述べたとおり（⇒**プロローグ**），人間が人間として当然に持っていると考えられる権利であるから，「外国人」であっても人間である以上，こうした権利は当然に有するというのが，その主な理由である。これに加えて，日本国憲法の採用する国際協調主義（前文参照）の趣旨からしても，自国民のみに権利を保障し，それ以外の者の権利を顧みないことは，憲法の精神に合致しないともいわれる。

　それでは，外国人に対しても，日本国民とまったく同様に憲法上の権利が保

障されるのかというと，そうではない。日本国憲法による権利の保障は，原則として外国人にも及ぶが，このことは日本国民と同様の権利保障を意味するものではなく，「権利の性質」からその保障の範囲と程度も定まるというのが支配的な考え方である（「権利性質説」と呼ばれる）。そしてこの観点から，外国人に「保障されない権利」として語られてきたのが「入国・在留の権利」，「社会権」あるいは「参政権」である（後述）。だが，この点を検討する前に，この分野の重要な先例を1つまず見ておこう。

|政治活動を理由とした在留期間更新拒否事件| 外国人の権利保障に関し，決まって引合いに出されるリーディング・ケースが，政治活動を理由とした在留期間更新拒否が問題となったマクリーン事件判決（最大判1978（昭和53）年10月4日民集32巻7号1223頁）である。この判決は，外国人の人権享有主体性を原則として認めた点で重要な意味を持つが，同時に，外国人の権利保障を貫徹することの困難さを如実に示すものともなっている。

この事件は，在留期間を1年とする上陸許可を得て日本に入国したアメリカ合衆国国籍の外国人が，在留期間中に政治活動（具体的には，ベトナム戦争に反対する集会に参加したこと等であり，その活動の態様は，日本国民なら問題なく認められるような平穏なものであった）を行ったことを主な理由として，法務大臣により在留期間の更新を拒否されたため，訴訟を提起して争ったというものである。最高裁は，外国人が行った政治活動を理由に，当該外国人の在留期間の更新を拒否することも許される（違法ではない）として，外国人側の訴えを退けた。

この判決でまず注目されるのは，最高裁が外国人の人権享有主体性を認め，問題となった外国人の政治活動も，憲法で保障された自由として認めている点である。最高裁はいう，「憲法第3章の諸規定による基本的人権の保障は，権利の性質上日本国民のみをその対象としていると解されるものを除き，わが国に在留する外国人に対しても等しく及ぶものと解すべきであり，政治活動の自由についても，わが国の政治的意思決定又はその実施に影響を及ぼす活動等外国人の地位にかんがみこれを認めることが相当でないと解されるものを除き，その保障が及ぶものと解するのが，相当である」と。そしてこの事件における外国人の政治活動も「その行動の態様などからみて直ちに憲法の保障が及ばな

い政治活動であるとはいえない」と，少々回りくどい言い回しながら，憲法上保障されるものと認めている。

> 在留制度の枠内での
> 権利保障？

それでは，外国人の政治活動の自由が憲法で原則として保障されているにもかかわらず，こうした政治活動を理由に在留期間更新の拒否が許されるのは，いかなる理由からであろうか。この点に関する判例の立場を理解するうえでポイントとなるのが，外国人の在留の許否を判断する「法務大臣（国）の広汎な裁量」という考え方である。

日本における外国人の出入国および在留は，「出入国管理及び難民認定法」（入管法）——1978年当時は「出入国管理令」と呼ばれていた——という法律によって管理されている。同法により，日本に在留するすべての外国人には，「在留資格」が付与され（後述），多くの場合5年以内の「在留期間」が定められる。在留期間は更新することも可能であるが，「法務大臣は，当該外国人が提出した文書により在留期間の更新を適当と認めるに足りる相当の理由があるときに限り，これを許可することができる」（入管法21条）とされている。

最高裁によれば，「憲法上，外国人は，わが国に入国する自由を保障されているものでないことはもちろん，……在留の権利ないし引き続き在留することを要求しうる権利を保障されているものでもない」のであり，「在留期間の更新を適当と認めるに足りる相当の理由」があるかどうかを判断する「法務大臣の裁量権の範囲が広範なものとされているのは当然のこと」だという。そして，「外国人に対する憲法の基本的人権の保障は，……外国人在留制度のわく内で与えられているにすぎないものと解するのが相当であつて，在留の許否を決する国の裁量を拘束するまでの保障，すなわち，在留期間中の憲法の基本的人権の保障を受ける行為を在留期間の更新の際に消極的な事情としてしんしやくされないことまでの保障が与えられているものと解することはできない」というのである。

要するに，外国人にも政治活動の自由は憲法上保障されるが，そうした自由の行使が，在留期間更新時に法務大臣によってマイナス材料として評価されても仕方ないという理屈である。現行の在留制度からすると，成り立ち得る1つの考え方かもしれない。しかし，憲法で保障された自由・権利を行使したために日本に居続けられなくなる，という事態がまかり通ってしまうのであれば，

外国人の権利保障ということ自体，砂上の楼閣になってしまわないであろうか。外国人の人権享有主体性を認めたことで知られるこの重要判決は，はからずも外国人の権利保障について回る難点を端的に示す事例ともなっている。

第3節　外国人に「保障されない権利」とは？

入国の自由及び
在留の権利　以上のように，外国人の権利保障のあり方自体，問題をはらむものであるが，憲法の保障する自由・権利の中には，そもそも外国人には保障されないとされるものも少なくない。その1つが，すでにマクリーン事件判決でもみたとおり，入国および在留に関する権利である。国際慣習法上，外国人に対して日本への入国の自由は保障されるものではないと解するのが通説・判例の立場であり，外国人が日本に在留する権利も，憲法上保障されるものではないとされる。

　自国にどのような人物を受け入れるかは個々の国家が判断し得る事柄ということは，主権国家を政治の基本単位とする現在の国際社会の構造を前提とする限り，およそ否定し得ない命題であり，外国人に日本への入国の自由あるいは在留の権利は認められないということも，一般論としては認めざるを得ないであろう。

　しかし，いついかなる場合もこうした命題が貫徹できるかは疑問である。実際に裁判で争われた例としては，たとえば森川キャサリーン事件判決（最判1992（平成4）年11月16日集民166号575頁）がある。これは，日本で生活するアメリカ合衆国国籍の外国人が，海外旅行を計画し入国管理局に再入国許可申請をしたところ，当時外国人に義務づけられていた指紋押捺を同人が拒否していたことを理由に，再入国を不許可とされたため，不許可処分の取消しと慰謝料を請求した事件である。最高裁は，上記のマクリーン事件判決等を引用しつつ，「我が国に在留する外国人は，憲法上，外国へ一時旅行する自由を保障されているものでないことは，当裁判所大法廷判決……の趣旨に徴して明らかである」と述べたのみで，外国人側の主張を退けている。しかしながら，日本で生活する外国人にとって，海外旅行に伴う日本への「再入国」は，日本国民にとっての「帰国」に準ずるものと考え得ることから，そのような場合の再入国

の権利は，その性質上，外国人に対しても認められるべきではないかといった疑問が提起されている。

外国人の社会権　社会権（⇒ Chapter 14）については，その性質上各人の所属する国によって保障され，国籍国以外の国によっても当然に保障されるべき権利とはいえないことから，日本国憲法による社会権の保障は，外国人に対しては原則として及ばないという理解がこれまで一般的であったといえる。しかしながら，日本で生活する外国人であって，日本国民と同様の法的・社会的負担を担っている者らに対しては，社会権の保障も及ぶという理解も有力である。

この点については，特別永住者であり，全盲の障害を有する朝鮮籍の外国人が，日本国民と結婚し日本国籍を取得した後に，大阪府知事に障害福祉年金裁定を請求したところ，所定の廃疾認定日に日本国民でない者には同年金を支給しない旨定めていた国民年金法の規定（国籍条項）により請求を却下されたため，却下処分の取消しを求めた塩見訴訟（最判1989（平成1）年3月2日判時1363号68頁）がある。問題となった国籍条項が，憲法25条に違反するという外国人側の主張に対して，最高裁は，「障害福祉年金も，制度発足時の経過的な救済措置の一環として設けられた全額国庫負担の無拠出制の年金であって，立法府は，その支給対象者の決定について，もともと広範な裁量権を有しているものというべきであ」り，「加うるに，社会保障上の施策において在留外国人をどのように処遇するかについては，国は，特別の条約の存しない限り，……その政治的判断によりこれを決定することができるのであり，その限られた財源の下で福祉的給付を行うに当たり，自国民を在留外国人より優先的に扱うことも，許されるべきことと解される」と述べ，「廃疾の認定日……において日本国民であることを要するものと定めること」等も，立法府の裁量事項に属することであるとして，違憲の主張を退けた。

この判決は，社会権（具体的には障害福祉年金受給権）の保障が外国人に及ばないと明確に述べているわけではない。しかしながら，社会権保障に関して何かとについてまわる広汎な立法裁量（あるいは行政裁量）という考え方を前提に，社会保障上の施策における在留外国人の処遇を政治的判断に委ねていることから，社会権の保障を外国人にまで及ばせることを実質的に否定した事例と理解

することができるであろう。

> **外国人の参政権**　選挙権などの参政権（⇒ Chapter 05）は，自国の政治に参加する権利であるから，その性質上，当該国家の構成員である国民のみに認められ，外国人には保障されないと一般的に考えられてきた。参政権が国民のみによって行使されることは，国政の最高の決定権者が国民であるとする国民主権（憲法前文・1条）の要請であるともいわれる。

　実際，外国人に憲法上の権利としての選挙権が保障されるわけではないと説くのが通説・判例の立場である。しかしながら，必ずしも主権的作用が強くない，日常的な事務処理を主たる任務とする地方自治体レベルの選挙権については，これを特定の外国人に付与することも許されるのではないか，ということが問題にされてきた。

　この点に関して注目されるのが，外国人に地方レベルでの参政権を付与する可能性について論じた1995年の最高裁判決（最判1995（平成7）年2月28日民集49巻2号639頁）である。在日韓国人である原告らが，選挙人名簿への登録を求めたこの事件においても，最高裁は，憲法で保障された権利としての外国人の選挙権を認めているわけではない。最高裁は，住民による地方公共団体の長・議員等の選挙について定める憲法93条2項について，「右規定は，我が国に在留する外国人に対して，地方公共団体の長，その議会の議員等の選挙の権利を保障したものということはできない」と述べている。だが，こうした説示に続けて，最高裁は次のようにも述べている。「我が国に在留する外国人のうちでも永住者等であってその居住する区域の地方公共団体と特段に緊密な関係を持つに至ったと認められるものについて，その意思を日常生活に密接な関連を有する地方公共団体の公共的事務の処理に反映させるべく，法律をもって，地方公共団体の長，その議会の議員等に対する選挙権を付与する措置を講ずることは，憲法上禁止されているものではないと解するのが相当である」。

　要するに，特定の外国人に地方自治レベルの選挙権を付与することは，憲法の要請するところではないが，禁止するところでもない，というのである。これは，憲法上の権利としての外国人の選挙権を，地方自治レベルでも認めたものではなく，あくまで立法政策の問題である旨述べたものであるが，外国人への地方レベルの選挙権付与の可能性を示した点において，なお注目に値する説

示であるといえよう。

> 外国人の公務就任権

外国人の権利保障に関し，参政権との関連でしばしば議論の対象とされてきたのが，いわゆる公務就任権をめぐる問題である。ある公職へ就任する権利としての公務就任権は，そうした公職が政治的意思形成に関与するものである場合などには，参政権の一環として理解し得ようが，それはまた，自己の生計を営む職業に就くという側面からは職業選択の自由（憲法22条1項）としての性格も併せ持つものと理解することもできる。

公職の中には，たとえば外交官のように，日本国籍を有することが就任の要件になっているものもあるが（外務公務員法7条1項），総じて，公職就任に対して法律により明示的に国籍要件が課されているわけではない。この点，学説においては，公権力を行使せず，あるいは公の意思形成への参画にも関与しないような業務を内容とする公職への就任は，所定の要件を充たす限り，外国人に対しても権利として保障されていると説く立場が有力であった。

> 管理職選考試験
> 受験拒否事件

しかしながら，判例は，外国人の公務就任権を容認することについても消極的である。この点に関しては，東京都管理職選考試験受験拒否事件（最大判2006（平成17）年1月26日民集59巻1号128頁）が注目される。日本国籍を有しないため，東京都の課長級管理職選考試験を受験できなかった特別永住者である韓国人が，損害賠償請求等をしたこの事件において，控訴審（東京高判1997（平成9）年11月26日高民50巻3号459頁）は，外国人から管理職選考試験の受験の機会を奪うことが憲法22条1項および14条1項に違反する違法な措置であると判断したが，最高裁はこの判断をくつがえした。

最高裁によれば，「地方公務員のうち，住民の権利義務を直接形成し，その範囲を確定するなどの公権力の行使に当たる行為を行い，若しくは普通地方公共団体の重要な施策に関する決定を行い，又はこれらに参画することを職務とするもの」（公権力行使等地方公務員）については，「原則として日本の国籍を有する者が……就任することが想定されているとみるべきであり，……外国人が……就任することは，本来我が国の法体系の想定するところではない」，そして，「普通地方公共団体が，公務員制度を構築するに当たって，公権力行使等

地方公務員の職とこれに昇任するのに必要な職務経験を積むために経るべき職とを包含する一体的な管理職の任用制度を構築して人事の適正な運用を図ることも、その判断により行うことができるものというべきである」から、「普通地方公共団体が上記のような管理職の任用制度を構築した上で、日本国民である職員に限って管理職に昇任することができることとする措置を執ることは、合理的な理由に基づいて日本国民である職員と在留外国人である職員とを区別するものであり」憲法14条1項等に違反しないというのである。

この判決で最高裁は、専ら法の下の平等を定めた憲法14条1項違反の有無を検討するのみであり、外国人の公務就任権について正面から判断しているわけではない。この判決も、最高裁がいうところの「公権力行使等地方公務員」以外の公職については、外国人の就任を認めているようにも読める。しかしそうした職種についても、公権力行使等地方公務員の職と一体化させた制度を設けることにより、外国人を排除することも許されるというのである。こうした説示から見えてくるのは、外国人を公職から締め出すことを可能にする制度構築を許容する姿勢であり、そうした制度構築を可能にする自治体の広い裁量を容認する態度である。外国人の権利が、行政裁量か立法裁量かの違いこそあれ、裁量によって左右され得るのだとしたら、そこには上述したマクリーン事件判決と同様の問題があるといえるであろう。

第4節　権利保障が問題になる「外国人」とは？

様々な在留資格　さて、これまでは、外国人には保障されないとされる「権利」を中心に見てきたが、ここで権利保障が問題となる「外国人」のほうにも目を向けてみよう。一口に「外国人」といっても、実は様々な人たちがいることは想像に難くない。実際、前に述べた入管法は、別表第1で「外交」、「公用」、「経営・管理」、「興行」、「技能」、「留学」、「研修」など24に及ぶ在留資格と、それに対応した「本邦において行うことができる活動」を定めており、また別表第2で「永住者」、「日本人の配偶者等」、「永住者の配偶者等」および「定住者」という4つの在留資格と、それに対応した「本邦において有する身分又は地位」を定めている。

なお，入管法別表第2にいう「永住者」等とは区別すべきものに，「特別永住者」がある。これは，「日本国との平和条約に基づき日本の国籍を離脱した者等の出入国管理に関する特例法」（入管特例法）により定められた在留資格（または当該資格該当者）をいう。この法律の名称からも察せられるように，これらの外国人は，かつての日本による植民地支配の下で「帝国臣民」とされ，日本の敗戦後1952年のサンフランシスコ平和条約発効に伴い，日本国籍を喪失した「外国人」およびその子孫であり，その大半は韓国籍および朝鮮籍保持者である。このように，本人らの意思とは無関係に日本国籍を喪失した者らについては，特別な配慮が必要なのではないかともいわれる（このほか，日米地位協定の適用を受ける在日米軍関係者なども，入管法とは異なる規定の下にある）。

定住外国人の人権　このように，外国人の「人権」が一般的・抽象的に語ることができないのと同じく，「外国人」についても一般的・抽象的に理解することには無理があるといわねばならない。
　この点，これまで見てきた事例からも，日本国憲法による権利保障が問題となる外国人は多くの場合，日本で日常生活を営む外国人であることがわかる。日本に生活の本拠を置く外国人は一般に——法律用語ではないが——「定住外国人」とも呼ばれる。これら定住外国人は，いま述べた永住者や特別永住者をはじめとした，日本で普通に生活する人たちであり，日本で生まれ育ち日本で生計を営む等その生活実態は一般の日本国民と変わらないが，ただ日本国籍を有さないために「外国人」とされてきた人たちである。このような定住外国人に対しては，日本国民と同じように人権が保障されるべきだと説く説もあるが，通説・判例はなお，定住外国人であっても日本国民と同様の権利を保障されるとまでは解していない。しかしながら，日本に生活の本拠を有する定住外国人であっても，日本国民と同一に扱えないとしたら，その実質的理由は何なのか，いっそう立ち入った検討が必要であろう。

第5節　おわりに

　憲法上の権利は，外国人に対しても原則として保障されるというのが，判例・通説の立場であるが，リーディング・ケースとなったマクリーン事件判決

が，これを「在留制度の枠内での権利保障」として位置づけた結果，外国人の権利保障は，いってみれば法務大臣の裁量次第といった甚だ不安定な状態にあるのが現状である。また，その性質上「外国人に保障されない権利」として語られる入国の自由，社会権および参政権等は，日本に生活の本拠を置く外国人に対しても閉ざされている。憲法上の権利保障を求める外国人らに対して現実に立ちはだかる，「国籍」の壁は実に高いものといわねばならない。

　もっともこうした「国籍」自体は，後天的に与えられるものであり，不変のものでは決してない。したがって，外国人が日本国民とまったく同様に憲法上の権利を保障してほしいのであれば，帰化して日本国籍を取得すればいいではないかという声もしばしば耳にする。外国人の権利保障とその限界を考えることは，結局，「国籍」というものをどう考えるかという問題に行き着くことになるであろう。

　しかしながら，「国籍」とは何かという問題は，思いのほか難しい。一般に，「国籍」とは，国家の構成員としての資格であるとか，個人と国家を結びつける紐帯である等の説明がなされるが，その実体は——そもそも「実体」のある概念かどうかさえ——なお明らかではない。1つ考えられるのは，「国家」という概念が多義的であることに対応して，「国籍」の概念も決して一様ではないのではないかということである。それは法的概念であると同時に，法では包摂しきれない，心理的，情緒的要素をも併せ持つものであり，個人のアイデンティティにも密接に関連した概念でもある。外国人の権利保障を語る際にも，こうした「国籍」というものが持つ意味を，常に問い続けるスタンスが必要になってくるのではなかろうか（国籍については⇒Chapter 04）。

参考文献

大沼保昭『単一民族社会の神話を超えて―在日韓国・朝鮮人と出入国管理体制〔新版〕』（東信堂，1993）

安念潤司「『外国人の人権』再考」樋口陽一ほか編『現代立憲主義の展開（上）芦部信喜先生古稀祝賀』（有斐閣，1993）163頁以下

後藤光男『永住市民の人権―地球市民としての責任』（成文堂，2016）

【門田　孝】

Chapter 02

憲法上の権利としてのプライバシー権
―― 「新しい人権」の代表選手？

第1節　はじめに

　憲法13条は，前段で「すべて国民は，個人として尊重される」と定め，続けて後段で「生命，自由及び幸福追求に対する国民の権利については，公共の福祉に反しない限り，立法その他の国政の上で，最大の尊重を必要とする」という規定を置いている。

　憲法13条前段にいう「個人の尊重」は，憲法24条2項が家族法の基本原理として挙げる「個人の尊厳」とも通常同じ意味で理解されており，それは，人間社会の究極の価値の根源が個人にあるとする「個人主義」の原理を表明したものと解されている。こうした「個人主義」の原理は，国家などの「全体」のために個人を犠牲にすることを容認する「全体主義」に対立する考え方であり，また，他人を犠牲にして「自己」の利益のみを追求しようとする「利己主義」とも異なる。「個人主義」は，現に存在する一人ひとりの人間すべてを，自由で平等な主体として尊重しようとするものであって，日本国憲法の基本原理のさらに根底にある原理として位置づけられるべきものである。

　本書で扱う「憲法上の権利」も，このような意味での「個人の尊重」を実現していくうえで不可欠の権利である。そして，憲法13条後段の「生命・自由・幸福追求権」――それらはまとめて端的に「幸福追求権」と称されることも多い――は，「個人の尊重」のために必要とされるこれらの権利を総称したものと見ることができる。こうした権利を具体的に保障したのが，憲法14条以下の諸規定である。

　それでは，憲法上の権利は，憲法14条以下ですべて保障されているかというと，そうではない。「個人の尊重」のために不可欠のものと解される権利であって，憲法14条以下の権利保障規定ではカバーされないものも，存在すると考えられている。このように，憲法で明示的に認められているわけではないものの，なお憲法上の権利として主張される権利は，憲法制定当時には見られなかった新たな問題状況に対処するために，新たに主張されるようになったものが多く，そうした意味で「新しい人権」と呼ばれることもあるが，こうした権利を主張していくうえでの根拠として重要な役割を果たすのが，憲法13条の生

命・自由・幸福追求権である。したがって，生命・自由・幸福追求権は，憲法上の権利の総称であるだけでなく，憲法14条以下でカバーされない憲法上の権利を主張していくうえでの根拠ともなり得るということになる。

以下，本章では，このような「新しい人権」の代表選手とも目されるプライバシー権について，見ていくこととしよう。

第2節　憲法13条の保障するプライバシー権とは

プライバシー権の主張される背景　日本国憲法の条文のどこを見ても「プライバシー権」という語は出てこない。しかしながら，この権利はなお，憲法上の権利として保障されるべきだというのが，現在の学説の支配的立場である。

法的権利としての「プライバシー権」が初めて主張されたのは，19世紀末のアメリカにおいてであった。そこでは，マスメディアの発達に伴い，私事を時に面白おかしく，時に誇張して書き立てては売り物にする，いわゆるイエロー・ジャーナリズムから私人の権利・利益を保護する必要が認識されるようになり，このような記事に対して損害賠償を請求していくための，不法行為法上の保護法益として「プライバシー権」が説かれるようになったのである。その場合，「プライバシー権」は，私人を他の私人による侵害から保護するためのものであり，その内容も，他者による私生活への介入を排することを要求する「一人にしておいてもらう権利 (right to be let alone)」として理解された。

アメリカの議論を参考にした日本のプライバシー権論も，当初は同様の理解に立っていたということができるが，その後，20世紀後半以降の情報技術の発達に伴うデータバンク社会の進展により，プライバシーに対する脅威も新たな形をとるようになった。そうした社会では，私人のみならず国家機関によっても，個人情報が当人のあずかり知らぬところで取得・集積・管理され，当人の意思に反する形で利用されあるいは開示される危険がますます増大していった。このような事態に対して，個人の「プライバシー権」を主張していく必要性はいっそう高まるとともに，この権利の内容をどのように再構成していくかが問われることになったのである。

様々な「プライバシー権」 プライバシー権が主張されるようになった経緯をざっと見たが，この権利は，様々な文脈で語られるところから，いくつか注意が必要である。

　第1に，いま見たところからもわかるように，法的権利として主張されるプライバシー権であっても，それはすべて「憲法上の権利」というわけではない。むしろ，この権利は，これまで見てきたようにもともとは私法上の権利ないし利益として主張されたものであり，すぐ後で見るように，実際の裁判でも私人間の争いの中でプライバシーが問題になる場合のほうがむしろ多かったといってよい。憲法上の権利としてのプライバシー権を語り得るのは，典型的には，公権力によるプライバシー侵害の有無が問われる場合である。

　第2に，憲法上の権利として語られるプライバシー権であっても，それがすべて憲法13条により保障される権利というわけではない。プライバシーということで想起される私的領域を保護する規定としては，住居侵入・捜索・押収に対する保障を定めた憲法35条があり，また個人的な情報を保護するものとしては，通信の秘密を保障した憲法21条2項後段，あるいは不利益供述の強要を禁じた38条1項の規定があるほか，個人の情報はその性格上憲法19条（思想・良心の自由）や21条1項（表現の自由）によっても保護され得る。問題となったプライバシー侵害が，これらの規定によって対処できない場合に，憲法13条に基づくプライバシー権の出番ということになる（憲法13条の補充的性格）。

　最後に，憲法13条を根拠に主張される「プライバシー権」も広狭様々な意味で用いられ得ることに注意したい。特に，自己の生命・身体や家族等の「私事」を他者に干渉されることなく自ら決定することのできる権利としての「自己決定権」も，アメリカの例にならい，広い意味の「プライバシー権」として語られることもある。しかし，今日学説にいう「プライバシー権」は，こうした自己決定権とは区別して用いられるのが普通である。以下本章でも，自己決定権とは区別された「プライバシー権」について検討していくこととする（自己決定権については⇒Chapter 04）。

自己情報コントロール権説 憲法13条に基づく「プライバシー権」を，以上のように限定したとして，それではこうした権利の内容は，どのようなものとして理解すべきであろうか。この点については，他の「新しい人

権」も多かれ少なかれそうであるように，確固たるコンセンサスがあるわけではなく，権利の内容把握の仕方自体が学説における議論の的となってきた。

そうした中にあって，比較的多くの支持を集めてきたのが，「自己情報コントロール権説」と呼ばれる考え方である。この説によった場合「プライバシー権」とは，同説の提唱者自身の言葉を借りるなら，「個人が道徳的自律の存在として，自ら善であると判断する目的を追求して，他者とコミュニケートし，自己の存在にかかわる情報を開示する範囲を選択できる権利」として説明される。

この説明だけ見ると少々難しそうであり，実際この説の理解の仕方自体一様ではないように思われるが，こうした「自己情報コントロール権説」は，どのような意味を持つものなのであろうか。この説によるプライバシー権の概念は，その対象を自己に関する「情報」に限定するものであり（そのため「情報プライバシー権」とも呼ばれる），その点では「一人にしておいてもらう権利」という概念などと比べて限定的である。他方では，「自己情報を開示する範囲を自ら選択する権利」として――その意味でまさに自己情報をコントロールする権利として――主体的・能動的な性格を有するものであり，現代のデータバンク社会等の問題にも対処し得る包括的な概念ともなっている。だが，それゆえにこの説のプライバシー権概念に対しては，それが広汎であいまいに過ぎるのではないかという批判もついて回ることとなる。

第3節　私法上の権利・利益としてのプライバシー

**私法上の
プライバシー権と憲法**　以下ではプライバシー権に関する判例・裁判例を見ていくこととするが，まずは，私法関係においてプライバシー侵害が問題となった事例を取り上げよう。こうした事例では，憲法違反の有無が直接問われることはなく，したがって一見したところでは，憲法上の権利としてのプライバシー権が問題になることはないようにも思われる。それではこうした場合，憲法はまったく無関係かというと，そうではない。いわゆる基本権規定の私人間効力に関する支配的な見解によれば，憲法による権利保障規定は，私人間における権利・利益の調整が図られる場合にも，間接的にその

効力が及ぶと考えられる。換言するなら，私法上の権利・利益と憲法上の権利とは無関係ではないのであり，私法上のプライバシー権の意義と性格をめぐる議論は，憲法上の権利としてのプライバシー権を検討するうえでの手がかりになり得るということである。

モデル小説とプライバシー

日本の裁判史上において，プライバシーの権利をめぐる議論が本格的に登場してくるのは，1964年の「宴のあと」事件判決（東京地判1964（昭39）年9月28日下民集15巻9号2317頁）においてである。これは，政治と恋愛をテーマにした小説のモデルとされた人物が，実際の私生活をのぞき見したかのように描かれた小説の描写に不快感を覚え，プライバシー権を侵害されたとして，当該小説の作者・出版社等を相手どり慰謝料等を請求したという事件に関するものである。この判決で東京地裁は，初めてプライバシーの法的権利性を認めるとともに，プライバシー侵害を理由とした法的救済が認められるための要件を詳細に論じたうえで，プライバシーの侵害を認め被告らに損害賠償の支払いを命じた（その後控訴審の段階で和解が成立している）。

地裁によれば，「近代法の根本理念の一つであり，また日本国憲法のよって立つところでもある個人の尊厳という思想」の要請として，正当な理由がなく他人の私事を公開することは許されてはならず，こうした「私事をみだりに公開されないという保障ないし権利」としてのプライバシー権は，「不法な侵害に対しては法的救済が与えられるまでに高められた人格的な利益であると考えるのが正当であり，それはいわゆる人格権に包摂されるものではあるけれども，なおこれを一つの権利と呼ぶことを妨げるものではない」。そして，プライバシーの侵害に対し法的な救済が与えられるための要件として，「公開された内容が（イ）私生活上の事実または私生活上の事実らしく受け取られるおそれのあることがらであること，（ロ）一般人の感受性を基準にして当該私人の立場に立つた場合公開を欲しないであろうと認められることがらであること，……（ハ）一般の人々に未だ知られていないことがらであることを必要とし，このような公開によつて当該私人が実際に不快，不安の念を覚えたこと」という3つの要件が挙げられている。

なお，同じくモデル小説によるプライバシー（および名誉）侵害が最高裁でも問題となった事例として，「石に泳ぐ魚」事件判決（最判2002（平14）年9月

24日判時1802号60頁）がある。

ノンフィクションによる前科公表　モデル小説と異なり，ノンフィクションを通じた個人情報の公表は，公表された内容が事実であるだけに，プライバシー侵害の危険はいっそう大きいと一般的にいい得る。ノンフィクション「逆転」事件（最判1994（平6）年2月8日民集48巻2号149頁）では，ノンフィクションによる前科の公表が問題となった。

　ある刑事裁判を素材としたノンフィクション中に実名を用いられたため，前科に関する事実を公表されたとして，原告（被控訴人・被上告人）が当該ノンフィクションの作者を相手どって慰謝料を請求したというこの事件で，最高裁は損害賠償を認めている。最高裁によれば，有罪判決を受けた者は，「みだりに……前科等にかかわる事実を公表されないことにつき，法的保護に値する利益を有するものというべき」である。そして，場合によっては前科等の公表が許される場合もあるが，「ある者の前科等にかかわる事実を実名を使用して著作物で公表したことが不法行為を構成するか否かは，その者のその後の生活状況のみならず，事件それ自体の歴史的又は社会的な意義，その当事者の重要性，その者の社会的活動及びその影響力について，その著作物の目的，性格等に照らした実名使用の意義及び必要性をも併せて判断すべきもので，その結果，前科等にかかわる事実を公表されない法的利益が優越するとされる場合には，その公表によって被った精神的苦痛の賠償を求めることができるものといわなければならない」という。

警察への名簿提出とプライバシー　私人間でのプライバシー侵害が問題となった例としてはなお，ある大学の主催する講演会への参加者名簿の提出を警察から求められた同大学が，参加者に無断で名簿の写しの提出に応じたことに対して損害賠償が請求された事件に関する早稲田大学江沢民講演会名簿提出事件判決（最判2003（平15）年9月12日民集57巻8号973頁）がある。

　最高裁は，この事件の原告（控訴人・上告人）である学生らのプライバシー侵害を認定した。最高裁は，本件で問題になった名簿に記載された学籍番号，氏名，住所および電話番号といった情報が，「大学が個人識別等を行うための単純な情報であって，その限りにおいては，秘匿されるべき必要性が必ずしも高いものではない」ことは認めつつも，「しかし，このような個人情報について

も，本人が，自己が欲しない他者にはみだりにこれを開示されたくないと考えることは自然なことであり，そのことへの期待は保護されるべきものであるから，本件個人情報は，上告人らのプライバシーに係る情報として法的保護の対象となるというべきである」と述べた。そして，事前に本人らの同意を得ることなく無断でこうした個人情報を警察に開示した大学の行為は，「上告人らのプライバシーを侵害するものとして不法行為を構成するというべきである」と判断している。

第4節　憲法上の権利としてのプライバシー

公権力によるプライバシーの制限と違憲審査　学説で説かれるようなプライバシー権が，憲法上の権利として現れ得る典型的な場面は，前述したように，公権力による個人情報の収集・利用・開示が争われる事例においてである。このような場合，裁判での争い方によっては，問題となったプライバシーの制限ないし侵害が，憲法に違反するか否かを直接問うことができるであろう。

　それでは，プライバシー侵害の有無が問われた場合の違憲審査はどのように行われるべきであろうか。この点について，先の情報コントロール権説の論者は，「プライバシー固有情報」および「プライバシー外延情報」という概念を用いて説明する。それによれば，公権力が，個人の道徳的自律の存在にかかわる情報（プライバシー固有情報）を取得・利用・開示することは原則的に禁止され，他方，道徳的自律の存在に直接かかわらない外的事項に関する個別的情報（プライバシー外延情報）を，正当な目的のために，適正な方法を用いて取得・利用することは，ただちにプライバシー権の侵害とはいえないが，こうした情報であっても，個人が知らないままに集積されたり，オンライン等で利用されたりする場合はプライバシー権の侵害となり得るという。

　この説明もいささか難解であり，またこれだけでは個々の事例を判断していくうえで具体性に欠ける感がある点も否めない。ただ，「プライバシー固有情報」は，きわめてコンフィデンシャル（秘密）な情報としてしばしば説明されることからすると，こうした考え方は，当該情報の「秘匿性」の高さをもとに判断していくアプローチに相通じるものがあると見ることもできよう。実際判

例は，一般的理論とまではいかないものの，実質的にプライバシー侵害が問題となった事例で，「秘匿性」の有無を問題にすることが多い。

> みだりに容ぼう等を撮影されない自由？

最高裁は，個人の「プライバシーの権利」を，公権力との関係においても明示的に認めているわけではない。しかしながら，学説の説くプライバシー権を実質的に認めたとされる事例はある。この点に関する比較的初期の事例としてよく知られているのが，京都府学連事件判決（最大判1969（昭44）年12月24日刑集23巻12号1625頁）である。

この判決は，デモ行進をしていたところ，警察官により写真撮影をされたことから同警察官に傷害を負わせるに至った者が，公務執行妨害罪および傷害罪等で起訴された事件に関するものである。警察官の行為が憲法13条で保障された「肖像権」を侵害する違憲・違法なものであるという被告人側の主張に対し，最高裁は，「みだりに容ぼう等を撮影されない自由」自体は認めたが，結論的には被告人側の主張を退けた。

この判決で最高裁は，憲法13条が「国民の私生活上の自由」が保護されるべきことを規定していると解し，「個人の私生活上の自由の一つとして，何人も，その承諾なしに，みだりにその容ぼう・姿態……を撮影されない自由を有するものというべきである」としたうえで，「これを肖像権と称するかどうかは別として，少なくとも，警察官が，正当な理由もないのに，個人の容ぼう等を撮影することは，憲法13条の趣旨に反し，許されない」と述べた。しかしながら，最高裁によれば，この自由も無制限に認められるわけではなく，警察官による個人の容ぼう等の撮影が，本人の同意や裁判所の令状がなくても認められる場合があるのであり，具体的には，「現に犯罪が行なわれもしくは行なわれたのち間がないと認められる場合であつて，しかも証拠保全の必要性および緊急性があり，かつその撮影が一般的に許容される限度をこえない相当な方法をもつて行なわれるとき」は，当該撮影も憲法13条に違反するものではないとされたのである。

> 前科照会とプライバシー

公権力との関係で前科の開示が問題となった例として，前科照会事件判決（最判1981（昭56）年4月14日民集35巻3号620頁）がある。弁護士会の求めに応じて区役所が，ある人の前科を回答したことに対して損害賠償が請求されたというこの事件で，最高裁は不法行為の成

立を認めた。

この判決は，相手方が私人か公権力かの違いこそあれ，前科の公表に対する損害賠償請求に関する事例という点で，前述した同時期のノンフィクション「逆転」事件判決と類似した事案として理解することができる。最高裁は，「逆転」事件判決の場合と同じく，「前科等のある者もこれをみだりに公開されないという法律上の保護に値する利益を有する」ことを前提に，「市区町村長が漫然と弁護士会の照会に応じ，犯罪の種類，軽重を問わず，前科等のすべてを報告することは，公権力の違法な行使にあたると解するのが相当である」と述べている。

ここでも実質的にプライバシーの権利ないし利益が認められたとの解釈も可能であろうが，その場合も厳密には，憲法上の権利というよりも，国家賠償法によって救済され得る不法行為法上の権利ないし利益として理解されていると見るべきであろう。この判決ではなお，伊藤裁判官による補足意見が，法律上保護される「プライバシー」について論じており，注目される。

| 住基ネットと
プライバシー |

最後に，住基ネット判決を取り上げよう。1999年の改正住民基本台帳法は，すべての国民の住民票に11桁の番号を付ける「住民票コード」を導入し，市町村の住民基本台帳をネットワークで結んで，個人識別を一元的に行う方法を導入した。こうしたいわゆる住基ネットに対しては，各地で訴訟が提起され，下級審ではこれを違憲とした例もあるが，最高裁はこれを合憲と判断した（最判2008（平20）年3月6日民集62巻3号665頁）。

最高裁は，①「憲法13条は，国民の私生活上の自由が公権力の行使に対しても保護されるべきことを規定しているものであり，個人の私生活上の自由の一つとして，何人も，個人に関する情報をみだりに第三者に開示又は公表されない自由を有するものと解される」としつつも，②「住基ネットによって管理，利用等される本人確認情報は，氏名，生年月日，性別及び住所から成る4情報に，住民票コード及び変更情報を加えたものにすぎない」ところ，これらの情報は，「いずれも，個人の内面に関わるような秘匿性の高い情報とはいえ」ないこと，③住基ネットによる本人確認情報の管理，利用等は，「住民サービスの向上及び行政事務の効率化という正当な行政目的の範囲内で行われている」

といえること，および④「住基ネットにシステム技術上又は法制度上の不備があり，そのために本人確認情報が……第三者に開示又は公表される具体的な危険が生じているということもできない」ことを指摘して，結論としては，住基ネットによる本人確認情報の管理，利用等が，「当該個人がこれに同意していないとしても，憲法13条により保障された上記の自由を侵害するものではないと解するのが相当である」と判断している。

第5節　おわりに

　1960年代以降に注目されるようになった「プライバシー権」は，憲法13条を根拠に主張される「新しい人権」のいわば代表選手として，その内容および性格をめぐり学説上盛んに議論されてきた。様々な通信機器が発達し，高度情報化社会の進展を見た現代にあって，個人のプライバシー保護の必要性がいっそう高まってきていることは疑う余地のないところであり，プライバシー権をめぐる議論はいまなお盛んである。本章でこれまで十分紹介できなかったが，現在支配的見解とされる「自己情報コントロール権説」のほかにも，プライバシー権の理解の仕方として，たとえば「社会的評価からの自由」と解する立場，あるいは「自己イメージをコントロールする権利」ととらえる立場等が知られているほか，最近ではドイツの議論も参考に，「情報自己決定権」という考え方が説かれるなど，プライバシー権をめぐる学説の論争は，いまだ決着を見たわけではない。プライバシー権の意義と性格をめぐる議論は，憲法学における最もホットな論点の1つであり続けているといっても過言ではなかろう。

　もっとも，こうした「新しい人権」の代表選手であるはずの「プライバシー権」が，判例でも受け入れられているかというと，必ずしもそうとはいえない面がある。たしかに，プライバシーをめぐる裁判の先駆けとなった「宴のあと」事件判決では，「プライバシーの権利」が語られているが，最高裁の多数意見は「プライバシーの権利」を明示的に認めたことは一度もない。むしろ最高裁の説示においては，「プライバシー権」という用語の使用は避け，たとえば，「みだりに前科等を公表されないという法的保護に値する利益」（前科照会事件。ノンフィクション「逆転」事件も参照のこと），「みだりに容ぼう等を撮影さ

れない自由」（京都府学連事件），あるいは「個人に関する情報をみだりに第三者に開示又は公表されない自由」（住基ネット判決）といった具合に，学説が「プライバシー権」として想定する内容を，より細分化して個別に検討しようとする傾向が見られる。これはこれで，考えられる1つのアプローチであるともいえるが，これによる限り，「プライバシー権」の全体像を見据えた議論は困難なものとなるであろう。このように最高裁が「プライバシー権」を正面から認めない一因としては，あるいは学説が十分説得力のある「プライバシー権」論をいまだ展開し切れていないという面もあるのかもしれない。「プライバシー権」に関する判例の態度は，こうした「新しい人権」を認めていくことの困難さを端的に示すものともいえそうである。

📖 参考文献

佐藤幸治『日本国憲法論』（成文堂，2011）
佐藤幸治『現代国家と人権』（有斐閣，2008）
竹中勲「プライヴァシーの権利」大石眞・石川健治編『憲法の争点』ジュリ増刊（2008）98頁
山本龍彦『プライバシーの権利を考える』（信山社，2017）

【門田 孝】

Chapter 03

法の下の平等
―― みんな平等ってどういう意味？

第1節　はじめに

「天は人の上に人を造らず人の下に人を造らず」——いうまでもなく，これは福沢諭吉の『学問のすゝめ』の冒頭で掲げられている言葉である。そして，この言葉は，人間はすべて平等であり，貧富や家柄，職業，社会的身分などによって差別するような偏見を否定して，人間としての値打ち（言い換えれば各人の人格）に上下があるわけではないということを理念として示すものとされている。

たしかに「平等」は，「自由」および「友愛（あるいは博愛）」とともに，フランス革命の合言葉・旗印の1つであり，近代人権思想の根本的理念とされる。他人と比較して，ゆえなく差別されること，不利に取り扱われることは，人間の本性からいって不愉快極まりないと感じられるだろう。歴史的に，他人との優劣を理由とする差別は当然許されず，また，人の別異取扱いも，場合によっては正当化されないと考えられるようになった。そこで，近代的意味の憲法は，人権保障の具体化の1つとして自由とともに必ず平等を保障している。

ただ，一人ひとりの個人は，顔や容姿だけでなく，性格や能力，あるいは各人が持つ様々な属性において画一的に同じではなく，必ず何らかの違いというものがある。それにもかかわらず「平等」が憲法上の権利として保障されているとはいかなる意味であろうか。憲法で「平等」を保障し，「差別」を禁止することに，どのような規範内容が含まれるのだろうか。

第2節　憲法による平等保障の意味

> 人権思想としての
> 「自由」と「平等」

「自由」と「平等」は，近代人権思想の両輪である。1789年のフランス人権宣言も，「人は自由，かつ，権利において平等なものとして生まれ，生存する」（1条1文）との条文から始まる。日本国憲法も，13条で「個人の尊重」といわゆる「幸福追求権」を保障するとともに，14条1項で平等原則の保障規定を置く。そして，この13条と14条が相まって，まさに憲法による個別の権利・自由保障の総則としての包括的な

権利保障規定とされることになる。

　しかし,「個人の尊重」原理に由来する個人の自由を重視すれば,それは個人の「平等」とは対立する。すなわち,各人が自己の能力に応じて自由に活動するならば,そこから得られる結果は各人で異なることになり,能力に応じた不平等が発生するのである。これは,各人の持つ能力が異なるために生じる現象で,第三者（政府・公権力）が一人ひとりの個人を差別する結果ではない。しかし,人間の生活する社会において,各人に結果において不平等が生じると,生活領域である社会から取り残される者も出てくることになる。そうなると,「権利において平等」といっても,「権利」そのものを享受・行使できない者も現れてくる。そのために,実は「自由」と「平等」を憲法で保障することは,両者の緊張関係を緩和し,そのバランスをとることが必要とされるのであった。

　「法の下の平等」とは？　憲法14条1項は,まずすべての国民の「法の下の平等」を規定する。ここで「国民」とされていることから,外国人は国民と区別してもよいのかという問題はある（外国人の問題については⇒ Chapter 01）。その点も平等との関係で重要な問題を提起するが（外国人と日本人とを区別して取り扱うことが正面から問題とされ,それが14条1項に違反しないかが争われた事件としては,東京都管理職選考試験受験拒否事件：最大判2005（平成17）年1月26日民集59巻1号128頁がある⇒ Chapter 01),それとともに,そもそも「法の下の平等」とはいかなる意味かという,憲法による平等保障の規範内容の問題も提起されることになる。

　「法の下の平等」という文言から,それは法適用の平等,すなわちすべての法をすべての人に平等に適用することと解する説があった。この説では,法を平等に適用することが「法の下の平等」であり,法をつくる立法者には平等の要請が及ばないと解されていた（そのためにこの説は立法者非拘束説といわれる）。しかし,法の内容が不平等であれば,それを平等に適用しても不平等になるだけで,やはりそれは憲法が平等を保障していることと矛盾することになる。そこで,法の内容が憲法にも適合するか否かを裁判所が審査する違憲審査権が制度化されている現在,真に平等を憲法上の保障と解するためには,法の内容も平等の要請を受け,立法者も憲法14条1項に拘束されると考えられるように

なっている（立法者拘束説）。

とすれば，法の内容が平等の要請に適合するとはどういう意味になるのかが問題になる。もちろん，法の適用において不平等が生ずること，すなわち，ある人には法を適用するが別の人には適用しないという事態が発生することは当然許されない。そこから，法の内容もすべての人をすべて同じに扱うことが平等の要請になるのだろうか。通常，法とは一定の事実を要件として，その要件の有無によって効果を違えるという形式で制定される。そうなると，要件とされる事実の有無によって法的効果が異なるという不平等が発生する。それを法内容の不平等としてすべて否定してしまうと，およそ法は存在しえない。そこで，一般には，「等しいものは等しく，異なるものは別異に」との平等原則の内容が語られる。すなわち，法内容の平等とは，すべての事情を画一的に等しく取り扱うことを要請するものではなく，一定の理由のある区別は認めるとの考えである。ここから，一般には，法適用の場面では絶対的平等が要請されるが，法内容の場面では相対的平等の要請が妥当するといわれるのであった。

差別の禁止とは？ 憲法14条1項は，「法の下の平等」とともに，「人種，信条，性別，社会的身分又は門地により，政治的，経済的又は社会的関係において，差別されない」と規定する。これは，一般には14条1項「後段列挙事由」による差別の禁止といわれている。通常，人的集団の区別は何らかのメルクマールを用いて行われる。たとえば，ある車両を女性専用車両として男性を乗車できなくするという場合，性別というメルクマールによって車両への乗車について人的集団を分ける。そして，車両への乗車の可否が，社会的関係における区別といえるか否かは別にして，女性専用車両の設置という行為は，「性別」というメルクマールでの人的集団の区別になり，「後段列挙事由」による「差別」になるのか否かが問題とされるのである。

では，「後段列挙事由」による人的集団の区別は常に禁止された「差別」に当たるのか，という問題が提起される。「後段列挙事由」による人的集団の区別は憲法上禁止された絶対的な要請であり，そのような区別は憲法が禁止する「差別」に当たるとして，常に憲法違反とする見解もかつては主張されていた。しかし，人的集団を区別するメルクマールになるのは列挙されている「人種，信条，性別，社会的身分又は門地」の5つに限られるわけではなく，年齢や収

入，学歴といったものも区別に使われるメルクマールではないのかという理由から，14条1項後段で列挙されているのは歴史的に不当な差別を生み出すために用いられていた代表的なものであり，あくまでも例示的なものに過ぎないとの見解が有力とされていた。

「後段列挙事由」による疑わしい差別　そもそも「後段列挙事由」のうちで，「人種」（この中には民族も含められると一般に考えられている），「性別」（生物学的な性，つまり男女），「門地」（家柄のこと）という事由は生まれながらに決まっており，本人の意思によって自由に変更できるものではない。そのために，たとえば憲法14条2項が「華族その他の貴族の制度は，これを認めない」とするのは，まさに「門地」による差別禁止を具体化したものといえる。その憲法上の例外は，象徴としての地位にある天皇あるいはその地位に就く可能性のある家族としての皇室のみといえる。さらに，「信条」は信仰や政治的主義・主張を意味するとされ，それは，個人の自由な決定に委ねられるとはいえ，人の人生にとって，または議会制民主主義の有効な機能にとって必要不可欠なもので，それほど簡単に変更できるものではないといわれる。また，「社会的身分」については様々なとらえ方があるが，他の列挙事由との関連で，人の生まれによって決定される社会的地位または身分（たとえば後に家族関係の場面で問題になる嫡出・非嫡出子（⇒ Chapter 04）や被差別部落民など）を意味すると解されている。

　このような先天的に決まっている，あるいは変更不能な事項による人的集団の区別は本人の努力によって克服できない理由によるものであり，歴史的にもしばしば行われてきた差別のメルクマールであって，その廃止をめざす憲法による平等保障の本質が人間の人格価値そのものには差異がないという点にあるとするならば，「後段列挙事由」による人的区別は原則として憲法上許されない「差別」になるのではないかとの見解が主張される。すなわち，そのような区別は憲法上正当化することが難しい差別になる，ということである。ただ，男女の肉体的な違いに応じた区別やこれまでの経緯から生ずる人種に対するある種の社会的偏見解消のための区別のように，絶対的にそのような区別を「差別」として許されないと考えることは必ずしも妥当ではない。そこで，最近の憲法学説によると，「後段列挙事由」は単なる例示ではなく，それらの事由による人的集団の区別は一般に違憲性の疑わしい差別になるといわれる。そう解

37

することによって当該事由による人的集団の区別は，その憲法上の正当性の有無を厳密かつ厳格に判定すべきだと考えられるのであった。

第3節　不合理な差別？　それとも合理的な区別？

| 合理的理由のない
差別の禁止 |

では，どのような場合に，人の区別は差別として禁止されるのだろうか。ここではその問題を考えるために，憲法14条1項の平等原則に関連する最高裁の判例を取り上げてみよう。

最高裁は，まず尊属傷害致死罪が14条1項に違反しないかどうかの問題を取り上げた初期の判決（最大判1950（昭和25）年10月11日刑集4巻10号2037頁）で，憲法14条1項の規定は「人格の価値がすべての人間について同等であり，従って人種，宗教，男女の性，職業，社会的身分等の差異」に基づき，「あるいは特権を有し，あるいは特別に不利益な待遇を与えられてはならぬという大原則を示したものに外ならない」との判断を下した。ただ，それに続けて，最高裁は「このことは法が，国民の基本的平等の原則の範囲内において，各事情を考慮して，道徳，正義，合目的性等の要請より適当な具体的規定をすることを妨げるもの」ではなく，刑法が尊属に対する殺人，傷害致死等を一般の場合よりも重く罰しているのは，「法が子の親に対する道徳的義務をとくに重要視したもの」であり，「道徳の要請」に基づく「具体的規定に外ならない」として，簡単に合憲との結論を導いている。この判断は，「道徳，正義，合目的性等の要請」から人的集団を区別する法の制定を容認しているが，当該要請の内容は明確とはいえない。さらに，「後段列挙事由」についても，それが憲法上どのような意味を持つのかは定かにされなかった。そこで，憲法14条1項に関する最高裁のより明確な判断は，のちの裁判に委ねられることになった。

最高裁の憲法14条1項に関する一般的理解を提示し，以後の平等原則に関する先例として用いられるのは，年齢を理由に下された地方公務員に対する待命処分の合憲性が争われた事件である（高齢者待命処分事件：最大判1964（昭和39）年5月27日民集18巻4号676頁）。最高裁は，年齢による差別が問題になったことから，まず，憲法14条1項は，「国民に対し，法の下の平等を保障したもの」であり，そこに「列挙された事由は例示的なものであって，必ずしもそれに限

るものではないと解するのが相当」として,「後段列挙事由」を例示列挙だとする。そのうえで,憲法14条1項は「国民に対し絶対的な平等を保障したものではなく,差別すべき合理的な理由なくして差別することを禁止している趣旨と解すべきであるから,事柄の性質に即応して合理的と認められる差別的取扱をすること」は憲法に違反しないとの判断が下された。ここに,最高裁は,憲法14条1項について,相対的平等の保障と合理的区別の容認,後段の例示列挙の立場を明らかにしたのであった。

> 親を大切にしなければなりません！

以上の立場を出発点として,最高裁が法令を憲法違反とした最初の例が,やはり尊属に対する罪としての刑法旧200条（1995（平成7）年改正前・以下同じ）の尊属殺人罪についての事件である（最大判1973（昭和48）年4月4日刑集27巻3号265頁）。最高裁はまず,刑法199条の「普通殺人の所為と同じ類型の行為に対してその刑を加重した,いわゆる加重的身分犯の規定」である刑法200条を置くことは「憲法14条1項の意味における差別的取扱いにあたる」との判断から出発する。そして,「刑法200条が憲法の右条項に違反するかどうかが問題となるのであるが,それは右のような差別的取扱いが合理的な根拠に基づくものであるかどうかによって決せられる」として,先の1964（昭和39）年大法廷判決が引用される。

そこで最高裁は,「刑法200条の立法目的は,尊属を卑属またはその配偶者が殺害することをもって一般に高度の社会的道義的非難に値するものとし,かかる所為を通常の殺人の場合より厳重に処罰し,もって特に強くこれを禁圧しようとする」こととし,「尊属は,社会的にも卑属の所為につき法律上,道義上の責任を負うのであって,尊属に対する尊重報恩は,社会生活上の基本的道義というべく,このような自然的情愛ないし普遍的倫理の維持は,刑法上の保護に値するものといわなければならない」との判断を下す。そこから,直系尊属を殺害する行為をした者の「背倫理性は特に重い非難に値する」として,「尊属の殺害は通常の殺人に比して一般に高度の社会的道義的非難を受けて然るべきで」,被害者が尊属であることを「類型化し,法律上,刑の加重要件とする規定を設けても,かかる差別的取扱いをもってただちに合理的な根拠を欠くものと断ずることはできず」,憲法14条1項に違反するということもできないとの判断が下されるのであった。

> 区別はいいけど
> 重過ぎる罰はダメ！

しかし，最高裁は，1950（昭和25）年大法廷判決のように，親を敬うことの必要性から刑法上尊属と一般人とを区別しても問題ないとするだけでは終わらなかった。最高裁は，加重的身分犯として定められる規定での「刑罰加重の程度いかんによっては，かかる差別の合理性を否定すべき場合がないとはいえない」との判断を続けて示している。そして，加重の程度が極端で，これを正当化しうる根拠を見出しえないときは，「その差別は著しく不合理なものといわなければならず」，そのような規定は憲法14条1項に違反して無効としなければならないとされたのであった。

ここで，最高裁は，当時の刑法200条の法定刑である死刑および無期懲役刑と，普通殺人罪に関する刑法199条の法定刑である死刑，無期懲役刑のほか3年以上の有期懲役刑（これは現在改正されて5年以上になっている）とを比較する。そのうえで，最高裁は，「現行法上許される2回の減軽を加えても，尊属殺につき有罪とされた卑属に対して刑を言い渡すべきときには，処断刑の下限は懲役3年6月を下ることがなく，その結果として，いかに酌量すべき情状があろうとも法律上刑の執行を猶予することはできないのであり，普通殺の場合とは著しい対照をなす」との考慮から，「尊属殺の法定刑が極端に重きに失していることをも窺わせる」との判断を下す。結局，「刑法200条は，尊属殺の法定刑を死刑または無期懲役刑のみに限っている点において，その立法目的達成のため必要な限度を遥かに超え，普通殺に関する刑法199条の法定刑に比し著しく不合理な差別的取扱いをするもの」とされ，憲法14条1項に違反して無効との結論が下されることになった（ただし，被告人が無罪になったわけではなく，刑法199条が適用されて殺人罪の罪には問われている）。ここに，人的集団の区別の可否に関する合理性の判断とは別に，区別に基づく法的取扱いの程度の合理性の判断が分離して検討され，後者において極端な違いがあるときには14条1項違反になるとの判断が，最高裁によって下されたのであった。

第4節　問題となる色々な差別

> 所得税で違いがある？

最高裁による憲法14条1項違反の主張に対する判断方法は，その後，租税の領域で再び登場することになった。

租税負担に関しては，フランス人権宣言13条において「租税は，すべての市民の間で，その能力に応じて平等に配分されなければならない」として，平等原則の下で「応能負担」の原則が妥当すると考えられていた。この点とも関連しつつ，旧所得税法（1965（昭和40）年改正前のもの）は，給与所得者と事業所得者等とを区別し，後者には実額の必要経費が所得から控除されるのに対して前者には給与所得控除を認めるだけで，必要経費についての実額控除が認められないのは，事業所得者等に「比べて給与所得者に対し著しく不公平な所得税の負担を課し，給与所得者を差別的に扱っているから，憲法14条1項の規定に違反し無効」ではないかが争われた事件で，最高裁は，やはり1964（昭和39）年大法廷判決を引用して，そこで差別とされる法的取扱いの差異を合理的区別の問題として取り扱う判断を下した（最大判1985（昭和60）年3月27日民集39巻2号247頁）。

　最高裁はまず，「国民の租税負担を定めるについて，財政・経済・社会政策等の国政全般からの総合的な政策判断を必要とするばかりでなく，課税要件等を定めるについて，極めて専門技術的な判断を必要とする」との観点から，「租税法の定立については，国家財政，社会経済，国民所得，国民生活等の実態についての正確な資料を基礎とする立法府の政策的，技術的な判断にゆだねるほかは」ないとの広い立法裁量の容認から出発する。そのうえで，最高裁は，給与所得者を「使用者の定めるところに従って役務を提供し，提供した役務の対価として使用者から受ける給付をもってその収入とするもの」と定義づけ，「自己の計算と危険とにおいて業務を遂行するもの」となる事業所得者等とは異なる存在と位置づける。

　最高裁は，以上の区別を容認して，給与所得者の場合，その数が膨大であるため，「各自の申告に基づき必要経費の額を個別的に認定して実額控除を行うこと」は「税務執行上少なからざる混乱を生ずることが懸念される」とし，事業所得者等との区別に基づきとられている必要経費に関する取扱いの違いの中心となる，給与所得者についての給与所得控除という「概算控除の制度を設けた目的は，給与所得者と事業所得者等との租税負担の均衡に配意しつつ，右のような弊害を防止すること」にあり，「租税負担を国民の間に公平に配分するとともに，租税の徴収を確実・的確かつ効率的に実現することは，租税法の基

本原則である」から「目的は正当性を有する」との判断を下す。ここに,「事業所得等に係る必要経費につき実額控除が認められていることとの対比において,給与所得に係る必要経費の控除のあり方が均衡のとれたものであるか否かを判断するについては,給与所得控除を専ら給与所得に係る必要経費の控除ととらえて事を論ずるのが相当」として,「給与所得者において自ら負担する必要経費の額」が「給与所得控除の額を明らかに上回る」と認めることは困難で,「給与所得控除の額は給与所得に係る必要経費の額との対比において相当性を欠くことが明らかである」とはいえない以上,「必要経費の控除について事業所得者等と給与所得者との間に設けた前記の区別は,合理的なもの」であり,憲法14条1項に違反しないとの結論が導き出される。結局この事件でも,必要経費の控除に関する給与所得者と事業所得者等との区別の合理性を前提に,当該区別に基づく取扱いの程度の合理性が審査され,尊属殺人罪の場合とは異なり,憲法14条1項違反はないとされたのであった。

> 女性は早く退職させられる?

人間の人格価値の平等の保障が憲法14条1項の本質的内容だとすれば,人的集団を区別し,当該区別に基づく取扱いの違いを不合理なものとすべき場面は,国家・公権力による差別に限られないことになる。たとえば,労働関係では,現在,労働基準法4条が「男女同一賃金の原則」を規定し,賃金面での男女平等は明示されている。そこで,その他の場面で憲法14条1項は私人間関係でも適用されるのかが問題になる。この点に関して,企業が労働者採用に当たって個人の思想・信条を理由に不利益的に取り扱うことの問題が争われた事件(三菱樹脂事件:最大判1973(昭和48)年12月12日民集27巻11号1536頁⇒ Chapter 06)で,「憲法の右各規定〔14条および19条＝引用者〕は,同法第三章のその他の自由権的基本権の保障規定と同じく,国または公共団体の統治行動に対して個人の基本的な自由と平等を保障する目的に出たもので,もっぱら国または公共団体と個人との関係を規律するものであり,私人相互の関係を直接規律することを予定するものではない」との消極的な判断が下されていた。

しかしその後,企業における労働関係において,男子の定年年齢を60歳,女子の定年年齢を55歳として男女別定年制を定めていた就業規則に合理性があるか否かが争われた事件(日産自動車事件:最判1981(昭和56)年3月24日民集35巻2

号300頁）で，最高裁は，「女子従業員各個人の能力等の評価を離れ」，その全体を会社に対する「貢献度の上がらない従業員と断定する根拠」はなく，女子従業員につき「労働の質量が向上しないのに実質賃金が上昇するという不均衡が生じていると認めるべき根拠」もないこと，さらに，少なくとも60歳前後までは「男女とも通常の職務であれば企業経営上要求される職務遂行能力に欠けるところ」はなく，「各個人の労働能力の差異に応じた」取扱いとは別に，「一律に従業員として不適格とみて企業外へ排除するまでの理由はないこと」などを考慮すれば，「会社の企業経営上の観点から定年年齢において女子を差別しなければならない合理的理由は認められない」とする判断を下すことになった。そして，最高裁は，「就業規則中女子の定年年齢を男子より低く定めた部分は，専ら女子であることのみを理由として差別したことに帰着するものであり，性別のみによる不合理な差別を定めたものとして民法90条の規定により無効であると解するのが相当である（憲法14条１項，民法１条ノ２〔現行民法２条＝引用者〕参照）」との結論を導き出したのであった。

第5節　おわりに

　人的集団の区別が憲法上禁止される差別になるか否かは，まさに様々な場面で登場する。たとえば，社会保障の領域でも，福祉受給権（受給資格）の有無に関して平等原則との関係での問題は提起されるし（⇒ Chapter 14），そもそも議員定数不均衡の問題（⇒ Chapter 05）は，投票価値の平等として，まさに平等原則の問題が取り上げられる領域になる。そして，平等原則の問題が最も鮮明な形で取り上げられ，最高裁も，「個人の尊重」原理と関連づけて憲法違反の判断を下すことになるのが，家族関係と平等の領域になる（⇒ Chapter 04）。その意味で，尊属殺人罪を違憲とする1973（昭和48）年大法廷判決は，その先駆的地位を占めているといえるかもしれない。ただ，最高裁は，尊属に関する罪を常に違憲としてきたわけではない。1973年大法廷判決後も，刑法205条２項の尊属傷害致死罪は，刑罰加重の程度が尊属殺人罪の場合ほど極端ではなく，「合理的根拠に基づく差別的取扱いの域を出ない」として憲法14条１項に違反しないとの判断が下されていた（最判1974（昭和49）年９月26日刑集28巻６号329

頁)。ここには，区別自体が許され，許される区別に基づく法的取扱いの程度に合理性があるとする最高裁の平等原則に関する緩やかな審査基準の利用が影響しているということができる（ただし，1995（平成7）年の刑法のひらがな化のための改正の際に，刑法200条の条文だけでなく，同じく尊属に対する罪を定めていた刑法205条2項（尊属傷害致死罪），刑法218条2項（尊属遺棄罪），刑法220条2項（尊属逮捕監禁罪）は削除されている）。

　たしかに，憲法による平等保障は，人を区別して，ある人を有利に扱ったり，逆に不利に扱ってはならないということを意味する。そうだとすれば，そこでは「人の区別」と「当該区別に基づく法的取扱いの差異」が問題となる。そして，その2つの次元での憲法上の正当化理由の有無が，まさに平等原則違反か否かを決定づける。ただ，その判定に際して忘れてはならないのは，「人間はみな同じだから平等」と理解するのではなく，「一人ひとりの個人はみな違う，違うけれども，違いがあるからこそ法的には平等に取り扱う」という考え方が出発点になるということである。同じだから平等とすれば，違いがあれば区別して別異に取り扱ってもよいと単純に考えられてしまう。憲法による平等保障は，「個人の尊重」原理と対になって，一人ひとりの個人を大切にしよう，したがって，各個人は国家によって尊重されるべき異なった存在であるがゆえに，等しく取り扱われなければならないとしているのである。

📖 参考文献

安西文雄「『法の下の平等』の意味」大石眞・石川健治編『憲法の争点』ジュリ増刊（2008）102頁

手塚和男「平等と合理的区別」大石眞・石川健治編『憲法の争点』ジュリ増刊（2008）104頁

井上典之「平等保障の裁判的実現—平等審査の方法とその権利保護(1)〜(4・完)」神戸45巻3号（1995）533頁，46巻1号（1996）127頁，46巻4号（1997）693頁，48巻2号（1998）301頁

木村草太『平等なき平等条項論—equal protection 条項と憲法14条1項』（東京大学出版会，2008）

【春名麻季】

Chapter 04

家族制度と憲法問題
―― 婚姻・家族・親子とは？

第1節　はじめに

　集団生活を営む人間社会の中で，その出発点となる基本単位は家族だといわれる。世界人権宣言（1948年）は，「家族は，社会の自然かつ基礎的な単位」（16条3項）とし，「成年の男女は，……いかなる制限もなしに，婚姻し，家族を形成する権利を有する」（16条1項）と規定する。

　日本では，明治以降，封建的な「家」制度が一般的な家族形態とされてきた。戦後は，憲法24条の規定の下での「家」制度の解体と「個人の尊厳」および「両性の本質的平等」に基づく新たな家族制度が構築された。そしてまさに，20世紀後半の家族は，この憲法による婚姻・家族の基本原理によって，核家族を中心とする新たな家族像が生み出され，その下で一般的市民生活が展開されたのであった。

　憲法は婚姻・家族に関する基本原理を定めるが，それに従って婚姻・家族関係を具体化していくのは法律である。「家」制度の解体は，憲法24条に基づき，民法の家族法（具体的には第4編「親族」・第5編「相続」）の改正（1948（昭和23）年1月1日施行）により進められた。しかし，長い間，確立されていた「家」制度の解体は一朝一夕に片づくものではない。その後も時間をかけて法律が修正されていき，現在の家族制度が築かれているということができる。

　その際，家族のあり方は，社会状況とそれに伴う一般市民の意識によって変化するともいわれる。社会の変化や一般市民の意識の変化に法律が追いつかない場合，既存の制度に対しては，それに不満を持つ市民から時代遅れの法律内容に異議が提起される。特に20世紀末から社会の急速な変化に対応できていない法律内容が，様々な形で議論されるようになった。そこではどのような法的問題，特に憲法問題が提起されるのだろうか。

第2節　家族形成の自由と時代遅れの法律

憲法と家族形成の自由　「家族」とは何かという定義について，憲法も法律も特に規定していない。一般には，一対の男女の間で婚姻が

成立し，その男女間の性行為によって妻が妊娠し子どもが生まれ，その人的集団が家族になると考えられている。つまり，家族とは，男女の夫婦とその間の子どもによって形成される一定の血縁集団ということである。そして，このような血縁集団の形成は，特に憲法上明文の規定はないけれども，「個人の尊重」原理（憲法13条）から導かれる私事に関する自己決定権の1つとして，家族形成の自由（家族を形成するか否か，特に子を持つか否かの自由）として，国家の干渉を排除する憲法上の権利・自由と考えられていた。

　この自由については，もちろん人的結合の一形態として，結社の自由の特別規定としての憲法24条に基礎づけようとする見解もある。しかし，いずれにしても，家族形成の自由が憲法上の自由・権利となることに憲法学説上の異論はない。その中で，特に「生殖の自由」と関連して，生殖補助医療技術の進歩によって個人の意思でコントロール可能になってきた子を持つ権利が家族形成との関係で重要になる。従来は自然の摂理に委ねられていた子孫の形成が，個人の意思によってコントロール可能になってきたのである。そのために，家族形成の一場面として，生殖補助医療技術の利用の可否とともに，子孫形成の可否の問題が裁判でも取り上げられるようになっていった。

　夫の死後生殖子は亡夫の子か？　生殖補助医療技術の飛躍的な進歩は，人工授精や体外受精という方法の利用によって子を持つことを容易にした。ところが，医師の学会による自主規制とは別に，当該技術利用に関する法的ルールは存在せず，また，当該技術を利用して誕生する子の身分法上の問題も不明確なままになっている。ただ，当該技術を利用してでも生物学的につながりを持った子の親になりたいと真摯に願うのが人間の自然的感情であるとすれば，その利用を制限する法的規制は憲法上問題を提起するだろうし，当該技術を利用して誕生する子の親子関係について法律を整備することは必要不可欠といえる。そして，21世紀に入ってそれに関連する法的問題が裁判で争われることになった。

　最高裁は，凍結保存された夫の精子を用いて当該夫の死亡後に行われた人工生殖により妻が懐胎・出産した子の父親について問題とされた事件（最判2006（平成18）年9月4日民集60巻7号2563頁）で，原告による検察官に対する亡父の子であることの死後認知の請求に対して，非常に冷ややかな判断を下した。最

高裁は，まず，生殖補助医療技術は，自然生殖の過程の一部を代替するだけではなく，およそ自然生殖では不可能な懐胎も可能とし，死後懐胎子もこのような人工生殖により出生した子に当たるとの見解を示す。そして，最高裁は，現行民法の規制が死後懐胎子と死亡した父との間の親子関係を想定しておらず，「父は懐胎前に死亡しているため，親権に関しては，父が死後懐胎子の親権者になり得る余地」はない以上，死後懐胎子と亡父との間に法律上の親子関係が生ずる余地もないとの判断を下す。以上の理由で死後懐胎子に対する死後認知の請求は認められないとするが，最高裁は，それだけにとどまらず，「両者の間の法律上の親子関係の形成に関する問題」は，本来的に多角的な観点からの検討の下に「立法によって解決されるべき問題である」といわなければならないとして，結論である法律上の親子関係成立の否定は，「そのような立法がない」ことを理由にするのであった。

代理母が産んだ子も実子とは認められない　死後懐胎子についての父との親子関係の否定と同じように，最高裁が血縁上のつながりがあっても法律の不存在のために実親子（つまり嫡出）関係が認められないとの判断を下すのが，代理懐胎（つまり代理母）によって誕生する子の問題である。代理母が産んだ子を受精卵提供者である夫婦が自分たちの実子として出生届を提出したところ，その受理が拒否され，夫婦が当該出生届の受理を命ずるよう申し立てた事案（最決2007（平成19）年3月23日民集61巻2号619頁）で，最高裁は，現行民法上，母と子との間の母子関係の成立について直接明記した規定はないとしつつ，「母子関係は出産という客観的な事実により当然に成立する」との判例で確立されたルールを前提にした判断を下す。その前提の下で，「実親子関係が公益及び子の福祉に深くかかわるもの」から，「一義的に明確な基準によって一律に決せられるべきであること」とされ，「現行民法の解釈としては，出生した子を懐胎し出産した女性をその子の母と解さざるを得ず，その子を懐胎，出産していない女性との間には，その女性が卵子を提供した場合であっても，母子関係の成立を認めることはできない」，したがって，母子関係が認められない以上，夫婦と代理懐胎子との間の実親子関係は認められず，結局，出生届の受理を命ずる決定は下せないとの判断が示されたのであった。

しかし，最高裁は，この事件でも消極的結論の判断で終わるのではなく，

「女性が自己の卵子により遺伝的なつながりのある子を持ちたいという強い気持」から代理出産が行われていることは公知の事実となっており,「今後もそのような事態が引き続き生じ得ることが予想される以上,代理出産については法制度としてどう取り扱うかが改めて検討されるべき状況にある」との見解を示す。そのうえで,当該生殖補助医療技術の利用の可否や親子関係に関する問題の解決については,「社会一般の倫理的感情を踏まえて,医療法制,親子法制の両面にわたる検討が必要になると考えられ,立法による速やかな対応が強く望まれる」とのある種の立法府に対する要望ともとれる意見が付記される。結局ここでも,時代や社会状況の変化によって発生する問題に対応する法律が存在しないがゆえに,血縁関係があっても親子関係成立が認められないとの消極的判断を下さざるを得ないような状況になっているのである。

第3節　伝統的家族イメージと違憲の法律

出生後の国籍取得には両親の婚姻が必要？

どのような方法で子を持つかということとは別に,「男女の婚姻→夫婦間の子の誕生＝家族形成」との伝統的家族イメージの図式は,現行の家族法制の基礎になっている。そのために,その基本図式からズレがある人的集団の場合,法律上,基本的な家族集団との間で法的取扱いに差異が生じる。その場合,まさに人の区別と当該区別に基づく取扱いの差異という観点から,法律内容が平等原則との関係で問題とされることになる。

この問題領域で,最高裁は,21世紀に入って比較的積極的な判断を下す。まず,日本国籍の出生による国籍取得は,父母両系血統主義により,「父又は母が日本国民であるとき」（国籍法2条1号）と規定する。ところが申請による国籍取得の場合には,出生後,日本国民である親の認知があっても「嫡出子たる身分の取得」がないと日本国籍を取得できない仕組みになっていた（2008（平成20）年改正前の国籍法3条1項。一般に親の婚姻による準正要件と呼ばれていた）。母が日本国民である場合,子は常に日本国籍を取得できるし,父が日本国民で外国人の母との非嫡出子の場合でも,父が出生前認知をしている場合には子は日本国籍を取得でき,国籍法3条1項は,婚姻関係にない日本国民である父と

外国人の母との間に出生した非嫡出子に限り適用されるに過ぎなかった。そこで，そのような非嫡出子と，そうでない他の子との間に不平等が生じているとして，準正要件の憲法14条1項違反が争われた。最高裁大法廷（国籍法違憲判決：最大判2008（平成20）年6月4日民集62巻6号1367頁）は，1964（昭和39）年判決と尊属殺違憲判決（⇒ Chapter 03）を引用し，14条1項が「事柄の性質に即応した合理的な根拠に基づくものでない限り，法的な差別的取扱いを禁止する趣旨である」との判断から出発する。

　最高裁は，憲法14条1項に関する判断を国籍（⇒ Chapter 01）についての見解から始める。「国籍は国家の構成員としての資格」であり，国籍得喪に関する要件をどのように定めるかは立法府の裁量判断に委ねられるが，日本国籍の取得に関する法律の要件によって生じた区別が「合理的理由のない差別的取扱い」になる場合は憲法14条1項違反の問題を生ずるとされる。そこで，最高裁は，日本の社会的，経済的環境等の変化に伴い「家族生活や親子関係に関する意識」や実態の変化と多様化といった「社会通念及び社会的状況の変化」に言及し，国際化の進展に伴う国際的交流の増加による日本国民と外国人との間に出生する子の増加も指摘したうえで，子が準正要件を充たした場合に初めて「日本国籍を与えるに足りるだけの我が国との密接な結び付きが認められるものとすること」を「今日では必ずしも家族生活等の実態に適合するもの」ではないとの判断を下す。その結果，「国籍法が，同じく日本国民との間に法律上の親子関係を生じた子であるにもかかわらず，……父母の婚姻という，子にはどうすることもできない父母の身分行為が行われない限り，生来的にも届出によっても日本国籍の取得を認めないとしている点は，今日においては，立法府に与えられた裁量権を考慮しても，我が国との密接な結び付きを有する者に限り日本国籍を付与するという立法目的との合理的関連性の認められる範囲を著しく超える手段を採用して」おり，その結果，「不合理な差別」を生み出しているとの結論を提示するのであった。

| 非嫡出子は
嫡出子の半分？ | 日本国籍取得についての一定の非嫡出子に対する差別に関する憲法14条1項違反の判断は，非嫡出子に関するその他の差別の問題にも波及することになる。それが，20世紀後半から問題視されていた民法900条4号ただし書（2013（平成25）年改正前）による相続分につ

いての差別である。

　ただ，この点について，1990年代には，嫡出・非嫡出は「出生によって決定される社会的な地位又は身分」であって，そのような憲法14条1項後段列挙事由に該当する「社会的身分を理由とする差別的取扱いは，個人の意思や努力によってはいかんともしがたい性質のもの」として，憲法適合性を厳格に審査する下級審の判断（東京高決1993（平成5）年6月23日高民集46巻2号43頁）もあったが，最高裁（最大決1995（平成7）年7月5日民集49巻7号1789頁）は，かなり消極的であった。すなわち，最高裁は，相続制度は家族関係についての規律と無関係に定めることはできないことから「立法府の合理的な裁量判断にゆだねられている」とするとともに，法定相続分の定めは「遺言による相続分の指定等がない場合などにおいて補充的に機能する規定である」から，立法府の裁量の範囲を超えていない限り「合理的理由のない差別」ではないとしていた。そこでは，現行民法が定める法律婚主義の一夫一婦制は憲法24条1項に違反せず，そのような婚姻制度の下では嫡出・非嫡出の区別が生ずるのはやむを得ず，民法900条4号ただし書で非嫡出子の相続分を嫡出子の半分にすることは「法律婚の尊重と非嫡出子の保護の調整を図ったもの」であり，「合理的理由のない差別」とはいえず，憲法14条1項に違反しないとされたのであった。

相続分差別はやはり憲法違反！　1995（平成7）年の大法廷決定には，嫡出子と非嫡出子との間の相続分差別を違憲とする反対意見も付されていたが，その後の最高裁小法廷での判断（最判2000（平成12）年1月27日判時1707号121頁，最判2003（平成15）年3月28日判時1820号62頁，最判2003（平成15）年3月31日判時1820号64頁，最決2009（平成21）年9月30日判時2064号61頁など）にも違憲とする少数意見が繰り返し付されてきた。その中で，最高裁（非嫡出子相続分差別事件：最大決2013（平成25）年9月4日民集67巻6号1320頁）は，婚姻関係における法律婚主義の下でも国民感情や社会情勢の変化に従い嫡出・非嫡出の区別に関連する事項は時代とともに変遷するとし，国籍法3条1項の違憲判断とともに，日本だけでなく諸外国，具体的にはドイツ・フランスの相続における嫡出・非嫡出の区別に関する法制の撤廃を指摘して，区別の「合理性については，個人の尊厳と法の下の平等を定める憲法に照らして不断に検討され，吟味されなければならない」として，結論としては民法900条4号ただし書を違憲

とする判断を下すことになった。

　最高裁は，ここでも婚姻・家族形態や婚姻・家族のあり方に対する国民意識の多様化を指摘し，同時に，嫡出・非嫡出の区別に基づく相続分の区別は日本以外にないこと，国連・自由権規約委員会による差別撤廃の勧告や失敗に終わっているが法律改正の試みがあることなどに言及し，日本社会も「家族という共同体の中における個人の尊重がより明確に認識されてきた」との見解を提示する。そのうえで，法定相続分の定めが「補充的に機能する規定であること」は，当該規定の「合理性判断において重要性を有しない」し，「法律婚という制度自体は我が国に定着している」としても，当該制度の下で父母が婚姻関係になかったという「子にとっては自ら選択ないし修正する余地のない事柄を理由としてその子に不利益を及ぼすこと」は許されず，「子を個人として尊重し，その権利を保障すべきであるという考えが確立されてきている」現在では，嫡出子と非嫡出子の「法定相続分を区別する合理的な根拠は失われていた」との見解を提示する。結局，最高裁は，1995（平成7）年大法廷決定による合憲判断を覆し，非嫡出子に対する相続分の差別について，現代の日本社会での家族・親子に関する国民の意識の変化，グローバル化の進む国際社会での情勢の変化，「個人の尊重」を重視する社会への移行，子にとっての重大な不利益の賦課といった事項を総合的に考慮して，民法900条4号ただし書を14条1項に違反する不合理な差別規定としたのであった（この大法廷決定の後，民法900条4号のただし書は削除されている）。

第4節　婚姻における男女不平等

女性に対する再婚禁止期間　親子関係における子の不利益についての最高裁の2つの違憲判断は，両親の法律関係，すなわち婚姻関係の有無を「子にとっては自ら選択ないし修正する余地のない事柄」として，親子についての法律関係と切り離そうとする見解を暗示する。そこで，親子関係と切り離して，夫婦の法律関係に関する憲法上の権利・自由の問題を取り上げることが必要になる。憲法24条1項は「婚姻は，両性の合意のみに基いて成立し，夫婦が同等の権利を有することを基本」にすると規定する。しかし，その規定に

もかかわらず，依然として婚姻の場面では男女の区別が存在する。

　その1つが女性に対する再婚禁止期間である。この女性にのみ前婚の解消・取消しの日から6か月の再婚禁止期間を定める民法733条1項（2016（平成28）年改正前）の憲法適合性が問題とされた事件で，最高裁は，当初，再婚後に生まれた子の父性推定の重複を回避し，父子関係をめぐる紛争の発生を未然に防ぐという点を理由として簡単に合憲と判断していた（最判1995（平成7）年12月5日判時1563号81頁）。しかしその後，最高裁（最大判2015（平成27）年12月16日民集69巻8号2427頁）は，憲法24条1項を「婚姻をするかどうか，いつ誰と婚姻をするか」を「当事者間の自由かつ平等な意思決定に委ねられるべきである」との趣旨の規定ととらえ，「婚姻及び家族に関する事項」の詳細を法律によって具体化するのがふさわしいとの憲法24条2項の趣旨に基づく立法においても，婚姻の自由を「十分尊重に値する」との判断から，男女を区別して「婚姻に対する直接的な制約を課す」民法733条1項の合理性の有無を「事柄の性質を十分考慮に入れた上で検討をすることが必要」とするに至っている。

　そこで最高裁は，民法733条1項の父子関係をめぐる紛争の未然の防止という立法目的は合理的としつつ，この事件でもドイツやフランスが「再婚禁止期間の制度を廃止する」法改正が行われたことに言及し，「再婚をすることについての制約をできる限り少なくするという要請が高まっている」とすると同時に，民法772条の嫡出推定の規定における期間を考慮すれば，再婚禁止期間の「100日超過部分については，……父性の推定の重複を回避するために必要な期間ということはできない」として，100日超過部分は婚姻の自由に対する合理性を欠いた過剰な制約を課すものであり，「国会に認められる合理的な立法裁量の範囲を超える」として，その限りで女性に6か月の再婚禁止期間を定める民法733条は憲法14条1項および「両性の本質的平等」を定める憲法24条2項に違反するとの判断を下した[注記]。ただ，「近年の医療や科学技術の発達」からDNA検査によってきわめて高い確率で生物学上の親子関係を確認することができることは「公知の事実」と認めながら，法律で一定の再婚禁止期間を残すことの合理性について，最高裁は，父子関係の確定を科学的な判定に委ねると，「法律上の父を確定できない状態が一定期間継続することにより種々の影響が生じ得る」点を考慮して，子の利益の観点から，裁判手続等を経るまでも

なく，「父性の推定が重複することを回避するための制度を維持することに合理性が認められる」との判断を下しているのであった。

> 婚姻すれば姓が変わる！

男女間の区別に基づくものではないが，事実上，女性に不利になる差別問題を提起するのが民法750条の夫婦の氏である。そこでは，夫婦の氏として婚姻の際に定めるところに従って「夫又は妻の氏を称する」として夫婦同氏制が規定される。これは，戦後の「家」制度の解体の一環としての改革により旧民法の規定を改正し，夫婦のどちらの氏であっても選択可能とされたのであったが，現在でも96％もの夫婦が夫の氏を選択し，事実上，女性には不利に作用する規定となっている。さらに，夫婦同氏を義務づけることから，当事者間で氏の選択についての合意が形成されない場合，婚姻届は受理されないことになる。そこで，婚姻後は婚姻前の氏を通称として使用せざるを得ない女性，そして合意形成できなかったために婚姻届が受理されなかった者が，民法750条は憲法13条および14条に違反すると主張して裁判を提起することになった。

最高裁（最大判2015（平成27）年12月16日民集69巻8号2586頁）は，まず氏名を「個人を他人から識別し特定する機能を有するもの」であると同時に「人が個人として尊重される基礎であり，その個人の人格の象徴」であるとして，「人格権の一内容を構成する」との判断から出発する。ただ，氏に関する人格権の内容は憲法上一義的に決まらないから，具体的な法制度を離れて「氏が変更されること自体を」ただちに人格権侵害とし，違憲であるか否かを論ずることはできないとされる。そのうえで最高裁は，氏に，名と切り離して，「社会の構成要素である家族の呼称としての意義」を認め，「社会の自然かつ基礎的な集団単位である」家族とのとらえ方から，「個人の呼称の一部である氏をその個人の属する集団を想起させるものとして一つに定めることにも合理性がある」との判断を下す。そして，ここでの問題は，「婚姻という身分関係の変動を自らの意思で選択することに伴って夫婦の一方が氏を改めるという場面」での問題であり，氏の変更を強制される問題ではないこと，氏の「家族の呼称」としての意義から「身分関係の変動に伴って改められることがあり得ることは，その性質上予定されている」点を指摘し，最高裁は，婚姻の際に「氏の変更を強制されない自由」が憲法上の権利として保障される人格権の一内容であるとは

いえず13条違反ではなく，また「社会に存する差別的な意識や慣習による影響を」排除して夫婦間の平等を意図することは14条1項の趣旨に沿うが，夫婦同氏制そのものは男女平等違反とはいえず14条1項にも違反しないとの判断が下された。さらに，憲法13条および14条1項の判断を根拠に，最高裁は，氏の変更がアイデンティティの喪失感や婚姻前の社会的な信用，評価，名誉感情等の維持の困難さといった不利益の存在は認めつつ，夫婦同氏制が「婚姻前の氏を通称として使用すること」を否定するものでない以上，「直ちに個人の尊厳と両性の本質的平等の要請に照らして合理性を欠く制度」とまではいえず，憲法24条にも違反しないとの結論も下した。ただ，最高裁は，この結論に加えて，夫婦同氏制よりも規制の小さい制度（夫婦別氏制）について，その合理性を否定するものではなく，「この種の制度の在り方は，国会で論ぜられ，判断されるべき事柄」との意見を付記するのであった。

第5節 おわりに

家族生活の保障を定める憲法24条は，最高裁も指摘するように，特に2項で社会状況における種々の要因を考慮した立法による対応が必要であることを規定する。ただ，その際に，一定の家族像を前提にした法律内容は，すべての人に画一的な家族形成しか許さないものになってしまう。そのために，家族制度の憲法問題は，「個人の尊厳」・「両性の本質的平等」といった憲法24条の基本原理とともに，13条の「個人の尊重」原理・人格権や14条1項の平等原則に関する議論を惹起する。近年は，個人のライフスタイルの多様化に伴い，家族生活も様々に変化している。男女間の婚姻だけでなく，性別も変更できるようになった現在，同性カップルの婚姻可能性や性別変更した性同一性障害者の婚姻関係も問題になる（たとえば，性別変更した者との婚姻後に，生殖補助医療技術を利用して子をもうけた夫婦と当該子の親子関係をめぐる最決2013（平成25）年12月10日民集67巻9号1847頁では，現行民法を適用して夫婦の間の子（嫡出子）であることが認められた）。したがって，すべての家族関係を画一的で一律に規律することがもはや不可能な状況にあるのではないかという疑問も提起されている。

時代や社会的変化に対応するように立法を行うことの必要性は，必ずしも家

族制度に関してだけ主張されるわけではない。しかし，社会の基本的な集団単位としての家族の問題は，一般市民の日常生活に深くかかわる事項であるがゆえに，その要請は特に重要になる。ただ，死後懐胎子や代理母の事件で見たように，最高裁は立法の必要性を示しているが，問題は，生殖補助医療技術を利用して子を持つということを現行民法の問題とし，憲法問題としてとらえず，家族形成の自由・権利に関しては何ら言及していないという点にある。立法で対応するにしても，その根拠としての家族形成の自由・権利の内容をより明確にして，それを憲法上の要請としていないがゆえに，遅々として立法化が進まないともいえるのではないだろうか。法律の内容が憲法13条・14条1項に違反しないか否かの判断は重要である。しかしそれだけにとどまらず，今後は家族形成の自由・権利の内容を憲法の規範として検討することが必要になるであろう。21世紀の現在，まさにそれが家族制度に関する憲法上の課題でもある。

📖 参考文献

辻村みよ子『憲法と家族』（日本加除出版，2016）
春名麻季「人権の基底的原理としての『個人の尊重』についての一考察」門田孝・井上典之編『憲法理論とその展開　浦部法穂先生古稀記念』（2017，信山社）371頁
春名麻季「憲法学における人権論からみた親子関係の諸要素―「実の母」をめぐる議論を中心に」神戸58巻3号（2008）25頁
井上典之「平等保障による憲法規範の変容？」松井茂記・長谷部恭男・渡辺康行編集『自由の法理　阪本昌成先生古稀記念論文集』（成文堂，2015年）665頁

【春名麻季】

＊注記

　2015（平成27）年大法廷判決を踏まえ女性の再婚禁止期間を100日としていた民法733条につき，2022（令和4）年12月10日にそれを撤廃する法改正（民法733条の削除）が行われ，2024（令和6）年4月から施行されることになった。同時に民法772条等の子の嫡出推定に関する規定も改正され，これによって，2024（令和6）年4月以降は，男女ともに再婚禁止期間はなくなり，婚姻の自由がより充実した内容になった。

Chapter 05

選 挙 権
──議会制民主主義の根幹？

第1節　はじめに

　国民が主権者として，国の政治に参加する権利を「参政権」といい，そうした参政権の中核をなすのが「選挙権」である。ここに選挙権とは，選挙という集合的行為に国民が一票を投ずることによって参加することができる権利をいう。実は，日本国憲法の条文中には「選挙」という言葉は散見されるものの，「選挙権」という語自体は見られない。このことはむろん，憲法が選挙権を保障していないことを意味するものではない。選挙権に関する規定としては，公務員の選定・罷免権を保障した憲法15条1項，公務員の選挙について成年者による普通選挙を保障した同条3項，選挙人資格について差別を禁じた44条ただし書等が挙げられるほか，国政レベルでは，衆議院議員および参議院議員が「選挙された議員」である旨要請する43条1項，地方レベルでは，地方公共団体の長や議会の議員らについて住民の直接選挙を保障した93条2項等がある。

　日本国憲法の採用する代表民主制（憲法前文1段参照）の下では，国民の政治参加の主たる形態は，自らの意思を代表者を通じて間接的に政治に反映するというかたちをとらざるを得ず，したがって，代表者たる議員を選出するための選挙権がきわめて重要な役割を果たすことは想像に難くない。このような選挙権またはその行使のあり方をめぐっては，どのような点が問題にされてきたのであろうか。以下では，対象を国会議員の選挙にしぼり，選挙制度の構築が問題にされた場面，選挙権行使の制限が争われた場面，および選挙権の内容（投票価値の平等）が問われた場面に分けて，それぞれにつき重要な判例を参照しつつ，そこで提起された問題点を検討していくこととしよう。

第2節　選挙制度の構築

> 選挙制度を定めるのは
> 法律の役割

　選挙は，選挙人団をいくつかの区域（選挙区）に分け，選挙区ごとに実施されるのが普通であるが，1つの選挙区から議員を1人のみ選出する制度を小選挙区制，2人以上選出する制度を大選挙区制という。これに投票の方法を，単記投票制とするか，連記投票制とす

るかに応じて，代表選出の方法も，多数代表制（選挙区の投票者の多数派に議員の選出を独占させる制度。小選挙区制はこれに当たる）と，少数代表制（少数派にも議員の選出を可能にする制度）に分けられるほか，比例代表制，つまり多数派および少数派に対して，その得票数に比例する形で議席を配分する制度もある。

日本国憲法の下で，いかなる制度が採用されるべきかについて，憲法自身は何ら示すところはなく，むしろ国会の両議院の議員の選挙について，議員の定数，選挙区，投票の方法その他選挙に関する事項は法律で定めるべきものとされており（憲法43条2項・47条），具体的な選挙制度のあり方については立法に委ねている（これを受けて，選挙制度について定めるのが公職選挙法（公選法）である）。

> 日本の選挙制度

日本では従来，衆議院議員選挙については，1つの選挙区から3人ないし5人の議員を選出する制度（これは大選挙区制の一形態であるが，比較的選挙区の規模が小さかったので一般に中選挙区制と称されていた）が採用されてきたが，1994（平成6）年に小選挙区制と比例代表制からなる制度に改められた（公職選挙法4条1項，13条1項および2項参照）。比例代表選挙では，有権者は投票用紙に候補者名ではなく政党名を記載し（同46条2項），当選者は，各政党の獲得議席に応じて，当該政党の名簿記載者の上位から決められるほか（同95条の2第1項）（拘束名簿式），小選挙区と比例代表の重複立候補も認められている（同86条の2第4項・6項）。

また，参議院議員選挙については，都道府県単位の地方区と全国を一選挙区とする全国区の双方について，単記投票制により投票する制度が用いられてきたが，1982（昭和57）年に，全国区に比例代表制が導入された。参議院の比例代表制は，1982年改正時には拘束名簿式であったが，2000（平成12）年に非拘束名簿式に改められた。これによると，有権者は政党に投票するか名簿に登載された候補者個人に投票するかを選ぶことができ（同46条3項），政党への投票と候補者への投票を合算して得られる各政党の得票数に基づき算出される各政党の議席数に応じて，得票の多い候補者から順に当選者が決められる（同95条の3第1項・3項参照）。

> 衆議院小選挙区
> 比例代表並立制違憲訴訟

上述した1994年の衆議院小選挙区比例代表並立制の導入後，初めて行われた1996年の衆議院議員総選挙に際して，改正された公選法の規定の合憲性を争う訴訟が多数提起された。最高裁

は，1999年11月の一連の判決で，これらの訴訟で提起された問題に対して判断を下すに至った。

これらの判決で扱われた問題は多岐にわたるが，新たな選挙制度の構築に伴う問題という点で共通点を有しており，その場合最高裁は国会の広範な裁量を尊重する傾向にある。最高裁によれば，憲法は，「両議院の議員の各選挙制度の仕組みの具体的決定を原則として国会の広い裁量にゆだねている」のであり，「国会は，その裁量により，衆議院議員及び参議院議員それぞれについて公正かつ効果的な代表を選出するという目標を実現するために適切な選挙制度の仕組みを決定することができるのであるから，国会が新たな選挙制度の仕組みを採用した場合には，その具体的に定めたところが，……憲法上の要請に反するため国会の右のような広い裁量権を考慮してもなおその限界を超えており，これを是認することができない場合に，初めてこれが憲法に違反することになるものと解すべきである」。

それでは，こうした考え方に立った最高裁は，新たな制度に対してどのような判断を下したのであろうか。

小選挙区制の合憲性 まず，小選挙区制の合憲性に関して，この制度の下では死票（国政に反映されない票）の率が高く国民代表の構造を歪めるものであり，憲法の国民代表原理に抵触し，違憲である等の主張がなされた。これに対して最高裁は，小選挙区制が特定の政党等にとってのみ有利な制度とはいえないことを指摘したうえで，「小選挙区制の下においては死票を多く生む可能性があることは否定できない」としても，「この点をもって憲法の要請に反するということはできない」と述べ，結局，「小選挙区制は，選挙を通じて国民の総意を議席に反映させる一つの合理的方法ということができ，これによって選出された議員が全国民の代表であるという性格と矛盾抵触するものではないと考えられるから，小選挙区制を採用したことが国会の裁量の限界を超えるということはでき」ないと判断している（最大判1999（平成11）年11月10日民集53巻8号1704頁）。

比例代表制および重複立候補の合憲性 比例代表制および重複立候補に対しても違憲の主張が展開された。そこでは，重複立候補者が小選挙区選挙で落選しても比例代表選挙で当選し得ることは「正当に選挙された」代表者とはい

えず国民代表としての正統性に欠けること，重複立候補することができる者が所定の要件を充たす政党等に所属する者に限られており差別的取扱いであること，あるいは名簿で同一順位の候補者について選挙の時点で候補者名簿の順位が確定しないものであるから直接選挙とはいえないことを理由に，憲法前文，14条1項，15条1項・3項，43条，44条，47条等に違反する旨が主張された。

しかしながら最高裁は違憲の主張を退けた。最高裁は，①重複立候補制については，「選挙制度の仕組みを具体的に決定することは国会の広い裁量にゆだねられているところ，同時に行われる2つの選挙に同一の候補者が重複して立候補することを認めるか否かは，右の仕組みの一つとして，国会が裁量により決定することができる事項であるといわざるを得ない」こと，②重複立候補をできる者を，特定の政党所属者等に限ることについては，こうした制度が「選挙制度を政策本位，政党本位のものとするために設けられたものと解されるのであり，政党の果たしている国政上の重要な役割にかんがみれば，選挙制度を政策本位，政党本位のものとすることは，国会の裁量の範囲に属することが明らかである」こと，③比例代表選挙において選挙時に候補者名簿の順位が確定しないものがあることについても，「投票の結果すなわち選挙人の総意により当選人が決定される点において，選挙人が候補者個人を直接選択して投票する方式と異なるところはない」ことを指摘し，問題となった制度が憲法違反ではないと判断している（最大判1999（平成11）年11月10日民集53巻8号1577頁）。

このように新たに導入された選挙制度が違憲であるとの主張は，いずれも退けられている。すでに述べたように，憲法自らが具体的な選挙制度の構築を立法に委ねていることからすれば，実際に導入された選挙制度が憲法に違反するということは——当該制度を採用することの政策的当否はさておき——それが憲法上の権利を侵害し，あるいは憲法原理に抵触する等の事情がない限り，困難であるといわざるを得ないであろう。

第3節　選挙権および選挙権行使の保障

在外日本国民
選挙権訴訟

以上見てきたように最高裁は，選挙制度の合憲性が問題にされた場面では，概して立法裁量を尊重した緩やかな

違憲審査を行う傾向にあるが，そうした制度が憲法の要請に反する場合には話は違ってくる。選挙権自体またはその行使の制限が問題となった場面では，最高裁も厳格な違憲審査を行っている。在外日本国民の選挙権行使の制限を違憲とした在外日本国民選挙権訴訟判決（最大判2005（平成17）年9月14日民集59巻7号2087頁）に，その例を見ることができる。

　国外に居住していて国内の市町村の区域内に住所を有していない日本国民（在外国民）は，かつては国政選挙における選挙権の行使を認められていなかった。すなわち，1998（平成10）年に改正される前の公選法によれば，選挙人名簿に登録されていない者あるいは登録されることができない者は投票をすることができないとされており（42条1項・2項），在外国民は，日本国内のいずれの市町村においても選挙人名簿に登録されないため，衆議院議員の選挙または参議院議員の選挙において投票をすることができなかった。その後，1998年に公選法が一部改正され，在外選挙制度が創設されたが，その対象となる選挙について当分の間は，衆議院比例代表選出議員の選挙および参議院比例代表選出議員の選挙に限ることとされたため（改正後の公職選挙法附則8項），在外国民は，なお衆議院小選挙区選出議員の選挙および参議院選挙区選出議員の選挙においては，投票をすることができなかった。在外国民である（あるいは在外国民であった）上告人らの訴えにより，このような1998年公選法改正前の立法の合憲性，および改正後の公選法の規定の合憲性が争われることとなったのである。

　|選挙権行使の制限に対する合憲性審査|　この事件で問題となっているのは，一定年齢に達した国民にはすべて与えられるべき選挙権の行使を制限することの合憲性である。そしてこの場面では最高裁は，前述した選挙制度一般の合憲性審査の場合とは打って変わって，制限の合憲性を厳格に審査していく姿勢を打ち出している。

　すなわち，憲法前文および1条，15条1項および3項，43条1項ならびに44条ただし書の趣旨に触れたうえで，最高裁はいう。「憲法の以上の趣旨にかんがみれば，自ら選挙の公正を害する行為をした者等の選挙権について一定の制限をすることは別として，国民の選挙権又はその行使を制限することは原則として許されず，国民の選挙権又はその行使を制限するためには，そのような制限をすることがやむを得ないと認められる事由がなければならないというべき

である。そして，そのような制限をすることなしには選挙の公正を確保しつつ選挙権の行使を認めることが事実上不能ないし著しく困難であると認められる場合でない限り，上記のやむを得ない事由があるとはいえず，このような事由なしに国民の選挙権の行使を制限することは，憲法15条1項および3項，43条1項並びに44条ただし書に違反するといわざるを得ない」。最高裁自身は特定の違憲審査基準を意識しているわけではないであろうが，選挙権またはその行使の制限のためにやむを得ない事由を要求するこうした説示は，学説のいうところの厳格審査基準と重なるものとして理解することができるであろう。

在外国民の選挙権行使の制限は違憲 以上の判断枠組みを当てはめた結果，最高裁は，1998年改正前の公職選挙法において在外日本国民の選挙権行使が認められていなかったこと，および改正後の公職選挙法附則8条のうち在外選挙の対象を比例代表選挙に限定した部分が，ともに憲法に違反すると判断した。最高裁は，在外国民の投票を可能にするために克服されるべき障害が少なからずあったことは認めつつも，改正前に在外選挙権が認められていなかったことについては，1984年の段階で内閣が在外選挙制度の創設を内容とする公選法の改正案を提出していたにもかかわらず廃案となり，その後10年以上放置されていたことを指摘し，また改正後に在外選挙権の行使が比例代表選挙に限定したことについては，改正後在外選挙が繰り返し実施されていることや，通信手段の発達などから，在外国民に候補者の情報を伝達することが著しく困難であるとはいえなくなっていると述べ，いずれについても，在外国民に投票を認めないことに「やむを得ない事由」があるとはいえず，憲法15条1項および3項，43条1項ならびに44条ただし書に違反するものと判断したのである。

　この判決は，最高裁による7例目の法令違憲判決であるとともに，「在外日本国民の選挙権行使が認められていなかった」という「立法不作為」（立法をしないこと，または立法が存在しないこと）を違憲と判断した初めての例であり，大きな注目を集めた判決でもある。なお，ここでは立ち入らないが，本判決は，「上告人らが次回の衆議院総選挙で投票することができる地位にある」ことの確認を求める訴え（公法上の法律関係に関する確認の訴え）を適法として認めていること，および国会の立法行為・立法不作為を理由とした損害賠償を認めていることでも注目される。学習の進んだ人は，このあたりの問題についても理解

に努めてみてほしい。

第4節　投票価値の平等

> 衆議院議員定数訴訟
> 1976年判決

最後に，投票価値の平等の問題を取り上げよう。いくら選挙権の行使が認められていても，その内容が平等でなければ選挙権の保障は十分とはいえない。たとえば，同じく1人の国会議員を選ぶ選挙区であっても，有権者数が100万人であるA選挙区と，500万人いるB選挙区とでは，投じられる票の価値に違いがある——この例だと，B選挙区の有権者が投じる1票は，国政に及ぼす影響力という点でA選挙区の1票の5分の1の価値しかない計算になる——ことは容易に見てとれる。このような形で生じる不平等は，「1票の較差」として，最近では国会議員の選挙が行われる度に提起されてきた問題である。

この問題について，最高裁が最初に詳細に論じたのは，中選挙区時代の衆議院議員選挙における議員定数配分規定を違憲とした1976年の判決（最大判1976（昭和51）年4月14日民集30巻3号223頁）である。この判決は，1972（昭和47）年に実施された衆議院議員選挙において千葉1区の選挙人が千葉県選挙管理委員会を相手どって起こした訴訟に端を発している。そこでは，議員1人当たりの有権者数が最も多い千葉1区と，最も少ない兵庫5区で投票価値という点で5倍近い較差が生じていることから，こうした定数配分規定が憲法14条1項の定める平等原則に違反し，無効であるとの主張がなされている。

それでは，この事件で最高裁はどのような議論を展開したのであろうか。この判決をじっくり読み解くことが，1票の較差に関する判例の立場を理解するための出発点となる。

> 憲法の要請としての
> 投票価値の平等

最高裁はまず，投票価値の平等が憲法14条1項の要請するところであることを確認する。すなわち，「憲法14条1項に定める法の下の平等は，選挙権に関しては，国民はすべて政治的価値において平等であるべきであるとする徹底した平等化を志向するものであり，……選挙権の内容，すなわち各選挙人の投票の価値の平等もまた，憲法の要求するところであると解するのが，相当である」。

もっとも最高裁は，選挙区割と議員定数配分の決定に際しても，「極めて多種多様で，複雑微妙な政策的及び技術的考慮要素」が含まれることから，国会の立法裁量を相当広く認めており，その憲法判断の枠組みも，基本的には立法裁量の範囲を超えているか否か，という点にある。最高裁によれば，「具体的に決定された選挙区割と議員定数の配分の下における選挙人の投票価値の不平等が，国会において通常考慮しうる諸般の要素をしんしゃくしてもなお，一般的に合理性を有するものとはとうてい考えられない程度に達しているときは，もはや国会の合理的裁量の限界を超えているものと推定されるべきものであり……憲法違反と判断するほかはないというべきである」。

　1票の較差の合憲性を判断するための基準としては，学説においては，選挙区間の最大較差が2倍を超えることは許されないとする立場が有力であり，その理由としては，較差が2倍を超えると1人1票の原則を実質的に損なうことが指摘されていた。しかしながら最高裁は，具体的な数値は示すことなく，「一般的に合理性を有するもの」か否かという判断基準を採用している。

違憲状態・合理的期間・違憲　ただし，問題となった1票の較差が，「一般的に合理性を有するものと考えられない程度」に達していたら即「違憲」かというと，そうではない。最高裁によれば，問題の較差が「選挙権の平等の要求に反する程度となったとしても，これによってただちに当該議員定数配分規定を憲法違反とすべきものではなく，人口の変動の状態をも考慮して合理的期間内における是正が憲法上要求されていると考えられるのにそれが行われない場合に初めて憲法違反と断ぜられるべきものと解するのが，相当である」という。

　ここで最高裁のいう「選挙権の平等の要求に反する程度」に至った状態は，「違憲」とは区別して学説等では「違憲状態」と称されている。つまり，判例の立場によれば，1票の較差が立法裁量の限界を超えた「違憲状態」のまま，是正のための「合理的期間」を徒過した場合に，初めて「違憲」となるというのである。いささかわかりにくい理屈ではあるが，この判決以降，1票の較差をめぐる訴訟では，こうした考え方がとられるようになった。

　判決で問題となった1972年の衆議院総選挙についていえば，選挙当時に約1対5に達していた較差は，一般的に合理性を有するものとはいえず，それにも

かかわらず8年余にわたって配分規定の改正が何ら行われていないこと等から，合理的期間内における是正もなされなかったものと認めざるを得ないとされている。したがって，「本件議員定数配分規定は，本件選挙当時，憲法の選挙権の平等の要求に違反し，違憲と断ぜられるべきものであつた」とされたのである。この関連ではなお，定数配分が，「相互に有機的に関連し，……不可分の一体をなすと考えられる」ことを理由に，「単に憲法に違反する不平等を招来している部分のみでなく，全体として違憲の瑕疵を帯びるものと解すべきである」と判断されている点にも注意したい。

「違憲」だが選挙は「無効」ではない　こうして，問題となった議員定数配分規定は違憲と判断されたわけだが，注意すべきことは，「違憲」という判断にもかかわらず，選挙自体は「無効」とはされていないことである。こうした結論を正当化するために用いられたのが，「事情判決の法理」である。最高裁によれば，選挙を無効とした場合は，衆議院の活動が不可能になる等の憲法の所期しない結果が生じることから，事情判決について定めた行政事件訴訟法（行訴法）31条1項の規定の拠って立つ「法理」を用いることにより——つまり，当該規定そのものを直接適用するのではなく，あくまでもその根底にある「法理」を適用することにより——選挙自体は無効としないという結論を導くのである。すなわち，「本件のように，選挙が憲法に違反する公選法に基づいて行われたという一般性をもつ瑕疵を帯び，その是正が法律の改正なくしては不可能である場合については，……前記行政事件訴訟法の規定に含まれる法の基本原則の適用により，選挙を無効とすることによる不当な結果を回避する裁判をする余地もありうるものと解するのが，相当である」とされたのである。

参議院の特殊性?　以上見てきたように，様々な論点が錯綜している1976年判決であるが，この判決の考え方は，その後の衆議院議員選挙の定数訴訟に受け継がれ，1985年にも違憲判決（最大判1985（昭和60）年7月17日民集39巻5号1100頁）が下されている。こうした考え方自体は，1994年の小選挙区制導入後の衆議院議員選挙——この場合は定数配分規定ではなく区割規定の合憲性が問題になる——においても変わらない。

参議院議員選挙についても判断枠組み自体は基本的に同様であるが，ただ参議院については，議員1人当たりの有権者数（ないし人口）から導出される1

票の価値が平等であるべきとの要請は，衆議院の場合ほど強くないのではないかという点が問題にされてきた。たとえば，参議院議員定数訴訟1983年判決（最大判1983（昭和58）年4月27日民集37巻3号345頁）は，参議院選挙区選出議員の選挙制度の仕組みについて，「事実上都道府県代表的な意義ないし機能を有する要素」を加味することも許されること等を指摘し，人口比例原則を基準とする選挙制度と比べて「一定の譲歩」を免れないと述べ，最大5.26倍の較差を生じた定数配分規定を合憲と判断した。もっともその後，5倍の較差を「違憲状態」と判断したとされる2012年の判決（最大判2012（平成24）年10月17日民集66巻10号3357頁）においては，参議院議員選挙であることから「直ちに投票価値の平等の要請が後退してよいと解すべき理由は見いだし難い」とされ，人口比例原則を重視する姿勢が打ち出されている。

第5節　おわりに

　最高裁は，選挙権行使の制限が問題となった2005（平成17）年の在外日本国民選挙権訴訟判決で違憲判決を下したほか，投票価値の平等が問題となった衆議院議員定数不均衡訴訟でも1976（昭和51）年と1985（昭和60）年の2回にわたり違憲の判決を下していることに加え，1票の価値をめぐるその他の訴訟でも少なからず「違憲状態」との判断を示している。選挙権が問題となった事件では，最高裁はそれなりにがんばってきたともいえそうである。
　しかしながら，選挙権をめぐっては，本章で扱った事項以外にも実に様々な問題が提起されてきた。選挙権の制限が問題になる例としては，ほかにもたとえば，禁錮以上の刑を執行されている者，公職にある間に犯した一定の罪により刑を処せられた後5年を経ていない者等の選挙権を停止することや（公職選挙法11条1項参照），一定の選挙犯罪による処刑者に対して一定期間につき選挙権を停止すること（同252条参照）の合憲性が問題になり得る。
　以上とは別に，選挙に関連してはなお，選挙運動をめぐる問題がある。選挙運動の自由は，憲法21条1項により保障されると通常解されているが，この自由との関連では，公職選挙法の定める事前運動の禁止（129条），戸別訪問の禁止（同138条1項），文書図画の規制（同142～147条），あるいは選挙報道・評論の

規制（同148条）等の合憲性が問題にされてきた。とりわけ，戸別訪問禁止規定の合憲性については，学説の多くはこれを疑問視しており，下級審においてもこれを違憲と判断した例もあるが，最高裁は1950年の判決（最大判1950（昭和25）年9月27日刑集4巻9号1799頁）以来，一貫して合憲と解している（最判1981（昭和56）年6月15日刑集35巻4号205頁等）。

　民主制の根幹をなすとされる選挙権さらには選挙一般をめぐり，今後検討されるべき問題はなお多いというべきであろう。

📖 参考文献

野中俊彦『選挙法の研究』（信山社，2001）
辻村みよ子『選挙権と国民主権―政治を市民の手に取り戻すために』（日本評論社，2015）

【門田 孝】

Chapter 06

思想・良心の自由
―― どうしても謝らなければならないの？

第1節　はじめに

　いま，あなたは何を考えていますか。あるいは何を思っていますか。

　個人が個人として，そして自分らしく生きていくためには，自由にものごとを考え，思い，そこから自分の考えや信念を持ち，その考えや信念に基づいて日常生活を営むことが重要になる。そのためには，個人の精神活動，特に，まず，心（あるいは頭の中といっても間違いではないだろう）の中での活動が自由でなければならない。そして，心の中でものごとを考え，思う行為は，それが心の中にとどまっている限り，外部からは認識できない。たとえば，一見仲良くふるまっていても，相手のことがほんとうは大嫌いで友達ではないと思っていても，それが外見的行為に表れない限り，相手からはわからないのである。

　では，このような個人の心の中に他者が強制的に踏み込んできたらどうなるだろう。他者がある特定の考え方・思想を持つよう強制したとしても，個々人の心の中は見えないから問題ないといえるだろうか。そうではなく，たとえ強制される考えや思想を持っていなくても，その考えや思想を持っているかのようにふるまうことを個人の意に反して強制することも，その本人の心の中に踏み込んでいるわけではないので問題ないといえるのだろうか。

　以上の点をふまえて，個人の精神活動の出発点ともいうべき心の中の内面的活動について，憲法はどのように考えているのかを検討してみよう。

第2節　内心の自由の保障とは

　<u>内面的活動に関する「思想・良心の自由」</u>　心（あるいは頭）の中の活動は，そもそも外部からは見えないので，それをわざわざ憲法が権利・自由として保障しても意味がないと考えることも可能である。そのために，近代人権思想の出発点となるフランス人権宣言は，宗教上の内容も含めた意見表明の自由（10条）とともに「思想や意見の自由な意思の疎通は，人間の最も重要な権利であり，市民は自由に話し，書き，出版することができる」（11条）との精神活動の自由に関する規定を定めていたが，人間の内面的精神活動については特にそ

の保障を定めてはいなかった。すなわち，ある思想を持つよう強制しても，個人の心の中を見ることはできないので，公権力による内心への介入そのものが無意味であり，そのような介入という考えそのものが想定されていなかったということである。

　ただ，そうであっても，外部に現れる言動から，特定の個人が何を考え，どのような思想に従って生活を送っているのかは認識できる。そして，そこから内面的活動を理由にした不利益措置があり得ることは否定できない。たとえば，宗教の歴史において，江戸時代には幕府のキリスト教禁止令により，隠れキリシタンに対して踏み絵を使って個人の内心における信仰を調べることで，キリシタン弾圧が行われた。また，思想そのものに関連しては，戦前の治安維持法のようにその運用によって悲惨な思想弾圧が行われたという日本の歴史的経験にかんがみて，戦後，個人の心の中の活動も自由でなければならないと考えられるようになった。さらに，ポツダム宣言10項（⇒**プロローグ**）の「言論，宗教および思想の自由」という文言に影響を受け，日本国憲法は，言論・表現の自由（憲法21条1項），信教の自由（憲法20条）とともに，その前提として19条で「思想及び良心の自由は，これを侵してはならない」との規定を置くことになったのであった。

　なお，この個人の内面的活動の自由としての思想・良心の自由の保障は，戦後，日本国憲法だけではなく，たとえばドイツ基本法（ドイツ連邦共和国の成文憲法典の名称）4条1項での「良心の自由」の保障，ヨーロッパにおける地域的国際人権法となる「人権および基本的自由の保護のための条約」（ヨーロッパ人権条約）9条やEU基本権憲章10条での「思想・良心の自由」の保障，そして一般的な国際人権法である「市民及び政治的権利に関する国際規約」（いわゆる自由権規約）18条1項の「思想・良心の自由」とともに同条2項の「自ら選択する宗教及び信念を受け入れ又は有する自由を侵害するおそれのある強制を受けない」との規定においても承認されるようになっている。

| 自由として保障される「思想・良心」とは何か？ |

　「思想・良心の自由」が内面的精神活動の自由として保障されるとしても，自由として憲法上保障される「思想・良心」とは何かが問題となる。この点に関して，「思想・良心」を文字どおりに解せば，「思想」とは政治的信条あるいは人生観や世界観を意味し，「良

心」とはものごとの善悪・正邪を判断する一定の心の中の見解，倫理的価値観を意味するということになり，心の中の内面的活動すべてが自由の保障対象となるわけではないと解されることになる。ただ，このような見解に対しては，「思想」と「良心」を区別して別個のものととらえる必要はなく，憲法では両者を同列に扱って個人の内面的精神活動の自由を保障する以上，「思想・良心」を別々にするのではなく，両者を一括してとらえてその内容を検討すればよいと考えられている。

そこで，憲法学説は，「思想・良心の自由」とは別個に「信教の自由」として個人の内面的な信仰についての自由が保障されていることとの関係で，憲法上自由として保障される「思想・良心」とは何かを検討することになる。そしてそこから，「思想・良心」とは，信仰に準ずべきものとして個人の人格形成の核心をなす価値観，すなわち個人の人生観や世界観という信条に限定してとらえるという考え方（一般に信条説といわれる）が主張されることになる。この考えは，前述の考え方と同じく，個人の内面的活動のすべてを「思想・良心」とはとらえていないことになる。

これに対して，そもそも人生観・世界観・価値観といっても一人ひとり異なり，それは外から判別できるものではなく，また，他人から見れば実にくだらないと思えるような価値観であっても，ある個人にとってはまさに生き方そのものの基盤となる場合もあり，その意味で「思想・良心」を限定してもあまり意味がないとする考え方もある。そこでは，ある事実を知っているか否かを除き，「人の内心におけるものの見方ないし考え方」そのものととらえ，「思想・良心の自由」を「内心の自由」とする見解（一般に内心説といわれる）もある。そしてその見解は，憲法19条が，個人の外部的行為ではなく，内面的活動それ自体を対象としていることから，精神的自由の原理的保障ととらえられるべきとする点に根拠を見出すことになる。

内面的活動の自由の絶対性　個人の内面的活動の自由の範囲を信条説のように限定的にとらえるか，それとも内心説のように広くとらえるかは，具体的な侵害の有無の問題を考える際に，憲法上の権利・自由への公権力の介入があるのか否かの点で変わってくる。内心説をとれば，憲法上の権利・自由の侵害の有無を検討しなければならない場合であっても，信条説をとれ

ば，そもそも憲法上の権利・自由への介入はなく，公権力による内面的活動への介入が憲法問題にならないといえる場合も登場するからである。ただ，これまで「思想・良心の自由」の侵害の有無が問題になった個別的事例において，最高裁は，必ずしも「思想・良心」の範囲を明確に示してはいない。その結果，学説においてもその範囲に関する見解が，前述のようにおおまかには2つに分類されている。

　ただ，どちらの見解によっても，「思想・良心」が個人の心（あるいは頭）の中にとどまっている以上，それは他人の利益と衝突することがなく，したがって，そこに公権力が介入することはできない，言い換えれば，「思想・良心」が個人の内面的な判断にとどまる限り，その自由は一切の制限を許さない絶対的な保障を受けると考えられている点は同じである。これは，たとえば，誰かを殺したい，誰かのものを奪いたいと考えていても，その考えを実際の行動に移さない限り，心の中で考えている，あるいは思っているだけでは何も害悪は発生しないからである。その意味で，「思想・良心の自由」は，憲法上の権利・自由の中でも特に強い保障を受け，公共の福祉による一切の制限を受けない絶対的自由であるといわれることになる。

第3節　外部的行為と「思想・良心の自由」

> 外部的行為と
> 内面的活動

「思想・良心の自由」が絶対的保障を受けるとしても，それは，自己の信条あるいは考え方が内心にとどまっている限りにおいてである。その内面的活動の結果，それが外部的行為となって表れる場合には，その行為の規制を通じて内面的活動が推知され，あるいは，自己の意に反する行為が強制されることになる。その意味でまさに，「思想・良心の自由」に対する制約は，内面的活動そのものに対する規制を受けないとしても，外部的行為の規制・強制から問題となって現れてくる。

> 比較対象としての
> 兵役拒否

たとえば，反戦思想を信奉している個人に兵役に就くことを要求する場合はどうだろうか。兵役を拒否することで，当該個人が反戦思想を信奉していることが推知される。また，その拒否を許さないことになれば，当該個人の意に反する行為を強制することになる。そ

して，反戦思想を持つことが禁止されていないとすれば，それは，当該個人の「思想・良心の自由」に対する侵害になる可能性がある。この点を考慮して，たとえばドイツ基本法は，「何人も，その良心に反して，武器をもってする軍務を強制されてはならない」(GG4条3項1文)とし，「良心上の理由から武器をもってする軍務を拒否する者に対しては，代役に従事する義務を課すことができる」(GG12a条2項1文)として，内面的活動に直接かかわる外部的行為を伴った法的義務の免除を規定している。ただ，このドイツの兵役拒否の例は，たしかに意に反する行為の強制は免除されているのだが，兵役そしてそれに代わる役務という法的義務を課すことで，兵役拒否者が軍務に就くことをよしとしない信条・価値観を持っていることを告白させるという側面もあることは，「思想・良心の自由」との関係で見落としてはならない問題といえる。

> 意に反する謝罪を
> 強制できるか？

「意に反する苦役」の強制の禁止は，「思想・良心の自由」の問題にしなくても，そもそも憲法18条の人身の自由の保障の一環として憲法上認められている。定義において何を「苦役」というかという問題はあるが，「苦役」に至らないような外部的行為が意に反して強制されることもある。その1つの例が，自分は悪いことをしたとは思っていないことがらに対して，他者から強制的にその非を認めさせられ，謝罪させられるような場合である。そしてこの例が，民法723条（他人の名誉を毀損した者に対しては，裁判所は，被害者の請求により，損害賠償に代えて，又は損害賠償とともに，名誉を回復するのに適当な処分を命ずることができる）に基づく名誉毀損に対する謝罪広告の強制になる。

名誉毀損に対する謝罪広告は，「問題の放送及び記事は事実に相違しており，貴下の名誉を傷つけ御迷惑をおかけいたしました。ここに陳謝の意を表します」とのほぼ定型的な文面を，名誉毀損を行った人物名で新聞紙上に掲載することを公権力の主体たる裁判所が命ずることになる。しかし，自分の行った表現が真実に反せず，したがって謝りたくないと思っている者にとっては，上記の謝罪広告の掲載を義務づけられること自体が意に反する行為を強制されることになる。そのために，裁判所による謝罪広告掲載命令は，はたして「思想・良心の自由」の侵害にならないかが争われることになる。

この点に関して，最高裁は，謝罪広告を新聞紙等に掲載することは日本の日

常生活においてこれまでも実際に行われていることを前提に，憲法問題の有無について検討を加える。そして，最高裁は，謝罪広告を命ずる裁判所の判決でも，その内容上，当該広告を新聞紙に掲載することを謝罪者の意思決定に委ねるのが相当とする場合もあり，それに反して謝罪広告を強制することが謝罪者の人格を無視し著しく彼（あるいは彼女）の意思決定の自由ないしは良心の自由を不当に制限することになる場合もある，ということは認める判断を下す。このような謝る意思のない者に強制的に謝罪広告の掲載を命じることが広告内容から思想・良心の自由との関係で問題になる可能性は認めつつ，最高裁は，「単に事態の真相を告白し陳謝の意を表明するに止まる程度のもの」については，それを強制しても問題ないとの判断を下す。そして，ここで問題になる謝罪広告の内容は，謝罪を命じられた者によって公表された事実が虚偽で不当であったことを「広報機関を通じて発表すべきことを求める」だけであり，少なくともこの程度の内容の謝罪広告を新聞紙に掲載すべきことを裁判所が命じたとしても，それは謝罪者に「屈辱的若くは苦役的労苦」を科し，または当人の有する「倫理的な意思，良心の自由を侵害することを要求するものとは解せられない」との判断を下す。要するに，最高裁は，他人に迷惑をかけたのだから，それについて謝ることを命じても思想・良心の自由の侵害にはならないとの判断を下したのであった（最大判1956（昭和31）年7月4日民集10巻7号785頁）。

> ピアノ伴奏を拒否できるか？

1999（平成11）年，国会は，「国旗及び国歌に関する法律」（以下，国旗・国歌法とする）を制定し，日章旗（日の丸）を日本国の国旗（同法1条）に，「君が代」を日本国の国歌にする（同法2条）ことが定められた。政府は当初，この法律の制定によって日の丸の掲揚，君が代の斉唱を国民に強制するものではないことを繰り返し述べていたが，21世紀に入ると，徐々に教育現場において学校の正式行事に日の丸の掲揚，君が代の斉唱を強制するようになっていった。そこで，特に君が代の斉唱に関連して，「思想・良心の自由」との関係での様々な問題が裁判所で争われるようになった。

最初は，公立小学校の音楽教諭に対して，学校長が職務命令で入学式での「君が代」のピアノ伴奏を強制することが「思想・良心の自由」に対する侵害になるか否かに関する問題であった。最高裁は，その問題が争われた事件（最

判2007（平成19）年2月27日民集61巻1号291頁）で，ピアノ伴奏を拒否することが音楽教諭の歴史観ないし世界観に基づく1つの選択になることは認める。しかし，学校の儀式的行事において「君が代」のピアノ伴奏を求める学校長の職務命令は，これまでも入学式等で「君が代」斉唱の際に音楽の教諭がピアノ伴奏をしてきたことにかんがみて，ただちに当該音楽教諭に特定の思想を持つことを強制したり，あるいはこれを禁止したりするものではなく，特定の思想の有無について告白することを強要するものでもないとの判断から，思想・良心の自由に対する侵害にはならないとの結論を下した。この場合も，最高裁は，音楽の教諭が学校の儀式で「君が代」のピアノ伴奏をしても，それを一般人から見れば音楽教諭が特定の思想を持っていると推知させるものにはならず，また，「君が代」に賛成する思想を持つことの強制にも通常ならないから問題ないといったのであった。

> 君が代の起立・斉唱の強制はどうか？

学校の儀式的行事の「君が代」斉唱は，音楽教諭のピアノ伴奏だけが問題になるわけではない。式典に参列する一般の教諭にも同じような問題を提起することになる。それが，入学式・卒業式の「君が代」斉唱時に起立斉唱行為を命ずる職務命令の可否になる。

この「君が代」斉唱時の起立斉唱の職務命令の問題を取り上げた最高裁判決（最判2011（平成23）年5月30日民集65巻4号1780頁）は，まず，起立斉唱命令に従わない理由を教諭自身の「歴史観ないし世界観から生ずる社会生活上ないし教育上の信念等」にあるということは認める。しかし，国歌斉唱の際の起立斉唱行為は「式典における慣例上の儀礼的な所作」であって，外部からも認識されるものであるとし，そのような行為の命令は教諭の「歴史観ないし世界観それ自体を否定するもの」ではないし，その行為を行っても「特定の思想又はこれに反する思想の表明として外部から認識されるものと評価すること」も困難であるとされる。

ただ，最高裁は，それだけで職務命令の合憲の結論を導かず，起立斉唱行為を「教員が日常担当する教科等や日常従事する事務の内容それ自体には含まれないもの」で，「国旗及び国歌に対する敬意の表明の要素を含む行為」との点からの考察も行う。そして，起立斉唱行為は「個人の歴史観ないし世界観に反する特定の思想の表明に係る行為そのものではない」が，教諭は「個人の歴史

観ないし世界観に由来する行動（敬意の表明の拒否）と異なる外部的行為（敬意の表明の要素を含む行為）を求められることとなり，その限りにおいて，その者の思想及び良心の自由についての間接的な制約となる面がある」とされた。そこで，そのような間接的制約が許されるかどうかは，職務命令の目的や内容また制約の態様等を総合的に較量して，制約を許容し得る程度の必要性および合理性が認められるか否かという観点から判断するのが相当であるとされる。結局，最高裁は，起立斉唱という職務命令を「儀礼的な所作」を求める内容であって，高校教育のあり方等を定めた関係法令等の諸規定の趣旨に沿い，「教育上の行事にふさわしい秩序の確保」と「式典の円滑な進行を図るもの」とし，教諭の思想・良心の自由に対する間接的制約とはなるものの，その制約を許容し得る程度の必要性・合理性は認められる，と結論づけるのであった。

第4節　私人間でも問題に

採用試験で思想調査しても許される？

　思想・良心の自由は，その思いや考えが個人の心の中にとどまっている限り，公権力との関係では絶対的保障とされていることは前述のとおりである。それは，いかにある思想や価値観を押しつけても，あるいは特定の思想や価値観を持つことを禁止しても，個人の心の中は見えず，また，思いや考えが心の中にとどまっている限りでは他者に対して何らの害悪も及ぼさないからである。そうだとすれば，別に公権力に対してのみ絶対的な保障になるという必要はなく，私人との関係でも同じではないかということになる。

　たしかに，私企業と個人との関係になる労働関係において，労働基準法3条は，「使用者は，労働者の国籍，信条又は社会的身分を理由として，賃金，労働時間その他の労働条件について，差別的取扱をしてはならない」として，労働者の信条による差別を禁止する。しかし，雇用に際しての差別は，この法律によって必ずしも禁止されていないと考えられている。そのために，就職に際して企業が雇用しようとする労働者に一定の思想を前提にした行為の経験の有無の申告を求めてもよいのか否かが問題になる。それが，企業への採用に際して，就職を希望する労働者に学生時代の所属団体や学生運動参加の有無の申告

を求めることが許されるか否かが争われた事件（三菱樹脂事件：最大判1973（昭和48）年12月12日民集27巻11号1536頁）で取り上げられた。

　最高裁は，企業が雇い入れに際して，労働者に団体加入や学生運動への参加の有無の申告を求めても，それは，「従業員としての適格性の判断資料となるべき過去の行動に関する事実を知るためのもの」であって，「直接その思想，信条そのものの開示を求めるものではない」とする。しかし，個人の「思想，信条とその者の外部的行動との間には密接な関係」があり，団体加入や学生運動参加の事実の有無についての調査も，必ずしも就職しようとする者の政治的思想，信条にまったく関係のないものということはできないとする。ただ，最高裁は，「入社希望者に対して，これらの事実につき申告を求めることが許されないかどうかは，おのずから別個に論定されるべき問題である」として，憲法上の権利・自由の私人間での効力に関する判断を行うことになる。

| 私人間での「思想・良心の自由」 |　最高裁は，原則として私人間に憲法上の権利・自由の保障の効果が及ばないことを示しつつ，企業も憲法22条，29条から経済活動の一環としてする契約締結の自由を有し，自己の営業のために労働者を雇用するにあたり，いかなる者を雇い入れるか，いかなる条件でこれを雇うかについて，法律その他による特別の制限がない限り，原則として自由にこれを決定することができるとの判断を下す。そのうえで，企業が特定の思想，信条を有する者をそのゆえをもって雇い入れることを拒んでも，それを当然に違法とすることはできず，憲法14条の規定が信条による差別として私人のこのような行為を直接禁止するものでないし，また，労働基準法3条も労働者の信条によって賃金その他の労働条件につき差別することを禁じているが，これは，雇い入れ後における労働条件についての制限であって，雇い入れそのものを制約する規定ではないし，思想・信条を理由とする雇い入れの拒否をただちに民法上の不法行為とすることができないことも明らかで，その他これを公序良俗違反と解すべき根拠も見出すことはできないとされることになる。

　このような判断から，企業は一般的には個々の労働者に対して社会的に優越した地位にあるから，企業の思想調査のような行為は，労働者の思想，信条の自由に対して影響を与える可能性がないとはいえないが，法律に別段の定めがない限り，その行為は企業者の法的に許された行為と解すべきであり，また，

企業が雇用の自由を有し，思想・信条を理由として雇い入れを拒んでもこれを違法とすることができない以上，企業が，労働者の採否決定に当たり，労働者の思想，信条を調査し，そのためその者からこれに関連する事項についての申告を求めることも，これを法律上禁止された違法行為とすべき理由はないとされることになる。結局，私人間の労使関係形成に際しては，ストレートに雇い入れを希望する者の思想・信条を調査しても，憲法上の問題を提起しないとの見解が最高裁によってお墨付きを与えられたといえるのであった。

第5節　おわりに

　思想・良心の自由の保障の効果として，憲法学説は，特定の思想の強制の禁止，特定の思想を持つこと，持たないことを理由とした不利益措置の禁止，思想・良心の告白強制の禁止（沈黙の自由）を一般に挙げる。その裏側には，国家の思想・信条についての中立性が維持されていなければならないことはいうまでもない。ただ，思想・良心の自由の絶対的保障は，それが内面的活動にとどまっている限りでのことであり，思想・良心に基づく外部的行為については，様々な理由からその規制・強制が許されるとの判断が最高裁によって下されている。しかもそこでは，外部的行為の規制・強制と思想・良心との衝突を程度問題として，一般人の視点から行為者の思想・良心の推知可能性のみを問題にしようとする姿勢が見受けられる。はたして，心の中は外から見えないから，外部的行為の規制・強制は直接内面的活動に影響を及ぼさず，したがって，思想・良心の自由の保障とは内面的活動の保障として最高裁が考えている程度のものに過ぎないということになるのだろうか。

　人の心の中にズカズカと土足で踏み込んではならない，というのは個人の尊重を重視し，同時に民主制を基本とする統治体制において最低限の要請になると考えることが，現在の立憲主義国家にとっては最も基本になるといえる。そうだとすれば，外部的行為の規制であっても，また，間接的に影響するだけのものであったとしても，個人にとって嫌なことを強制される，あるいはやりたいことが禁止されるというのは，まさに心の中で大きな衝撃を受けることになるのはいうまでもない。また，弱い立場の労働者からすると，強い立場にある

企業によってそれが強要されれば，そこでの問題は同じだといえるのではないだろうか。そして，価値観の多元化する現代社会では，個人の内面的活動が，まさに個人のその人らしさを生み出す出発点であることを十分に認識して，憲法による思想・良心の自由の保障の意味を考え直すことが必要になっていると思われる。

参考文献

根森健「思想・良心の自由」大石眞・石川健治編『憲法の争点』ジュリ増刊（2008）108頁
西原博史「『君が代』裁判の今」法セ54巻12号（2009）巻頭1頁。
戸波江二「『君が代』起立斉唱の職務命令と思想および良心の自由」重判解1440号（2012）18頁
渡辺康行「『日の丸・君が代訴訟』を振り返る―最高裁所判決の意義と課題」論究ジュリ1号（2012）108頁

【春名麻季】

Chapter 07

信教の自由と政教分離
――憲法は宗教とどうかかわる？

第1節　はじめに

　歴史的に見れば，近代欧米の自由主義は中世の宗教的圧迫・弾圧に対する抵抗に端を発しており，したがって信教の自由は，精神的自由権を確立していくうえでのさきがけをなすものとして，重要な役割を演じた。こうした信教の自由は，現在各国の憲法の保障するところとなっている。さらに，中世ヨーロッパにおいて国家権力と宗教（教会）が結びつき，特定の宗教を「国教」とすることにより，宗教的少数者への弾圧など様々な弊害が生じたことから，国家と宗教の関係も見直されることとなった。政教分離の原則は，そうした関係を定める考え方の1つである。

　このような信教の自由および政教分離は，日本国憲法が主に20条で保障するところであるが，日本国憲法の下でこの問題を考える際に忘れてはならないのは，明治憲法下での国家と神道の結びつきに対する反省という視点である。明治憲法も，「日本臣民ハ安寧秩序ヲ妨ケス及臣民タルノ義務ニ背カサルノ限ニ於テ信教ノ自由ヲ有ス」（28条）と定め，信教の自由を保障する規定を有していた。しかしながら，実際には，「神社は宗教にあらず」という解釈の下，神社神道が事実上国教として扱われ（国家神道），その教義が軍国主義の精神的支柱としての役割を演じた反面，他の宗教は冷遇され，特に国粋主義の台頭した時期には，キリスト教や大本教などは弾圧を受けたことが知られている。このような弊害が生じたことから，日本国憲法は，「新たに信教の自由を無条件に保障することとし，更にその保障を一層確実なものとするため，政教分離規定を設けるに至つたのである」（津地鎮祭事件判決（後述））。

　このような背景を有する「信教の自由」と「政教分離」に関する規定であるが，実際には日本国憲法の下でどのような問題が生じてきたのであろうか。以下ではまず「信教の自由」，次いで「政教分離」に関する事例を概観した後に，両者の関わりも視野に，いくつか問題点を考察してみよう。

第2節　信教の自由

信教の自由の内容　信教の自由の保障の内容としては、通常次の3点が挙げられる。まず、「信仰の自由」、すなわち、ある宗教を信仰するかしないかについて個人が自ら決定する自由である（憲法20条1項前段）。これは、内面的精神活動の宗教的側面として理解することができ、したがって、思想・良心の自由に対応する形で（⇒ Chapter 06）、①個人の内面における信仰の絶対的保障を中核とし、こうした保障から②信仰告白を強制されない自由、③特定の宗教を信仰することを強制または禁止されない自由、および、④信仰を理由とした不利益的扱いの禁止が導かれ、さらに、⑤信仰に反する行為を強制されない自由が認められるか否かが問題になる。

次に、「宗教的行為の自由」であり、これは、個人が単独でまたは共同して、宗教上の儀式、行事、布教等を任意に行う自由である（憲法20条2項は、この自由を消極的な形で保障していると見ることができる）。宗教的行為の自由は、外面に現れる限りで他者の権利・利益に抵触する可能性があり、一定の制約を受けることになる。

最後に、「宗教的結社の自由」が挙げられるが、これは、特定の宗教を宣伝・布教し、あるいは共同で宗教的行為を行うことを目的とする団体を結成する自由である（この自由を宗教的行為の自由に含める見解もある）。

宗教的行為の自由の限界　宗教的行為として行われる活動であっても、他人の生命・身体を不当に侵害するような行為が許されないことは当然である。ある者の精神異常平癒を祈願するために行われた加持祈禱において、同人を手で殴るなどの暴行を加え、さらに終始燃えさかる護摩壇のすぐ傍に据えたままにしておくなどの暴行を加え、同人を死亡させた者が、傷害致死罪（刑法205条）に問われた事案において、最高裁は、被告人の行為が、「他人の生命、身体等に危害を及ぼす違法な有形力の行使に当たるものであり、これにより被害者を死に致したものである以上、……著しく反社会的なものであることは否定し得ないところであって、憲法20条1項の信教の自由の保障の限界を逸脱したものというほかはな」いと判断している（加持祈禱事件：最大判

83

1963（昭和38）年5月15日刑集17巻4号302頁）。

　もっとも，形式上刑罰法規に触れる宗教的行為であっても，常にそうした行為の規制が容認されるわけではない。下級審の事例であるが，犯罪の嫌疑を受けて逃走中の高校生2名を，牧会活動の一環として，教会に宿泊させ，説得して任意出頭させた牧師が，犯人蔵匿に問われたため正式裁判を求めた事件において，裁判所は，「宗教行為の自由が基本的人権として憲法上保障されたものであることは重要な意義を有し，その保障の限界を明らかに逸脱していない限り，国家はそれに対し最大限の考慮を払わなければなら」ないと述べ，問題の牧会活動については，「全体として法秩序の理念に反するところがなく，正当な業務行為として罪とならないもの」と判断した例がある（牧会活動事件：神戸簡判1975（昭和50）年2月20日刑月7巻2号104頁）。

　これらの事例においても，宗教的行為の自由の制限に対する違憲審査の基準はいかなるものなのか，必ずしも明らかにされてきたとはいえない。この点学説においては，問題となった規制が合憲となるためには，必要不可欠な目的を達成するための必要最小限度の手段によるものでなければならないと解する立場が有力である。

| 宗教的結社の自由の意義 |

　宗教を信仰する者にとって，教団や教会などの宗教団体に所属することは信仰生活を送るうえできわめて重要であり，したがって宗教的結社の自由は，信仰の自由の保障を実あるものにするためのものとして理解できる。

　現行法上，宗教法人法が，宗教団体に法人格を付与することを目的とし（1条1項），これにより宗教法人とされたものは，公益事業その他の事業を行うことができるほか（6条），財産上の便宜や税制上の優遇措置を受けることができる。しかしながら，宗教団体に対してこのような法人格を付与するよう要求することまで，信教の自由の内容として認められているわけではない。

　宗教法人オウム真理教が，宗教法人法81条に基づき解散命令を発せられたことに対し，信者らが，当該命令が信者らの信教の自由を侵害するもので，憲法20条に違反するとして争った事件において，最高裁は信者らの訴えを退ける決定を下した（最決1996（平成8）年1月30日民集50巻1号199頁）。最高裁は，法による宗教団体の規制が専ら宗教団体の世俗的側面だけを対象とするもので，解

散命令も信者の宗教上の行為を禁止したり制限したりする法的効果を伴わないものであること，当該宗教法人の行ったような計画的，組織的に毒ガスであるサリンを生成する等の行為に対処するには，当該法人を解散し，その法人格を失わせることが必要かつ適切であり，他方，解散命令によって宗教団体であるオウム真理教やその信者らが行う宗教上の行為に何らかの支障を生ずることが避けられないとしても，その支障は，解散命令に伴う間接的で事実上のものであるにとどまること，および，解散命令は裁判所によって発せられたもので，その手続の適正も担保されていることを指摘し，問題となった解散命令は違憲ではないと判断している。

第3節　政教分離

政教分離の意味と性格

日本国憲法は，国家と宗教との関係を規律するに当たり，宗教団体への特権付与等の禁止（憲法20条1項），国の宗教的活動の禁止（憲法20条3項）および宗教団体等への公金支出の禁止（憲法89条）という，政教分離の原則に関する諸規定を設けている。政教分離とは，字義どおりに解するなら，政治（国家）と宗教との分離を定めた原則ということになるが，そうした宗教への配慮がほかならぬ国家に対して求められる場合もあることからすると，この原則も，国家の領域から「宗教」の要素を完全に排除してしまうことまで要求するものとは解されず，その意味では，国家（地方自治体も含む）の「宗教的中立性」を要請する原則として把握されることになる。

政教分離の性格に関しては，これを，①「いわゆる制度的保障の規定であって，信教の自由そのものを直接保障するものではなく，国家と宗教との分離を制度として保障することにより，間接的に信教の自由の保障を確保しようとするもの」（津地鎮祭事件判決（後述））と解するのが判例・通説の立場であるが（制度的保障説），②日本国憲法は，政教分離を定めることによって信教の自由に対する間接的な圧迫をも排除し，その完全な保障をはかっているものととらえ，政教分離規定を，それ自体権利保障規定と解する説（権利保障説）もある。

地鎮祭は憲法違反？

日本国憲法の下で政教分離原則違反が問われた例は少なくない。それは当初，主として，宗教にかかわる地方自

治体の行為が，憲法20条3項で禁じられた「宗教的活動」に当たるのではないかという形で争われた。この点に関して，重要な先例となっているのが，津地鎮祭事件判決（最大判1977（昭和52）年7月13日民集31巻4号533頁）の説示である。この事件では，市が体育館の起工に際し，神職主催の下で神道固有の儀式に則った起工式（地鎮祭）を行ない，謝金や供物代金等を市の公金から支出したことが，憲法20条3項および89条違反に問われた。

　最高裁は，問題となった地鎮祭が，憲法20条3項により禁止された「宗教的活動」には当たらないと判示した。

目的・効果基準　最高裁はまず，「現実の国家制度として，国家と宗教との完全な分離を実現することは，実際上不可能に近いものといわなければなら」ず，「また，政教分離原則を完全に貫こうとすれば，かえつて社会生活の各方面に不合理な事態を生ずることを免れない」ことを指摘する。そして，政教分離原則の意味するところについて，「国家が宗教とのかかわり合いをもつことを全く許さないとするものではなく，宗教とのかかわり合いをもたらす行為の目的及び効果にかんがみ，そのかかわり合いが……相当とされる限度を超えるものと認められる場合にこれを許さないとするものであると解すべきである」とする。

　こうした理解をふまえて，最高裁は，憲法20条3項の禁じる「宗教的活動」の意味するところについても，「およそ国及びその機関の活動で宗教とのかかわり合いをもつすべての行為を指すものではなく，そのかかわり合いが……相当とされる限度を超えるものに限られるというべきであつて，当該行為の目的が宗教的意義をもち，その効果が宗教に対する援助，助長，促進又は圧迫，干渉等になるような行為をいうものと解すべきである」と述べる。こうした説示にみられる，「目的」と「効果」に着目した判断枠組みが，「目的・効果基準」と称される考え方である。

　そして，問題となった地鎮祭に関し，その目的については，「建築主が一般の慣習に従い起工式を行うのは，工事の円滑な進行をはかるため工事関係者の要請に応じ建築着工に際しての慣習化した社会的儀礼を行うという極めて世俗的な目的によるものであると考えられ」，効果については，「建築工事現場において，たとえ専門の宗教家である神職により神社神道固有の祭祀儀礼に則つ

て，起工式が行われたとしても，それが参列者及び一般人の宗教的関心を特に高めることとなるものとは考えられず，これにより神道を援助，助長，促進するような効果をもたらすことになるものとも認められない」とされたのである。

玉串料の奉納は？ 津地鎮祭事件で示された考え方は，その後の判決のとるところとなり，最高裁では合憲判決が相次いだ（箕面忠魂碑・慰霊祭訴訟：最判1993（平成5）年2月16日民集47巻3号1687頁や自衛官合祀訴訟（後述）等）。もっとも，目的・効果基準を用いながらも，政教分離違反が認められた事例もある。愛媛玉串料訴訟判決（最大判1997（平成9）年4月2日民集51巻4号1673頁）がそれである。

この判決は，靖国神社および護国神社の大祭時における，県知事の公金による玉串料・供養料等の奉納が，政教分離違反に問われた事例に関するものである。最高裁は，津地鎮祭事件判決で用いられた憲法判断の枠組みを踏襲しつつも，問題となった靖国神社および護国神社への玉串料等の奉納について，「地方公共団体が特定の宗教団体に対してのみ本件のような形で特別のかかわり合いを持つことは，一般人に対して，県が当該特定の宗教団体を特別に支援しており，それらの宗教団体が他の宗教団体とは異なる特別のものであるとの印象を与え，特定の宗教への関心を呼び起こすものといわざるを得ない」こと，および玉串料の奉納が慣習化した社会的儀礼に過ぎないものとなっているとも認められないことから，「たとえそれが戦没者の慰霊及びその遺族の慰謝を直接の目的としてされたものであったとしても，世俗的目的で行われた社会的儀礼にすぎないものとして憲法に違反しないということはできない」ことを指摘する。そして，問題となった玉串料等の奉納が，「その目的が宗教的意義を持つことを免れず，その効果が特定の宗教に対する援助，助長，促進になると認めるべきであり，これによってもたらされる県と靖國神社等とのかかわり合いが我が国の社会的・文化的諸条件に照らし相当とされる限度を超えるものであって，憲法20条3項の禁止する宗教的活動に当たると解するのが相当である」と述べ，併せて憲法89条の禁止する公金支出にも該当すると判断したのである。

政教分離違反が争われた事例での最高裁による最初の違憲判決として大きな注目を浴びた本判決は，目的・効果基準が自ずと合憲判決を導くものではないことを示すものである（なお，本判決の少数意見では，目的・効果基準自体を疑問視

し，批判する見解も示されており，注目される）。

> 神社への市有地
> 無償貸与は？

愛媛玉串料訴訟判決の13年後，空知太神社事件判決（最大判2010（平成22）年１月20日民集64巻１号１頁）において，最高裁は政教分離の領域で再び違憲判決を下すこととなった。これは，市がその所有する土地を，神社施設の敷地として，当該施設を所有する町内会に無償で使用させていることが政教分離違反に問われた事例に関するものである。

この判決で注目されるのは，それが，宗教団体への公金支出を禁じた憲法89条違反の有無を主に問題にし，それとの関連で，宗教団体への特権付与を禁じた憲法20条１項違反か否か——従来問題にされてきた憲法20条３項ではなく——を審査していること，および，違憲判断を行うに当たり，従来とられてきた目的・効果基準の定式を，少なくとも明示的には用いていないことの２点である。

最高裁は，憲法89条についても，「公の財産の利用提供等における宗教とのかかわり合いが，我が国の社会的，文化的諸条件に照らし，信教の自由の保障の確保という制度の根本目的との関係で相当とされる限度を超えるものと認められる場合に，これを許さないとするものと解される」という。そして，「本件利用提供行為は，市が，何らの対価を得ることなく本件各土地上に宗教的施設を設置させ，本件氏子集団においてこれを利用して宗教的活動を行うことを容易にさせているものといわざるを得ず，一般人の目から見て，市が特定の宗教に対して特別の便益を提供し，これを援助していると評価されてもやむを得ないものである」こと等から，「本件利用提供行為は，市と本件神社ないし神道とのかかわり合いが，……相当とされる限度を超えるものとして，憲法89条の禁止する公の財産の利用提供に当たり，ひいては憲法20条１項後段の禁止する宗教団体に対する特権の付与にも該当すると解するのが相当である」と述べたのである。

ここでは，国家と宗教のかかわり合いが「相当とされる限度を超えるものと認められる場合」にこれを許さないという，津地鎮祭事件判決以降用いられてきた判断枠組みの大枠自体は維持されているが，目的・効果基準に当たる説示は見出せない。本判決が目的・効果基準の定式を採用しなかった理由をめぐっては，種々の議論がある（たとえば，本判決の藤田補足意見等を参照）。

第4節　信教の自由と政教分離をめぐる様々な問題

信仰に反する行為を強制されない自由？

これまで、「信教の自由」と「政教分離」とを別個に見てきたが、実際には両者は相互に関連して問題になる場合も少なくない。以下では、最高裁の判例の中からそうした例を2つほど挙げてみよう。

1つは、すでに信教の自由の内容に関連して言及した「信仰に反する行為を強制されない自由」をめぐる問題である。国民一般に課されるある種の義務づけが、特定の宗教を信仰する者らにとっては、その宗教上の教義と抵触する場合がある。このような場合、その宗教の信者は、自己の信仰を理由に当該義務を免れることができるであろうか。個人の信仰を理由に社会的義務をすべて免除していては、およそ社会生活自体が成り立たず、したがってこうした自由を常に認めるわけにはいかないであろうが、個人の信仰の真摯さに加え、義務づけの内容・性格・態様によっては、認められる場合もあるのではないか。同時に、国が個人の信仰を理由に何らかの便宜を図るとすれば、それは国の宗教的中立性を損ない、政教分離に違反するのではないかも問題になり得る。

信仰を理由とした剣道実技の不受講

剣道実技不受講事件（最判1996（平成8）年3月8日民集50巻3号469頁）は、こうした点が問題となった事例として理解できる。これは、ある市立工業高等専門学校に通う学生が、その信仰する宗教の教義に基づき、学校で必修科目とされていた体育の剣道実技への参加を拒否したところ、原級留置処分とされ、さらに退学処分とされたため、学校長を相手どり各処分の取消しを求めた事例である。

最高裁は、「信仰上の理由による剣道実技の履修拒否を、正当な理由のない履修拒否と区別することなく、代替措置が不可能というわけでもないのに、代替措置について何ら検討することもなく、体育科目を不認定とした担当教員らの評価を受けて、原級留置処分をし、さらに、……退学処分をしたという上告人の措置は、考慮すべき事項を考慮しておらず、又は考慮された事実に対する評価が明白に合理性を欠き、その結果、社会観念上著しく妥当を欠く処分をしたものと評するほかはなく、本件各処分は、裁量権の範囲を超える違法なものといわざるを得ない」と判示して、処分の違法性を認めた。また、問題の学生

に対して剣道実技に代わる代替措置を講じることが，市の機関の宗教的中立性を損い政教分離に違反するのではないかという点については，代替措置を講じたとしても，「その目的において宗教的意義を有し，特定の宗教を援助，助長，促進する効果を有するものということはできず，他の宗教者又は無宗教者に圧迫，干渉を加える効果があるともいえないのであって，およそ代替措置を採ることが，その方法，態様のいかんを問わず，憲法20条3項に違反するということができないことは明らかである」と述べている。

　この事件では，最終的に信者の側の主張が認められているのであるが，その理由はあくまでも原級留置・退学処分に至った学校側の裁量権の逸脱という点にあるのであり，憲法20条1項違反が正面から認められているわけではないことに注意が必要である。この判決からも，「信仰を理由に剣道を受講しない自由」が認められたということまではできず，「信仰に反する行為を強制されない自由」を認めることに伴う問題点自体が解決をみたというわけでもない（この関連で，下級審の例だが，東京地判1986（昭和61）年3月20日行集37巻3号294頁（日曜授業参観事件）参照）。なお，剣道不受講を認めて代替措置を講ずることが政教分離違反になるとする学校側の主張が退けられているように，個人の信仰に配慮した措置をとることが政教分離原則に違反するということは通常は困難であろう。

　　　　　　　　　　　信教の自由に関してはなお，「宗教的人格権」として，
　宗教的人格権？
　　　　　　　　　　　静謐な宗教的環境の下で信仰生活を送る権利ないし利益というものが認められるかが，問題にされたことがある。自衛官合祀訴訟（最大判1988（昭和63）年6月1日民集42巻5号277頁）がそれである。

　この事件は，殉職した自衛官の妻でキリスト教徒である女性が，教会の納骨堂に夫の遺骨を納め亡夫を追慕する生活を送っていたところ，社団法人隊友会が国の機関である自衛隊地方連絡部（地連）職員の協力を得て，亡夫も含む殉職自衛官の合祀（神道の用語で，ある神社に神や霊を合わせて祀ること）を護国神社に申請したことに端を発している。女性は県隊友会と国を相手どり，精神的苦痛に対する損害賠償と，合祀申請手続の取消しを求めた。

　最高裁は，「宗教的人格権」については，これを法的救済の対象となる権利ないし利益とはいえないと判断している。最高裁によれば，「人が自己の信仰生活の静謐を他者の宗教上の行為によって害されたとし，そのことに不快の感

情を持ち，そのようなことがないよう望むことのあるのは，その心情として当然であるとしても，かかる宗教上の感情を被侵害利益として，直ちに損害賠償を請求し，又は差止めを請求するなどの法的救済を求めることができるとするならば，かえって相手方の信教の自由を妨げる結果となるに至ることは，見易いところ」であり，「信教の自由の保障は，何人も自己の信仰と相容れない信仰をもつ者の信仰に基づく行為に対して，それが強制や不利益の付与を伴うことにより自己の信教の自由を妨害するものでない限り寛容であることを要請しているものというべきである」というのである。

　この事件ではなお，県隊友会と地連による合祀申請が，政教分離原則に違反しないかも問題にされた。最高裁は，合祀申請が県隊友会と地連職員の共同行為ではなく，県隊友会の単独行為であったと判断したうえで，県隊友会に協力した地連職員の行為について，「その宗教とのかかわり合いは間接的であり，その意図，目的も，合祀実現により自衛隊員の社会的地位の向上と士気の高揚を図ることにあったと推認される……から，どちらかといえばその宗教的意識も希薄であったといわなければならないのみならず，その行為の態様からして，国又はその機関として特定の宗教への関心を呼び起こし，あるいはこれを援助，助長，促進し，又は他の宗教に圧迫，干渉を加えるような効果をもつものと一般人から評価される行為とは認め難い」として，憲法20条3項で禁じられた「宗教的活動」には当たらないと判断している。

第5節　おわりに

　信教の自由は，近代憲法の保障する典型的な自由の1つであるが，かつて江戸時代に見られたキリスト教弾圧のような信教の自由に対する露骨な侵害は，現在の日本においては必ずしも多くはない。むしろ剣道不受講事件で問題になる「信仰に反する行為を強制されない自由」や，自衛官合祀訴訟で問われた「宗教的人格権」の例に見るように，現在，宗教との関係で個人の自由が問題になる事例の多くは，信教の自由に対する国の直接的な介入というより，宗教的自由への間接的な抵触の有無が問われるものであり，より微妙な判断が求められるものばかりである。

このような問題に対して，判例はもとより学説も十分な法理を展開してきたとはいい難い。この場合，目的・手段審査による典型的な違憲審査基準も直接妥当するとは考えにくく，今後の判例・学説によるさらなる検討が求められるところであるが，さしあたり出発点として考えられるのは，問題となった個人の宗教的権利ないし自由の内容および性格やそれに対する抵触の内容・性格・態様をもとに両者の関わり方も視野に入れて総合的に検討していくというアプローチであろう。これによった場合，たとえば，「信仰に反する行為を強制されない自由」は，一般的にこれを認めることは困難であるとしても，特定の宗教を狙い撃ちにするような義務づけは許されないであろうし，自衛官合祀訴訟で問題となったような「宗教的人格権」については，亡夫の妻という近親者が静謐な宗教的環境の下で故人を弔うという権利ないし利益は法的にも保護されるべきであり，地連の援助を受けた県隊友会の「自由」と同列に論じることはできないとの結論も考えられよう。

　一方，政教分離違反の有無については，津地鎮祭事件判決以来，目的・効果基準と呼ばれるアプローチが確立したかに見えたが，これを採用しなかった空知太神社事件判決の例に見るように，判例理論も一貫しているとまではいえない。また，政教分離違反が争われた実際の事件を見ると，その大半は神道との関係で問題となったものであり，愛媛玉串料訴訟や空知太神社事件のように違憲判決が下された例はあるものの，「相当の関わり合い」の有無を問う結果合憲判決に至る例がむしろ多く，かつての国家神道に対する反省という視点に立った審査が十分行われているといえるのかという疑問もある。

　信教の自由と政教分離をめぐる解釈理論は，なお構築の途上にあるというべきであろう。

📖 参考文献

芦部信喜『宗教・人権・憲法学』(有斐閣，1999)
大石眞『憲法と宗教制度』(有斐閣，1996)
林知更「政教分離原則の構造」高見勝利ほか編『日本国憲法解釈の再検討』(有斐閣，2004) 114頁以下
井上典之「政教分離規定の憲法判断の枠組み」論究ジュリ１号 (2012) 125頁

【門田　孝】

Chapter 08

表現内容規制
―― 「生産性がない」はどこがダメ？

第1節　はじめに

　2018（平成30）年，国会議員によるLGBTに関する意見で「生産性がない」との発言があったことが問題視された。またそれに続いて，ある雑誌がその発言を擁護したことで様々な議論を呼び，出版社は自主的に当該雑誌の休刊を決定するに至った。まさに，LGBTに対する無知・偏見に基づく発言ではないかが問題にされ，少数者に対する差別的な言動として問題とされたのである。

　同じようなことは，在日コリアンに対するある種の攻撃的言動がマスコミや一般市民による表現行為でしばしば取り上げられるのと同種の憲法上の問題を提起する。すなわちそこでは，一定内容の表現・情報発信が社会的な問題を惹起するとして規制すべきか否かが論じられるのである。

　ただこのような少数者に対する差別的な言動だけでなく，表現・情報の内容が社会的に悪影響を及ぼすとの理由で規制される例は多くある。たとえば，わいせつ表現や犯罪を煽動する表現，他人の名誉を毀損する表現も規制されているのが現状である。しかし，憲法上の自由・権利として一切の表現の自由が保障されている憲法の下で，そのような表現内容を規制することは憲法上の権利としての表現の自由に対する制限として許されるのかを考えなければならない。

第2節　表現の自由の保障

表現の自由が保障される理由　憲法21条1項は，「集会，結社及び言論，出版その他一切の表現の自由」を保障する。集会は多数人が一定の目的の下に一定の場所に集まる活動であり，結社は複数人が共通の目的の下に団体を結成する活動となる。この意味で，集会・結社は，複数人による一種の表現活動になるのに対して，言論，出版その他一切の表現とは，個人（もちろん新聞や放送の場合には新聞社・放送局というメディア・法人も情報発信主体になる）が自らの考える方法で表明したいと思う情報を発信し，あるいはその欲する情報を受領する活動を意味し，そこから表現の自由とは，あらゆる情報の発信・流

通・受領のプロセスが自由なものとして公権力による干渉なしに保障されていることを意味すると解されている（情報受領の権利・自由については⇒ Chapter 10）。

　ではなぜ表現の自由が憲法上の自由・権利として保障されているのだろうか。最高裁は，「およそ各人が，自由に，さまざまな意見，知識，情報に接し，これを摂取する機会をもつことは，その者が個人として自己の思想及び人格を形成・発展させ，社会生活の中にこれを反映させていくうえにおいて欠くことのできないもの」であると同時に，「民主主義社会における思想及び情報の自由な伝達，交流の確保という基本的原理を真に実効あるものたらしめるためにも，必要なところ」として，自由な情報の流通プロセスが憲法で保障される根拠を提示する（よど号ハイジャック記事抹消事件：最大判1983（昭和58）年6月22日民集37巻5号793頁）。

　そこでは，個人の人格形成・発展のために必要であること（しばしば自己実現の価値といわれる），ならびに民主制を実効的なものにするためにも必要であること（しばしば自己統治の価値といわれる）が憲法による表現の自由の保障根拠として提示され，憲法を支える「個人の尊重」原理（憲法13条）と統治機構の基本原理となる議会制民主主義にとって必要であるとの見解から，憲法上の自由・権利の中でも特に重要なものと位置づけられることになる。

| 表現の自由に対する規制可能性 | 　憲法上の自由・権利を支える「個人の尊重」原理や議会制民主主義という統治の基本原則との観点から表現の自由の保障が根拠づけられ，憲法上の自由・権利の中でもその重要性が認められているとすれば，その自由の保障は永久不可侵とされる基本的人権の1つとして位置づけられ，まさに不可侵のものとして政府による制約は許されないことになるのだろうか。

　この点に関して，最高裁は，表現の自由の保障に関しては一貫して以下のような姿勢をとっている。すなわち，「表現の自由は，憲法の保障する基本的人権の中でも特に重要視されるべきものであるが，さりとて絶対無制限なものではなく，公共の福祉による制限の下にあることは，いうまでもない」（税関検査事件：最大判1984（昭和59）年12月12日民集38巻12号1308頁）ということである。つまり，特に重要視されるべき基本的人権であったとしても，憲法上の自由・権利としては絶対無制限ではなく，公共の福祉による制限に服することが確認さ

れ，他の憲法上の自由・権利と同じように「公共の福祉」によって制限できるとされているのである。そして，その考え方は，表現の自由に関する初めての本格的な最高裁の判決とされる1949（昭和24）年の食糧緊急措置令事件（最大判1949（昭和24）年5月18日刑集3巻6号839頁）において，憲法21条は「基本的人権の1つとして言論の自由を保障」しており，それは侵すことのできない永久の権利として「立法によっても妄りに制限されないもの」とされている（憲法11条）が，国民は憲法が保障する自由・権利を濫用してはならず，常に公共の福祉のためにこれを利用する責任を負う（憲法12条）ことから，「言論の自由といえども，国民の無制約な恣意のまゝに許されるものではなく，常に公共の福祉によって調整されなければならぬのである」との見解が提示されたのであった。

ここに，表現の自由が重要な基本的人権であるとされているにもかかわらず，憲法上の自由・権利としては「公共の福祉」によって制限されるとの自由・権利に関する一般的命題が，他の自由・権利と同様に適用されることになったのであった。

> 典型例としての
> わいせつ文書

「公共の福祉」による表現行為に対する規制の典型例は，刑法175条や輸入禁制品（関税法69条の11第7号）として日本国内への持ち込みが制限されるわいせつ文書（最高裁は，関税法上の規制対象である「公安又は風俗を害すべき書籍，図画，彫刻物その他の物品」が「わいせつ表現物」を意味することは「社会通念」に合致するとの判断を下している。税関検査事件：最大判1984（昭和59）年12月12日民集38巻12号1308頁）に対する規制になる。ではなぜわいせつ文書を規制しても表現の自由の侵害にならないのだろうか。

［刑法175条］
1　わいせつな文書，図画，電磁的記録に係る記録媒体その他の物を頒布し，又は公然と陳列した者は，二年以下の懲役若しくは二百五十万円以下の罰金若しくは科料に処し，又は懲役及び罰金を併科する。電気通信の送信によりわいせつな電磁的記録その他の記録を頒布した者も，同様とする。
2　有償で頒布する目的で，前項の物を所持し，又は同項の電磁的記録を保管した者も，同項と同様とする。

［関税法69条の11第7号］
　次に掲げる貨物は，輸入してはならない。
七　公安又は風俗を害すべき書籍，図画，彫刻物その他の物品

この点，最高裁は，刑法175条違反が争われた事件（チャタレー事件：最大判1957（昭和32）年3月13日刑集11巻3号997頁）で，まずどのような表現がわいせつになるかについての定義づけを行う。すなわち，わいせつとは「徒らに性欲を興奮又は刺戟せしめ，且つ普通人の正常な性的羞恥心を害し，善良な性的道義観念に反するもの」とし，要するに，最高裁は，わいせつ文書とされるためには「羞恥心を害することと性欲の興奮，刺戟を来すことと善良な性的道義観念に反すること」と定義づけた。そのうえで，「人間性に由来するところの羞恥感情の当然の発露」としての「性行為非公然性」の原則を持ち出して，それを最小限度の性道徳とし，わいせつ文書の規制はそのような最小限度の性道徳に違反した行為を規制するものととらえることになる。

　問題は，誰がどのような基準で文書を「わいせつ」と判断するのかになる。最高裁は，個々人の認識あるいはその集合体の平均値ではなく，「一般社会において行われている良識すなわち社会通念」を基準にして，現行制度の下では問題の文書がわいせつか否かの判断を裁判官に委ねられたものと考え，結局，法概念としての「わいせつ」性の判断は裁判官が社会通念に基づいて行うとの考えが示されたのであった。

　以上の判断を前提に，規制が許されるか否かが検討される。すなわち，そこでは，わいせつ文書の規制と表現の自由との関係をどのように考えるかが問題になる。この点に関して，最高裁は，出版その他表現の「自由は極めて重要なものではあるが，しかしやはり公共の福祉によって制限される」とし，「性的秩序を守り，最小限度の性道徳を維持することは公共の福祉の内容をなすものであって，猥褻文書の頒布等は公共の福祉に反するものであり，これを処罰の対象とすることが表現の自由に関する憲法21条1項の規定に違反するものでないことも，明らかである」との判断を下す。すなわち，わいせつ文書とされる出版物は公共の福祉に反するものとして自由な表現活動の対象から除外され，規制されても憲法違反にはならないと考えられるのであった。

　> 「わいせつ」定義に該当するか否かが問題

最高裁は，わいせつ文書について，まず「わいせつ」の定義を行い，それを規制し得る根拠と，問題の表現物が「わいせつ」の定義に該当するか否かの判定基準を示して，該当した場合の規制の憲法上の正当性を判定するとの手法を提示している。このような規制の憲

法適合性判断の方法によると，そこで問題とされる表現物が「わいせつ」の定義に該当する場合，当該表現物の有する個人的法益（すなわち自己実現の価値）は，自動的にそれを上回る公共の福祉という価値（最小限度の性道徳の維持）の劣位に置かれ，自由とされる範囲が限定されることになる。そのために，問題の表現物が「わいせつ」に該当するか否かが，自由な表現活動として憲法上許されるのか否かを境界づける決定的な問題として取り上げられるのである。

　最高裁は，当初，表現物が思想的・芸術的側面を持つ優れた作品であっても，道徳的・法的側面において「わいせつ」であると評価されることとは次元が異なるとしていた。しかし，表現物の持つ思想性・芸術性の問題をも含め，「わいせつ」定義の該当性をもう少し相対的に判定しようとして，最高裁は，四畳半襖の下張り事件（最判1980（昭和55）年11月28日刑集34巻6号433頁）で，「文書のわいせつ性の判断にあたっては，当該文書の性に関する露骨で詳細な描写叙述の程度とその手法，右描写叙述の文書全体に占める比重，文書に表現された思想等と右描写叙述との関連性，文書の構成や展開，さらには芸術性・思想性等による性的刺激の緩和の程度，これらの観点から該文書を全体としてみたときに，主として，読者の好色的興味にうったえるものと認められるか否かなどの諸点を」検討して，「これらの事情を総合し，その時代の健全な社会通念に照らして」判定するとの判断を下すことになった。

　その後，最高裁は，以上の判断を前提に，たとえば，ヘアヌードを含むものであっても，それが「白黒（モノクローム）の写真であり，性交等の状況を直接的に表現したもので」なく，「写真集における芸術性など性的刺激を緩和させる要素の存在，本件各写真の本件写真集全体に占める比重，その表現手法等の観点から写真集を全体としてみたときには，本件写真集が主として見る者の好色的興味に訴えるものと認めることは困難」である場合には，「一般社会の健全な社会通念に照らして」それはわいせつ文書に該当するものではないとして，その規制は許されないとの判断（メープルソープ事件：最判2008（平成20）年2月19日民集62巻2号445頁）が下されることになった。

表現内容規制としての煽動行為の処罰　最高裁の判断によると，情報を発信する表現行為であっても公共の福祉に反するものは自由の保障から排除されることが，わいせつ文書の規制からわかる。ただ，このような考えは，わいせ

つ文書に対する規制でだけ用いられているわけではない。前述の食糧緊急措置令事件で用いられた表現の自由に対する規制の合憲性の判断枠組みが出発点になり，それがわいせつ文書規制の合憲性を展開する際の先例とされたのであった。

　出発点となった事件では，戦後の食糧不足に対する政府のとった政策（国民の主食である米等について食糧管理法による生産・流通・消費にわたって政府が介入して管理する制度）に対する措置に従わないことを煽動する行為が規制されたことの問題が争われた。すなわち，政府の政策に反してそれに従わないことを唱道するような情報の発信行為に対する規制が，表現の自由の侵害になるのか否かが問題にされたのである。そこでは，「国民が政府の政策を批判し，その失政を攻撃することは，その方法が公安を害せざる限り，言論その他一切の表現の自由に属する」としつつ，しかしながら，戦後の「貧困なる食糧事情の下に国家が国民全体の主要食糧を確保するために制定した食糧管理法」の目的遂行のための「命令による主要食糧の政府に対する売渡」について，これに従わないよう煽動する行為は「政府の政策を批判し，その失政を攻撃するに止るものではなく，国民として負担する法律上の重要な義務の不履行を慫慂し，公共の福祉を害するもの」であって，「憲法の保障する言論の自由の限界を逸脱し，社会生活において道義的に」責められるべきものであるから，そのような煽動行為を犯罪として処罰しても憲法21条に反するものではないとの判断が示されたのであった。

　この違法行為の煽動に対する規制は，その後，わいせつ文書の規制とともに表現の内容規制の典型例となっていく。そして，最高裁は，破壊活動防止法が定める煽動罪の合憲性に関する事件でも，より明確に違法行為を促すような危険な情報発信行為は表現の自由の保障の枠外であることを明示するに至る。すなわち，破壊活動防止法39条および40条が規制する煽動行為は，政治目的の下で，他者に一定の犯罪を実行させる意図をもってなされる情報発信として「表現活動としての性質を有している」が，「表現活動といえども，絶対無制限に許容されるものではなく，公共の福祉に反し，表現の自由の限界を逸脱するときには，制限を受けるのはやむを得ない」から，「公共の安全を脅かす現住建造物等放火罪，騒擾罪等の重大犯罪をひき起こす可能性のある社会的に危険

な」表現行為は,「公共の福祉に反し,表現の自由の保護を受けるに値しないもの」であって,それを処罰しても憲法21条1項に違反しない,とされたのであった。そして,そのような判断を,最高裁は,「当裁判所大法廷の判例の趣旨に徴し明らか」としているのである。

<u>営利的言論（CM）の規制</u>　表現内容規制のもう1つの例は,いわゆる営利的言論（コマーシャル・メッセージ）になる。これは,対価をとって販売しようとする品物やサービスの宣伝のための情報発信であるが,そのような営利広告に対しては,業者が営利を追求するあまり虚偽・誇大広告となってしまう可能性があり,消費者保護の観点から一定の規制がかけられる。そこでは,営利広告は表現の自由ではなく,営業活動の一環として経済的自由の問題であるとの見解もあるが,現在は,営利目的であっても情報発信行為であると同時に,消費者から見れば日常生活を送るうえでの重要な情報の一種であり,その規制はやはり表現の自由,特に表現内容に対する規制として憲法上の問題を引き起こすと考えられている。

　なお,最高裁（最大判1961（昭和36）年2月15日刑集15巻2号347頁）の多数意見は,「あん摩師,はり師,きゅう師及び柔道整復師法」という法律でのあん摩師等の業務または施術所に対する広告規制（何に効くかについての記述の禁止）に関して,非常に簡単に,広告を無制限に許すと,患者を呼び込もうとするため「ややもすれば虚偽誇大に流れ,一般大衆を惑わす虞があり,その結果適時適切な医療を受ける機会を失わせるような結果を招来する」可能性があり,「このような弊害を未然に防止するため一定事項以外の広告を禁止することは,国民の保健衛生上の見地から,公共の福祉を維持するためやむをえない措置として是認され」,憲法21条に違反しないと結論づけている。

　なお,この多数意見に対して,奥野健一裁判官の少数意見は,「表現の自由といえども絶対無制限のものではなく,その濫用は許されず,また公共の福祉のため制限を受ける」とはするものの,「広告が商業活動の性格を有するからといって」憲法21条の「表現の自由の保障の外にあるものということ」はできず,「施術が如何なる病気に効能があるか,真実,正当に世間一般に告知することは当然のこと」であり,「かかる真実,正当な広告まで全面的に禁止しなければならない保健,衛生上その他一般公共の福祉の観点からもその理由を発

見することができない」との判断を下す。そして，たしかに誇大・虚偽広告は規制しなければならないが，「真実，正当な広告までも一切禁止することは行過ぎ」であって，「正当な表現の自由を不当に制限するもの」として，問題の規制は憲法21条に違反するとの結論を下している。

第3節　表現内容規制としての個人・集団の名誉侵害

名誉毀損の法理　表現内容規制の中で，もう1つ忘れてはならないのが名誉毀損である。それは，わいせつ文書の規制とともに，自然犯として刑法上規制されているだけでなく，民事においても不法行為とされている（民事の救済方法としての謝罪広告の憲法問題について⇒ Chapter 06）。最高裁は，当初，「他人の名誉を毀損することは，言論の自由の乱用であって，憲法の保障する言論の自由の範囲内に属するものと認めることができない」として，煽動行為やわいせつ文書と同じ考え方で規制の合憲性を判定していた（最判1958（昭和33）年4月10日刑集12巻5号830頁）。ただ現在では，それらの場合とは異なり，個人の人格権（憲法13条）と表現の自由の権利衝突の場面としての規制問題とされている。

名誉毀損に関しては，刑法230条の2が「公共の利害に関する場合の特例」として，表現の自由と名誉権の権利衝突の調整を行っている。

［刑法230条の2］
1　前条第一項の行為（公然と事実を摘示し，人の名誉を毀損する行為＝筆者）が公共の利害に関する事実に係り，かつ，その目的が専ら公益を図ることにあったと認める場合には，事実の真否を判断し，真実であることの証明があったときは，これを罰しない。
2　前項の規定の適用については，公訴が提起されるに至っていない人の犯罪行為に関する事実は，公共の利害に関する事実とみなす。
3　前条第一項の行為が公務員又は公選による公務員の候補者に関する事実に係る場合には，事実の真否を判断し，真実であることの証明があったときは，これを罰しない。

最高裁（夕刊和歌山時事事件：最大判1969（昭和44）年6月25日刑集23巻7号975

頁）もそれについては，刑法230条の２の規定は「人格権としての個人の名誉の保護と，憲法21条による正当な言論の保障との調和をはかったもの」であり，「両者間の調和と均衡を考慮」するならば，当該規定の「第１項にいう事実が真実であることの証明がない場合でも，行為者がその事実を真実であると誤信し，その誤信したことについて，確実な資料，根拠に照らし相当の理由があるときは，犯罪の故意がなく，名誉毀損の罪は成立しないものと解するのが相当」との判断を下している。なお，最高裁（月刊ペン事件：最判1981（昭和56）年４月16日刑集35巻３号84頁）は，「公共の利害に関する事実」についても，それが「私人の私生活上の行状であっても，そのたずさわる社会的活動の性質及びこれを通じて社会に及ぼす影響力の程度などのいかんによっては，その社会的活動に対する批判ないし評価の一資料」として「公共の利害に関する事実」にあたる場合があるとしている。そして，この特例が認められる場合には，個人の人格権としての名誉よりも情報の価値が上回ることになり，表現の自由が優先されるとの判断が下される。

| 個人のプライバシーと表現の自由 |

　名誉毀損に似て非なるものが，個人の私生活上の事実を本人の意に反して暴露することで発生するプライバシー侵害の問題である（プライバシーの権利について⇒ Chapter 02）。もちろん個人の社会的信用を低下させるためにその私生活上の事実を公表する場合もある。この場合は，個人の社会的信用を保護法益とする名誉と，個人の私生活情報を保護法益とするプライバシーとが重複することになり，１つの表現行為が同時に２つの権利と衝突する。しかし，名誉とプライバシーは，ともに個人の人格権として保護されるものではあるが，その保護する利益の内容が異なり，一般には同一に考えることができないとされている。したがって，個人の社会的信用を低下させるとまではいえなくても，本人の同意なく私生活上の事実を公表することは，それ自体でプライバシー侵害の表現行為になる可能性がある（忘れてもらう権利について⇒ Chapter 09）。

　なお，表現の自由とプライバシーとの相互調整は，おおむね名誉毀損の場合と同じように考えてもよいとされているが，プライバシーの場合には，名誉毀損の場合と異なり真実性の証明によって表現行為が免責されることはないともいわれている。というのも，公表された私生活上の事実が真実であればそれだ

け，本人にとっては他人に知られたくない私生活情報の保護の必要性の度合いが高まり，プライバシー侵害という本人にとっての損害が重大になっていくからである。そのために，プライバシーと表現の自由との調整は，本人の同意の有無や私生活上の事実がどの程度まで公知になっているかということとともに，問題とされる表現行為の公共性が重要になるといわれている。

| 集団的名誉と差別的言論 | 以上は個人の人格権としての名誉権やプライバシーの問題と表現の自由との関係になる。それに対して，近年問題とされているのは，人種や民族，宗教や性別などの一定の属性を持つ人的集団（しばしばそのような集団は社会における少数者集団になる場合が多い）に対する嫌悪・憎悪に満ちた侮辱的・攻撃的表現行為の規制の可否，すなわち差別的言論（ヘイトスピーチ）に対する規制の可否になる。この点で，日本でも在日コリアンやLGBTといった性的少数者に対する侮辱的表現はやはり問題とされることがしばしばある。

憲法ではなく，人種差別撤廃条約は，「人種的優位又は憎悪に基づくあらゆる思想の流布，人種差別の煽動」等を「法律で処罰すべき犯罪」（同条約4条）としている。ただ，日本国政府は「憲法の保障と抵触しない限り」との留保を付して当該条約を批准している。そのような日本国政府の対応とは別に，差別的言論を特定の人的集団に対する「差別」という感情（そこには嫌悪あるいは憎悪という感情も含まれるであろう）の発露といった要素だけで犯罪とするならば，表現行為に対する規制であるだけに平等の実現という目的に照らして不必要で過大な規制になるとの批判もある。要するに，具体的に不合理な差別的取扱いがなされる前に感情の発露だけで表現行為を規制することは，本来許されるべき情報発信行為も規制される（いいたいことをいえなくなる萎縮効果を生み出す）可能性があり，表現の自由にとっての脅威になると考えられるのであった。

なお，在日朝鮮人に対する嫌悪・蔑視からその人格を否定し，それに対する差別意識を社会に流布して日本から在日朝鮮人を排斥すべきであるとの見解を声高に主張することを主眼にして行われた朝鮮学校に対する「ヘイトスピーチ」につき，在日朝鮮人の民族的出自を貶め，それを不特定多数人に広めるような行為は朝鮮人に対する教育文化活動を行う被害者・学校の業務を妨害し，表現の自由の範囲を超えるものであって不法行為に当たるとする下級審の判断

もある（京都地判2013（平成25）年10月7日判時2208号74頁，大阪高判2014（平成26）年7月8日判時2232号34頁。なお最高裁は，2014（平成26）年12月9日にこの事件について上告不受理の決定を下している）。下級審とはいえ，この裁判所の判断も，「ヘイトスピーチ」と認定されれば当該言論は憲法の保障の範囲外になると考えているようである。

　少数者に対する差別的言論は，当該少数者を黙らせる風潮を生み出し，差別的構造を社会に根づかせると同時に，少数者とはいえ集団のアイデンティティという人格権を侵害するがゆえに，憲法の保障の枠外だといわれることがある。しかし，人格権の保障は自分がものをいいやすい環境を作ってもらうことの保障を含むのか，そもそも人格権そのものが個人の場合と同じように集団にも認められる当然の権利なのか，という問題も提起される。ただ，憲法があらゆる思想の保持を自由（思想・良心の自由（19条）⇒ Chapter 06）として保障しているとしても，それが権利衝突を惹起するような外部的行為を伴って発露する場合には，一定の制約は否定され得ない。問題は，表現内容規制として，ここでも思想・感情の発露となる表現行為が当然に違法として常に規制できるのか否かということに尽きる。

第4節　おわりに

　表現の自由は，最高裁も認めるとおり，憲法上の自由の中でも重要な権利である。しかし，まだ最高裁は，表現内容に関する規制についての違憲判断を下したことがない。そこには，表現される情報の内容が社会的に有害であることを理由にして，情報の持つ価値よりも公共の福祉という一般的利益・価値のほうが上回るがゆえに，規制対象となる情報は憲法で保障される自由な表現活動の範囲外との判断が導き出されている。はたして本当にそれでよいのだろうか。わいせつ文書や犯罪煽動行為が，最高裁のいうように本当に社会的に有害な情報発信行為として自由の対象外となるのだろうか。営利的言論も，自由に任せると虚偽・誇大なものになって消費者を惑わせる社会的に有害な情報になってしまうがゆえに，規制されても仕方のない情報になるのだろうか。

　名誉毀損やプライバシー侵害表現は，たしかに他者の権利を侵害する。しか

し，一定の場合には権利衝突の調整という形で，規制が解除される場合も認められている。ただ，現在の刑法230条の2の規定は，名誉毀損的表現が本来的に違法であり，処罰しても憲法違反ではないということを前提に，真実性の証明がなされた場合には表現行為の違法性が阻却され，真実であることを誤信する相当性が認められる場合には有責性が否定されることで犯罪処罰を免れるだけである。このような場合には，当然表現者がその証明をしなければならない。その意味で，名誉毀損やプライバシー侵害表現も，やはり最高裁の判断では，公共の福祉から許された規制，すなわち自由な表現活動の範囲外のものとされている。差別的言論も，同じ文脈で考えれば，集団となる他者の権利を侵害するがゆえに，表現の自由の保障に含まれない情報内容による規制として憲法上当然に許されると考えられる可能性が浮上する。

　しかし，表現の自由は，人権の歴史から考えても，最も重要である反面，最も規制を受けやすいものとなっている。したがって，それが憲法上の自由・権利になったからといって保障の射程範囲を狭めるのではなく，一旦，あらゆる情報には何らかの価値があり，すべての情報発信となる表現活動が憲法上自由として保障されることを前提に，その規制の合理性について規制する側（つまり国）に，当該規制に関して十分納得のいく正当化理由を提示させることで初めて，憲法上の自由・権利としての表現の自由の保障の意味が認められるといえることになるのではなかろうか。違憲審査の場面でのいわゆる二重の基準の考え方に基づき，表現の自由に対する規制の憲法適合性判定は厳格審査で臨むべしといわれるのも，以上のような理由によると考えることができる。

参考文献

浜田純一「表現の自由の保障根拠」大石眞・石川健治編『憲法の争点』ジュリ増刊（2008）114頁

木下智史「差別的表現」大石眞・石川健治編『憲法の争点』ジュリ増刊（2008）126頁

長岡徹「表現の自由と名誉毀損」大石眞・石川健治編『憲法の争点』ジュリ増刊（2008）128頁

齊藤愛「表現の自由の現況―ヘイトスピーチを素材として」論究ジュリ13号（2015）56頁

【井上典之】

Chapter 09

表現手段の規制と忘れられる権利
――情報発信手段の進歩についていけるか？

第1節　はじめに

　近年の情報技術の進歩は目覚ましいものがある。私たち研究者を含め，物書きを生業としている者でも，原稿用紙に文章を手で書くということはほとんどなくなり，紙媒体で印刷・公刊することだけが情報発信ではなくなってきた。また，最近の若者は本や新聞を読まないといわれるが，それは従来からの本や新聞という紙媒体での印刷物を購入しないだけで，インターネットからの情報は十分に受領しているだろう。

　表現の自由が情報の発信・流通・受領のプロセス全体を自由なものとして保障する憲法上の権利であるとすれば，それに対する規制は，情報の内容に基づくものだけではない。情報発信のために用いられる手段，たとえばビラやポスター，街頭演説といった従来からの古典的な情報発信手段に限らず，テレビやラジオ，さらに最近ではインターネットなども情報発信・流通・受領のために用いられる手段・技術となっている。そして，情報発信のための手段・技術に対しては，情報内容とは別に，当該手段・技術の利用に関する様々な規制が存在している。

　情報発信のための手段に対する規制は，憲法上の権利としての表現の自由に対する規制になる。ただ，そのような規制は，当該手段・技術の持つ特性に由来するものもあり，そこで伝達される情報・表現内容が社会的害悪を惹起するがゆえに加えられるものばかりではない。では一体，どのような理由で規制されるだろうか。そして，それは表現の自由との関係で，どのような観点から憲法上許される規制といえるのだろうか。

第2節　古典的手段の規制

> ビラ（ポスター）貼りに対する規制

　表現内容中立的な表現手段の規制であっても，流通する情報量を制限する効果を持ち，それは表現の自由に対する規制になることはいうまでもない。たとえば，古典的な例ではあるが，橋げたや電柱等にビラやポスターを張りつける行為について，軽犯罪法1条33号

は，「みだりに他人の家屋その他の工作物にはり札」をする行為を禁止し，当該行為をした者を処罰するとしているし，屋外広告物法に基づき制定されている地方公共団体の条例は，「良好な景観を形成し，若しくは風致を維持し，又は公衆に対する危害を防止するために必要があると認めるとき」，広告物の表示または掲出物件の設置を禁止することができるとして，そこでの情報内容とは無関係にビラ貼りは規制されている。

最高裁は，営利と関係のない「純粋な思想・政治・社会運動」のための印刷物を貼り付ける行為であっても「都市の美観風致を害するものとして規制の対象」となり，「都市の美観風致を維持することは，……公共の福祉のため，表現の自由に対し許された必要且つ合理的な制限」とし（大阪市屋外広告物条例事件：最大判1968（昭和43）年12月18日刑集22巻13号1546頁），また，「たとい思想を外部に発表する手段であっても，その手段が他人の財産権，管理権を不当に害する如きものはもとより許されない」とし，「この程度の規制は，公共の福祉のため，表現の自由に対し許された必要かつ合理的な規制」との判断を下している（軽犯罪法事件：最大判1970（昭和45）年6月17日刑集24巻6号280頁）。このような判断方法は，「美観風致の維持」や「他人の財産権・管理権」の保護を公共の福祉の内容としたうえで，ビラ貼りという表現手段を規制しても，規制されていない他の手段での情報発信が可能であるから，「この程度の規制」は「必要かつ合理的な」許された規制としているようである。

具体的事実の考慮の必要性 最高裁の従来の判断方法は，単純に「美観風致の維持」や「他人の財産権・管理権の保護」という抽象的な利益を公共の福祉としての対抗利益と指摘したうえで，「この程度の」1つの情報発信手段に対する規制だから許されるとの前提がある。これに対して，単純に手段規制として「この程度の規制」と断ずるのではなく，ビラが貼られた場所や周囲の状況，ビラの形状，その貼り方，ビラに記載された内容や取り締まり状況なども総合的に勘案して，規制の必要かつ合理性を判断すべきではないかとの疑問が投げかけられる。

この点に関して，抽象的に考えれば美観風致の維持を規制目的にすることは公共の福祉の内容ということができるものの，「何が美観風致にあたるかの判断には趣味的要素も含まれる」として，その「判断には慎重さが要求される」

との見解も主張される（大分県屋外広告物条例事件：最判1987（昭和62）年３月３日刑集41巻２号15頁での伊藤正己裁判官の補足意見）。そこでは，ビラ等を一般人の目に触れやすい場所に掲示することは，「極めて容易に意見や情報を他人に伝達する効果をあげうる方法」であり，また，ビラ配布のような方法に比べて情報伝達手段としては有効性にまさり，費用も低廉であることから，それが特に意見や思想にかかわるときは，美観風致の維持という公共の福祉に基づく規制であるとして，たやすく合憲と判断するのは即断に過ぎるとの見解が付記されるのであった。

> ビラ配布は
> 住居不法侵入？

ビラ貼りではなく，ビラの配布に関しても，やはり他人の「財産権・管理権」の保護を公共の福祉の内容として規制の合憲性が簡単に認められる傾向がある。たとえば，私鉄駅構内で駅係員の許諾を受けないで乗降客らに対しビラを配布し，駅の管理者からの退去要求を無視して約20分間にわたり同駅構内に滞留した者を鉄道営業法35条および刑法130条（住居不法侵入罪）で処罰することを，最高裁は，「たとえ思想を外部に発表するための手段であっても，その手段が他人の財産権，管理権を不当に害するごときものは許されない」として簡単に憲法21条１項に違反しないとしている（鉄道営業法違反事件：最判1984（昭和59）年12月18日刑集38巻12号3025頁）。

同じように，自衛隊員の合同宿舎住宅の各室玄関ドアの新聞受けに「自衛隊のイラク派兵反対」等を記載したビラを投かんした行為が刑法130条の住居不法侵入罪に当たるとして処罰することについて，最高裁は，「表現の自由は，民主主義社会において特に重要な権利として尊重されなければならず，被告人らによるその政治的意見を記載したビラの配布は，表現の自由の行使ということができる」としつつ，先の判断を先例として引用し，「たとえ思想を外部に発表するための手段であっても，その手段が他人の権利を不当に害するようなものは許されない」とした。そこでは，「表現そのものを処罰することの憲法適合性が問われているのではなく，表現の手段すなわちビラの配布のために『人の看守する邸宅』に管理権者の承諾なく立ち入ったことを処罰することの憲法適合性が問われている」として，「たとえ表現の自由の行使のためとはいっても，このような場所〔一般に人が自由に出入りすることのできないような場所＝引用者〕に管理権者の意思に反して立ち入ることは，管理権者の管理権を

侵害するのみならず，そこで私的生活を営む者の私生活の平穏を侵害するものといわざるを得」ず，そのような行為を住居不法侵入の罪に問うても「憲法21条1項に違反するものではない」との判断を下している（立川ビラ配り事件：最判2008（平成20）年4月11日刑集62巻5号1217頁）。なお，分譲マンションの各戸にビラを投かんする目的で侵入する行為についての事件でも，最高裁は同じ判断を下している（葛飾マンション事件：最判2009（平成21）年11月30日刑集63巻9号1765頁）。

第3節　テレビの規制

> テレビ放送と放送法

情報発信手段としてのビラやポスターに比べて圧倒的に有効で効果の大きいものとしてテレビ放送という手段がある。放送法2条1号は，放送を「公衆によって直接受信されることを目的とする電気通信……の送信」と定義し，情報を発信するメディアとして表現の自由の保障を受けるとしている。ところが実は，放送法は，「放送が国民に最大限に普及されて，その効用をもたらすことを保障すること」，「放送の不偏不党，真実及び自律を保障することによって，放送による表現の自由を確保すること」，「放送に携わる者の職責を明らかにすることによって，放送が健全な民主主義の発達に資するようにすること」という3つの原則に従って，「放送を公共の福祉に適合するように規律し，その健全な発達を図ることを目的」（放送法1条）として，放送に対する様々な規制を課すことになる。

まず放送は，だれもが自由に使用できる情報発信手段ではない。一定の施設・設備を備えた放送事業者を総務大臣の免許制の下に置き，放送局の免許を受けた放送事業者のみが放送を通じて情報を発信することのできるメディアとされる（放送法2条22号および24号）。この点で，放送は，限定されたもののみが利用できる情報発信手段となる。この手段の利用規制だけでなく，放送内容に関しても，放送事業者は放送番組の種別や放送の対象とする者に応じて放送番組の編集の基準を作成し，この基準に従った放送番組の編集を行わなければならず（放送法5条1項），放送番組の編集に当たっては「公安及び善良な風俗を害しないこと」，「政治的に公平であること」，「報道は事実をまげないですること

と」,「意見が対立している問題については,できるだけ多くの角度から論点を明らかにすること」としなければならない（放送法4条1項）との規制がかかっている。また,放送事業者が「真実でない事項」を放送した場合には,「相当の方法で,訂正又は取消しの放送をしなければならない」（放送法9条）とされており,その義務に違反した場合には罰則が科せられる（放送法186条）。それ以外にも,広告放送の識別（放送法12条）や公選による公職候補者の選挙運動の放送（放送法13条）についても一定の規制がかけられており,放送内容に対する規制は広範にわたることになる。

放送の自由とその正当化　放送による情報発信については,放送の自由として取り上げられ,それは一般に表現の自由の1つの内容として論じられる。とすれば,放送法による広範な規制はいかなる理由で表現の自由の制約として正当化されるのかが問われなければならない。もちろん,放送といえども情報を発信する表現行為である以上,そこでの情報発信は当然に表現の自由の保障の下にある。したがって,いかなる内容の放送をいつ行うかは放送事業者の自由な判断に委ねられるのが原則になる。この点で,最高裁は,事実と異なる内容の放送をしたことにより名誉を侵害されたとする個人の訂正放送の請求に関して,放送法はたしかに真実でない事項の放送をしたという理由によって放送事業者に訂正放送をする義務を課すが,表現の自由および放送の自律性の保障の理念を具体化する法の全体的な枠組みと趣旨をふまえると,訂正放送の義務づけも,「放送内容の真実性の保障及び他からの干渉を排除することによる表現の自由の確保の観点から,放送事業者に対し,自律的に訂正放送等を行うことを国民全体に対する公法上の義務として定めたもの」であって,被害者個人に「訂正放送等を求める私法上の請求権を付与する趣旨」ではないとの判断を下し,放送事業者の表現の自由ならびにその自律性を確保する観点からの放送法の解釈を示している（ほっとモーニング事件：最判2004（平成16）年11月25日民集58巻8号2326頁）。

　ではなぜ,広範な規制が憲法上正当化されるのだろうか。これまで一般に規制の存在については,電波は有限であり,使用できる周波数帯が稀少であること（第1の理由）,放送は直接動画や音声を伝えることにより,社会的に強力な影響力を及ぼすこと（第2の理由）,そして,放送は,一部の公共放送を除き,

時間を単位としてスポンサーに番組が売られ，自由に番組編集を認めればスポンサーの意向に沿ったものしか制作されなくなること（第3の理由）の3つの理由が正当化のために挙げられていた。

　最高裁も，放送について，「直接かつ即時に全国の視聴者に到達して強い影響力を有している」（政見放送削除事件：最判1990（平成2）年4月17日民集44巻3号547頁）とか，「放送をされる報道番組においては，新聞記事等の場合とは異なり，視聴者は，音声及び映像により次々と提供される情報を瞬時に理解することを余儀なくされる」（所沢ダイオキシン報道事件：最判2003（平成15）年10月16日民集57巻9号1075頁）といった放送の特徴は指摘している。ただ，この第2の理由についても，それがどの程度科学的に立証されるのかは不明であること，放送の社会的影響力といっても，インターネットの登場により相対化してきていることなどとともに，第1の理由については財の稀少性は電波に限られるわけではないこと，衛星放送やケーブルテレビの普及によって電波の稀少性も緩和されてきていること，第3の理由についても，他のメディアによる情報発信も営利的活動としての側面を持ち，その点でスポンサーの影響力は放送に限られるわけではないこと，などの反論が展開され，放送法による規制の可否については憲法上合理的な正当化理由が本当にあるのかが問われるようになっている。

　放送の自由の再構成　後に取り上げるインターネットの登場まで情報発信をほぼ独占するようないわゆるマス・メディアに表現の自由が保障される理由は，自身の情報発信そのものよりも，それを受領するという情報の受け手の側の権利をも根拠として認められてきたということができる。そのために，最高裁は，マス・メディアが一般市民の知る権利に奉仕するというその特殊性を考慮に入れて，法廷でのメモ行為につき，司法記者クラブに所属する記者と一般傍聴人を区別することにも合理的理由があるとの判断（法廷メモ事件：最大判1989（平成1）年3月8日民集43巻2号89頁）や，取材源の秘匿のために民事訴訟において記者の証言拒否を民事訴訟法197条1項3号の「職業の秘密」に該当し，証言拒否を認める判断を下していた（NHK記者証言拒否事件：最決2006（平成18）年10月3日民集60巻8号2647頁）。そこで，マス・メディアの果たすべき役割から，放送の自由の問題も検討されるようになってきてい

る。その際には，放送も，新聞と同様に規制をかける必要はないという見解も主張されるが，マス・メディアという巨大な私的権力と公権力との均衡を図る措置として，メディアの区別，特に印刷メディア（新聞・雑誌等）と電波メディア（テレビ等）を区別し，そこから電波メディアに対する規制の正当性を検討するという方法がとられる。

　印刷メディアに比して新しく登場した電波メディアは，印刷メディアよりも情報発信市場においてまさに新たな参入者としての規制を受けやすく，情報を発信するメディア側の主観的側面（すなわち情報を自由に発信する権利）よりも情報の多様性を確保するという公共性の観点による客観的側面からの規制が許されると考える見解がある。しかし，これでは規制を受けていない印刷メディアとの比較において，なぜ電波メディアだけが規制されるのかの十分な説明がなされていない。そこで，価値観の多元化した社会において個人の選択を意味あるものにし，社会生活に必要な全体で共有されるべき基本的情報の多様化とその公平な提供を図るという観点から放送は規律されるとする説明が登場する。この説明によると，放送のみに規制を課すことで新聞等の印刷メディアでは取り上げられない視点が放送という電波メディアによる情報発信で反映される可能性があり，他方，放送に対する過度の規制に対する歯止めとして規制がかけられていない自由な印刷メディアの存在意義も認められるとされることになる。そして，この「マス・メディアの部分規制」が機能するためには，印刷メディアと電波メディアが組織的にも基本的に分離していることが前提になるといわれることになる。

第4節　新たな手段としてのインターネット

> 情報の世界での
> 市民の復権？

　20世紀には，一般市民は情報受領者として情報発信者であるメディアの影響の下に置かれ，情報発信者としてのマス・メディアと情報受領者としての一般市民との間の区別が歴然としていた。もちろん，ビラや街頭演説などの方法により一般市民も情報を発信することが可能ではあったが，マス・メディアの発信する情報の量，その影響力にははっきりと違いがあった。しかし，21世紀になってインターネットが普及する

と，一般市民もマス・メディアに対抗する情報発信者としての地位を回復する可能性が開かれるようになってきたのである。

　しかし，情報の発受信が容易になり，情報の世界で市民の地位が復権することは新たな問題も提起する。例外はあるが，従来のマス・メディアによる情報発信の場合，それはジャーナリズムという職業上の行為として一定の作法に則り，その倫理観・責任感の下で情報発信がなされてきた。これに対して，そのような作法もわきまえず，倫理観・責任感を必ずしも持たない情報発信の素人である一般市民が，インターネットという情報空間に自由かつ大量に参入するようになると，匿名での情報発信も可能になることも手伝い，従来のジャーナリストによる情報発信では考えられなかった内容の情報が無秩序かつ大量に流出する。さらに，インターネットを通じた情報は国境を越えて流通するという問題も発生する。ここに，あらゆる種類の情報がインターネットを駆け巡るようになり，従来の表現の自由に関する理論で，インターネットによる情報流通に関して生じる問題に対処できるのかが議論されるようになる。

> メディアの特性から区別可能か？

わいせつ文書や名誉毀損・プライバシー侵害表現といった，通常の表現方法（出版など）で違法とされ，その情報発信に対する規制が合憲とされている表現内容規制は，当然のことながらインターネットという表現手段を用いたら自由になるというわけではない。一般市民がわいせつ画像をインターネットで発信すれば，それはわいせつ文書の規制に従って処罰されるおそれはある。また，他人の名誉毀損的な，あるいはプライバシー侵害的な情報発信も通常の法理に従って規制される可能性がある（⇒ Chapter 08）。以上は，あくまでも情報発信者に対する規制という視点での話である。

　ところが，インターネットの場合，情報発信者本人とは別に，表現者がインターネットに接続するために，その仲介者としてのプロバイダーが存在し，表現者の発信する情報を一般市民に対して提供するサービスを行っている。すなわち，プロバイダーとは，法律上，特定電気通信役務提供者として「特定電気通信設備を用いて他人の通信を媒介し，その他特定電気通信設備を他人の通信の用に供する者」（特定電気通信役務提供者の損害賠償責任の制限及び発信者情報の開示に関する法律（いわゆるプロバイダー責任制限法）2条3号）と定義づけられて

いる。なお，これは営利を目的とするプロバイダーだけではなく，企業や大学，地方公共団体等によって第三者が自由に書き込みのできる電子掲示板等を運用する者も含まれる。

　プロバイダーは，自己の運営するサービスにおいて，そこに書き込まれた情報内容を技術的には発信し続けることも削除することもできる。したがって，情報発信者本人とは別に，プロバイダーも情報を発信する立場にあるということができる。そこで，もしプロバイダーにも情報発信者本人と同じ責任を負わせることになれば，プロバイダーは膨大な量にわたる書込み情報を常に監視し，不適切と認める書込み情報を削除していくことが必要になってくる。そのような対応をプロバイダーに求めることは不可能に等しく，責任追及されることを嫌うプロバイダーはサービス提供をやめるという事態になりかねない。そうなると，せっかく一般市民の自由な情報発信の場となりうるインターネットという手段を制限することにもなる。そこで，いわゆるプロバイダー責任制限法が制定され，プロバイダーの責任を一定の範囲で限定する措置がとられている。なお，日本では，インターネットサービスのプロバイダーがプロバイダー責任制限法に従って，問題の指摘される情報につきウェブサイトの削除要請に自主的に応じて対応し，表現内容の問題が顕在化しにくいとも指摘されている。

| 「忘れられる権利」の可否 |

　インターネットに情報がアップされると，当該情報は様々なウェブサイトへと転記され，半永久的に公開され続けることになる。そして，当該情報の転記されたウェブに対して個別に削除を求めることは様々なコストの点から非常に困難になる。そこで，自己情報がネット上にアップされた場合，個々のウェブサイトを管理するプロバイダーだけでなく，当該自己情報の拡散を防止するために，ウェブサイトへのアクセスを可能にする検索結果の削除を求めることが必要と考えられるようになった。これが，「忘れられる権利」としてEUの個人データ保護規則（GDPRとして近年様々な問題を提起している）で取り上げられるインターネットにおける個人情報保護の問題であり，EUの司法機関である欧州司法裁判所は，2014年5月13日に，検索対象となる者は，一定の場合に，検索事業者に対して検索リストから自己に関する過去の情報の削除を求めることができるとの判断を下している

のであった。

　日本では，現在のところまだ，「忘れられる権利」そのものが認められるか否かは不明である。しかしながら，児童買春で逮捕・処罰された者が，自己の居住地および氏名を条件として検索すると当該逮捕等の事実が記載されたURL等情報が検索結果として提供されるために，検索事業者に対し検索結果の削除を求めた事件で，最高裁は，興味深い判断を下している（最決2017（平成29）年1月31日民集71巻1号63頁）。そこではまず，「個人のプライバシーに属する事実をみだりに公表されない利益」は「法的保護の対象となる」としつつ，「検索結果の提供は検索事業者自身による表現行為という側面」を有し，「検索事業者による検索結果の提供」は「現代社会においてインターネット上の情報流通の基盤として大きな役割」を果たすものと位置づけて，「検索事業者による特定の検索結果の提供行為が違法とされ，その削除を余儀なくされる」ことは表現行為の制約になるとともに，情報流通の基盤としての役割に対する制約でもあるとの判断を下した。ただ，最高裁は，「プライバシーに属する事実を含む記事等が掲載されたウェブサイトのURL等情報を検索結果の一部として提供する行為が違法となるか否か」は，「当該事実を公表されない法的利益と当該URL等情報を検索結果として提供する理由に関する諸事情を比較衡量して判断すべき」で，「当該事実を公表されない法的利益が優越することが明らかな場合には，検索事業者に対し，当該URL等情報を検索結果から削除することを求めることができるものと解するのが相当である」との判断を下した。

　結局ここでは，インターネット上に公開された個人情報について，「プライバシーの保護」と「表現の自由」の保障をいかなる基準で衡量するかの判断を提示したうえで，具体的結論としては，児童買春を「社会的に強い非難の対象」で「公共の利害に関する事項」であること，検索結果として「本件事実が伝達される範囲はある程度限られたもの」であることを考慮して，最高裁は，「本件事実を公表されない法的利益が優越することが明らかであるとはいえない」との判断から，削除は認められないとの結論に至っている。

第5節　おわりに

　情報発信手段としての表現手段の選択も，各人に委ねられた表現の自由の保障内容になる。いつ，いかなる方法で自己の欲する情報を発信するのかは各人の判断に委ねられているのである。しかし，情報発信手段にはそれぞれ独自の特徴があり，そこで発信される情報の内容とは別個に，その利用による他者の権利・利益との衝突が予想される。ただそのような場合にも，情報を発信するという利益とその対抗利益となる他者の権利・利益との相互調整は，抽象的なレベルで一方的に情報発信行為による他者の被侵害利益に軍配を上げるべきではない。たとえば，集会という方法での情報発信行為について，集会場所の利用規制に関する事件で，最高裁は，集会の規制が許されるのは，集会場所の物理的問題や利用者の競合の場合のほか，集会開催に「単に危険な事態を生ずる蓋然性があるというだけでは足りず，明らかに差し迫った危険が具体的に予見されることが必要」であり，「そのような事態の発生が許可権者の主観により予測されるだけではなく，客観的事実に照らして具体的に明らかに予測される場合でなければならない」（泉佐野市民会館事件：最判1995（平成7）年3月7日民集49巻3号687頁）との判断を下している。集会も1つの情報発信手段として21条1項で特別にその自由が規定されていることを勘案すれば，その他の表現手段の場合にも同じように考える必要があるのではないだろうか。

　なお，インターネットの場合，他者の権利・利益との衝突が当初の情報発信者との関係でだけ生じるわけではないという，情報発信手段としての特性がある。そのために，「オフ・ラインで違法な表現は，オン・ラインでも違法である」として，従来の法理だけで規制の可否を単純に考えることができない。そこでは，たとえば，オン・ラインでは，だれの行為が他者の権利・利益を侵害しているのか，あるいは社会的害悪を惹起するのかを検討しなければならない。ただ，本当に情報発信手段の違いがどこまで考慮されるべきかをここで考えておかなければならないだろう。表現手段ごとに規制のあり方を変え，情報発信・流通を規制していけば，やはり流通する情報量が減少するという事態に陥り，結局は規制の中でしか表現行為を行えなくなる可能性が高くなる。いい

たいことをいいたい方法で他者に伝える自由は，他方で，知りたい情報を自分の利用できる手段で入手する自由と対になっていることを忘れてはならない。そして，情報発信・受領手段の利用可能性を含めて，どの程度まで表現の自由が保障されているかは，その社会がどの程度自由なものとなっているかのバロメーターになることを常に念頭に置いておくことが必要である。

参考文献

佐々木弘通「言論の内容規制と内容中立規制」大石眞・石川健治編『憲法の争点』ジュリ増刊（2008）118頁

宍戸常寿「放送の自由」大石眞・石川健治編『憲法の争点』ジュリ増刊（2008）120頁

杉谷眞「忘れてもらう権利―人間の「愚かさ」の上に築く権利」Law&Practice 7号（2013）153頁

木下昌彦「検索エンジンサービスとプライバシーの法的保護」ジュリ1505号（2017）14頁

曽我部真裕「『インターネット上の情報流通の基盤』としての検索サービス」論究ジュリ25号（2018）47頁

【井上典之】

Chapter 10

情報受領の自由，知る権利と情報公開制度
――黒塗りでも公開したといえるの？

第1節　はじめに

　図書館で本を読んだことがありますか。あるいは，朝，出かける前に新聞を読みますか。

　いまどきの若者は，あまり本や新聞を読まないといわれる。だから，図書館にも行かず，新聞も読んでいないかもしれないが，では，情報化社会といわれる現在において，若者たちはどのように情報を入手しているのだろうか。

　色々な情報は，スマホやインターネットから入手しているのかもしれない，いや，おそらくそうしているのだろう。しかし，地震や台風襲来によって停電になり，スマホやパソコンが使えない状態になればどうするのだろうか。何も情報がないということが生きていくうえでどのような状態か，たとえるならば，それは，暗闇の中でまるで目隠しをされて目的地に行かなければならないようなものだろう。そのような状況を回避するためには，情報に接し，必要な情報を受領することが非常に重要になってくる。私たちが，あることがらについて自己決定をするためには，十分な情報がなければならないのである。

　では憲法は，この情報に接し，それを受領することをどのような権利・自由として保障しているのだろうか。

第2節　情報受領の自由・権利とは？

> 表現の自由の裏側にある自由・権利

　実は，日本国憲法には「情報を受領する自由・権利」の明文上の保障規定は存在しない。そうだとすれば，そのような自由は憲法上の自由・権利として保障されていないことになるのだろうか。情報に関する憲法上の自由・権利としては，憲法21条1項の「集会，結社及び言論，出版その他一切の表現の自由」しか保障されていない。では，本を出版し，論文を公表し，あるいは自分の意見をツイートし，インスタグラムに写真をアップすることは表現の自由として保障されているのに，その本や論文を読み，あるいはツイッターやインスタグラムを見ることは，読者や閲覧者の自由として保障されないのだろうか。読者や閲覧者の存在を想定しない出版や

言論，SNSにどんな意味があるというのか。たとえば，1人でも多くの「いいね！」を集めたくてインスタ映えする写真を撮るのに必死になるのは，まさに閲覧者を意識してのことであろう。一方，大好きな有名人のブログを欠かさずチェックするファンの心理を考えればわかるとおり，情報の発信が自由として保障される裏側には，情報を受領する自由も当然想定されているのではないだろうか。

現実に，国際人権法の1つである「市民的及び政治的権利に関する国際規約」（いわゆる自由権規約）19条2項は，すべての者に表現の自由を保障し，同時にそれには「あらゆる種類の情報及び考えを求め，受け及び伝える自由」が含まれることを確認する。言い換えれば，表現の自由の保障には表現する自由だけでなく，表現を受け取る自由の保障も含まれることが確認されたのである。そして現在では，日本国憲法の解釈としても表現の自由の保障を実質化するために，情報を発信する自由とともに情報を受領する自由の保障の必要性が強く主張され，憲法21条1項は情報の流通に関連するあらゆる個人の活動が公権力による妨害を受けることなく自由なものとして保障されることが重要と考えられるに至っている。その点で，情報受領の自由は情報発信の自由の裏側にあるものとして，憲法上の自由・権利と考えられるようになっているのであった。

> 図書館で本を読む自由

情報受領の自由・権利は一般に「知る権利」の名称で語られる。しかし，最高裁判所は，「知る権利」という語を限定的に使い，後述するように，一般的に情報を収集・受領する自由・権利と区別している。すなわち，「知る権利」は一般的な情報収集・受領の自由のうちの1つの限定的場面で登場するもので，広く情報収集・受領の自由・権利すべてをカバーしているとは考えていないということである。そこでまず，表現の自由の裏側になる一般的な情報の収集・受領の自由・権利がどのような場面で問題になるのかを考えてみることから始めよう。

最高裁判所の多数意見ではないが，比較的初期の段階で，出版物（要するに本）に対する規制そのものは読者の情報受領の自由の制限にもなることに言及するものもある。たとえば，わいせつ文書の規制が問題になった事件の反対意見（悪徳の栄え事件（最大判1969（昭和44）年10月15日刑集23巻10号1239頁）の色川幸

太郎裁判官の反対意見）の中には，「読み，聴きそしてみる自由を抜きにした表現の自由は無意味」であり，「情報及び思想を求め，これを入手する自由は，出版，頒布等の自由と表裏一体，相互補完の関係」にあることを表明する判断が示されていた。そのような見解は，その後，多数意見でも承認されるようになり，風俗を害する図書の輸入を規制する税関検査の問題が取り上げられた事件（税関検査事件：最大判1984（昭和59）年12月12日民集38巻12号1308頁）で，「表現の自由の保障は，他面において，これを受ける者の側の知る自由の保障をも伴う」とし，税関検査で書籍の輸入を禁止すれば「当該表現物に表された思想内容等に接する機会を奪われ，右の知る自由が制限されることとなる」との判断が示されることになる（ただし，この判断にもかかわらず，最高裁判所は，わいせつ図書は風俗を害する書籍として輸入を禁止しても憲法に違反しないとの結論が下されている⇒Chapter 08）。

　なお，公立図書館で不当に書籍の廃棄処分がなされたことに対して当該書籍の著者が憲法違反の主張を行った事件（最判2005（平成17）年7月14日民集59巻6号1569頁）で，最高裁判所は，図書館で閲覧に供されている書籍を不当に廃棄するのは「著作物によってその思想，意見等を公衆に伝達する利益を不当に損なう」ことになり，「住民に対して……様々な情報を含む図書館資料を提供してその教養を高めること等を目的とする公の場」としての公立図書館の存在意義に照らして問題であることを指摘する。

| 新聞の黒塗りも刑務所では許される？ | 情報発信自体は規制されていないが，発信された情報を受領できない場面での最高裁判所の判断はどうであろうか。それに関して問題になったのが，拘置所に収容されている被疑者（未決拘禁者）に対してよど号ハイジャック事件（1970年に共産主義者同盟赤軍派の学生9名が日航機よど号を乗っ取って北朝鮮に亡命した日本初のハイジャック事件）の新聞記事を黒塗りにして読めなくしたことが問題とされた事件である。もちろん，新聞社はハイジャック記事の報道を妨害されたわけではなく，一般社会ではそのハイジャック記事を誰でも読める状態にあったので，表現する自由や一般人の情報受領の権利は侵害されていない。しかし，拘置所長は収容されている未決拘禁者の閲読を規制するために，拘置所内での秩序維持を目的に新聞記事の閲読を規制（当時の監獄法31条2項，現行は刑事収容施設及び被収容者等の処遇に関

する法律70条1項1号）し、裁量で当該記事を抹消できるとされていた点が憲法違反にならないのか否かが争われた。

　最高裁判所は、「各人が、自由に、さまざまな意見、知識、情報に接し、これを摂取する機会をもつこと」を「個人として自己の思想及び人格を形成・発展」させるうえで欠かすことができないものであるうえに、民主制社会の「基本的原理を真に実効あるものたらしめるためにも」必要なものであるとの一般的見解を示す。その見解に従って、「意見、知識、情報の伝達の媒体である新聞紙、図書等の閲読の自由が憲法上保障されるべきこと」は憲法19条や憲法21条の規定の趣旨、目的からその「派生原理」として当然に導かれるし、すべて国民は個人として尊重される旨を定めた憲法13条の規定の趣旨に沿うものであることが確認される。ただ、そのような図書・新聞閲読の自由も絶対無制約に保障されるわけではなく、拘置所内の規律・秩序の維持のために具体的な障害が発生する相当の蓋然性が認められる場合には所長の判断に基づいて規制することができるとの見解が示された。

　この判決で、最高裁判所は、情報受領の自由・権利を正面から憲法上保障されるべき（憲法の条文上、21条1項だけではなく、19条や13条が挙げられているが）とし、その根拠を「個人の尊重」原理と民主制に求め（表現の自由保障の根拠⇒Chapter 08）、ただ、図書等閲読の自由も絶対無制約に保障されているわけではないとの、表現の自由に対する制約一般と同じ見解を提示することで、拘置所内での新聞記事の黒塗りを憲法上問題ないとの判断を下したのであった。

> **法廷でメモを取ることは可能か？**

　最近では、大学の授業の一環で裁判所を訪問し、学生が裁判を傍聴することもめずらしくない。憲法上、裁判はその対審および判決が公開の法廷で行われるべきことが定められ（82条1項）、裁判の公開が制度として保障され、一般傍聴人に裁判の情報は公開されることになる。したがって、一般傍聴人も裁判の情報を受領できることは公開原則の裏側として当然認められている。それでは、自分が傍聴した裁判の内容を忘れないようにするために、あるいはその情報の正確さを担保するために、報道関係者と同じように法廷でメモを取ることができるのだろうか。まさにこの点が争われた事件がある。

　最高裁判所は、裁判官が一般傍聴人に法廷でのメモ行為を許可しなかったこ

とが争われた事件（法廷メモ事件：最大判1989（平成1）年3月8日民集43巻2号89頁）で，法廷の秩序や静穏を害し，公正かつ円滑な訴訟の運営に支障を来す等の障害発生を防止する必要やむを得ない事情がない限り，メモ行為を一般的に禁止することは許されないとの判断を下した。そこでは，よど号ハイジャック記事抹消事件の判断を引用し，より直接的に，憲法21条1項の表現の自由の保障から「各人が自由にさまざまな意見，知識，情報に接し，これを摂取する機会をもつこと」の重要性を確認し，「情報等に接し，これを摂取する自由」を憲法21条1項の「趣旨，目的から，いわばその派生原理として当然に導かれる」との判断を提示する。そのうえで，その補強材料として，前述の自由権規約19条2項にふれ，その国際人権法の内容も日本国憲法による保障と「同様の趣旨にほかならない」ことが確認される。

　以上の情報受領の自由・権利が表現の自由の派生原理になるとの判断に続き，「筆記行為は，一般的には人の生活活動の一つであり，生活のさまざまな場面において行われ，極めて広い範囲に及んでいる」ことを理由に，「そのすべてが憲法の保障する自由に関係するものということはできない」として，情報受領の自由と筆記行為の自由を区別する見解を示す。そのうえで，最高裁判所は，情報受領の補助的手段として用いられる限りで，「筆記行為の自由は，憲法21条1項の規定の精神に照らして尊重されるべきである」との一般的見解を提示した。ただ，裁判公開の原則から一般傍聴人も法廷における裁判を見聞することができる以上，「傍聴人が法廷においてメモを取ることは，その見聞する裁判を認識，記憶するためになされるものである限り，尊重に値し，故なく妨げられてはならない」ことは確認されるものの，「筆記行為の自由は，憲法21条1項の規定によって直接保障されている表現の自由そのものとは異なる」ために，法廷の秩序や静穏を害したり，公正かつ円滑な訴訟の運営に支障を来したりするような場合には，メモを取る行為も「制限又は禁止されるべきことは当然」であり，裁判長の裁量によって筆記行為も制約できることが容認されている。

第3節　民主制社会における「知る権利」

> メディアに依存する
> 情報受領の権利・自由

　一般市民が日常生活を送るうえで必要とされる情報は、好むと好まざるとにかかわらず、情報を発信するメディアの存在に依存することになる。もちろんフェイスブックやYouTube等のソーシャルメディアを通じて一般市民による情報発信も重要性を増してはいるが、特に20世紀以降、社会的コミュニケーションの中核をマス・メディアが占めるような状況下で情報化社会が進展したことを考慮に入れれば、現在でも一般市民の情報受領において、テレビ・ラジオ、さらには新聞等の報道機関からの情報発信の重要性は否定できない。そのために、たとえば、前記の法廷メモ訴訟においても、一般市民である傍聴人のメモ行為と報道機関の記者によるそれとを区別して、後者に有利となるような裁判長の許可処分に関連し、最高裁判所は、「裁判の報道の重要性」や「報道の公共性」を理由に、司法記者クラブ所属の記者に対してのみ法廷でのメモ行為を許可していたことが不合理な措置とはいえない（要するに、一般傍聴人と新聞記者の区別には合理性がある）としていた。ここに、市民生活におけるマス・メディアの存在の重要性が最高裁判所によって承認されたということができる。

　この報道機関としてのマス・メディアの活動の自由は、ドイツ基本法5条1項のように直接「報道の自由」の保障規定を持たない日本国憲法の下でどのように考えればよいのかが問題とされる。たとえば、第二次世界大戦における報道が軍部の大本営発表（大日本帝国陸軍・海軍が常に勝利していたかのような必ずしも真実とはいえない情報）のみに依存して、自由な報道活動ができなかった経験への反省から、日本国憲法の下では「報道の自由」の保障は特に重要といえ、裏側でマス・メディアの報道によって情報受領の権利・自由が充足される市民にとっても、その活動の自由の保障は、日常の市民生活に大きく影響を及ぼすことから、必須のことになっているように思われる。

> 民主制と結びつく
> 報道の自由

　一般的な日常の市民生活にとって必要となる基本的情報の入手をマス・メディアの報道に大きく依存する状況下で、最高裁判所が「報道の自由」をどのように理解しているのかを知ることは

重要なことになる。この点に関しては，比較的早い時期に，最高裁判所は「報道の自由」の憲法上の意義を確認し，その保障についての判断を下していた。

最高裁判所は，デモ隊と機動隊の衝突を撮影したテレビフィルムの提出を裁判所が求めた事件（博多駅テレビフィルム提出命令事件：最大決1969（昭和44）年11月26日刑集23巻11号1490頁）において，マス・メディアの取材活動の結果として収集されたニュース・フィルムの裁判所による提出命令が取材活動の自由に対する侵害になり，ひいては報道の自由を脅かす結果につながるとしたマス・メディア側の主張に対して以下のような判断を下した。すなわち，「報道機関の報道は，民主主義社会において，国民が国政に関与するにつき，重要な判断の資料を提供し，国民の『知る権利』に奉仕するもの」であり，「事実の報道の自由は，表現の自由を規定した憲法21条の保障のもとにあることはいうまでもな」く，また，「報道機関の報道が正しい内容をもつためには，報道の自由とともに，報道のための取材の自由も，憲法21条の精神に照らし，十分尊重に値いするものといわなければならない」とされたのである。ただ，結論的には，報道機関の不利益が必要な限度を超えないよう配慮されなければならないが，公正な刑事裁判の実現のために重要な証拠としての価値を持つテレビフィルムの提出命令も，将来の取材の自由に対する危険があるだけで，報道の自由に対する侵害が認められるわけではないとの判断が下されている。

実は，この最高裁判所の判断は，情報発信としての「報道の自由」を憲法21条の保障の下に置き，報道のための情報収集活動としての「取材の自由」は表現の自由の趣旨から「十分尊重に値いする」（一般傍聴人の筆記行為の自由が「尊重されるべき」とした表現の違いに注意が必要）として区別するものになっている。そのうえで，「報道の自由」は民主制の下での主権者国民の国政への関与に奉仕するとして，それが国民の「知る権利」と結びつくものとして憲法21条の保障の下に置くとの判断が導かれている。

国民の「知る権利」と情報公開請求権　最高裁判所は，民主制の下での国民主権原理の下で，主権者国民が国政に関与するためには重要な判断資料の入手が必要であることを「報道の自由」との関係で承認している。その前提には，国民に「知る権利」があることも認めている。その点で，国民は，国政に関連して，国会については会議公開の原則（憲法57条1項）により，また裁判

については前述のとおりその公開原則により，その活動に関する情報を入手することができる。しかし，行政機関の活動に関しては，内閣の閣議の内容や行政機関の決定に至る過程について特に公開原則が規定されているわけではない。行政の活動に関しては，「両議院は，各々国政に関する調査を行ひ，これに関して，証人の出頭及び証言並びに記録の提出を要求することができる」（憲法62条）として，国会両議院の国政調査権の行使を通じて間接的に知ることができるに過ぎない。しかし，それでほんとうに国政の中枢に位置し，市民生活に重要な役割を果たす行政機関の国民に対する説明責任が全うされるのかという点で疑問が残ることになる。

そこで，民主制社会において国民が有効に国政に関与するために，国民の「知る権利」は政府に対して情報の公開を求める権利として構成され，表現の自由の自己統治の側面を考慮して政府に対する情報公開請求権が導き出されることになる。ただ，この情報公開請求権は，表現する自由や表現を受領する自由とは異なり，政府に対して情報の開示を求める権利として国の側の一定の作為を必要とすることになるために，どのような手続で公開を求めるのか，また請求があった場合にどのような情報をどのような基準で公開するのかについてなど，法律による具体的な定めが必要とされ，その意味では抽象的な権利にとどまるとされている（国の作為を必要とするという点で生存権をはじめとする社会権と同じ性格のものと考えられている⇒Chapter 14）。そのために，国民の「知る権利」が憲法21条1項で保障されているとしても，その1つである情報公開請求権を行使するための内容は，法律によって具体的に定めることが必要となる。

情報公開請求権の具体化としての情報公開制度　国民の「知る権利」としての情報公開請求権は，まず住民自治の原則から，20世紀後半に多くの地方公共団体で情報公開条例という形で具体化された。国レベルでは，国会の両議院の国政調査権が存在しているために地方公共団体に遅れたが，1999（平成11）年，それを具体化するための法律として「行政機関の保有する情報の公開に関する法律（情報公開法）」が制定され，2001（平成13）年4月1日より施行された。その法律により，何人も「行政機関の長……に対し，当該行政機関の保有する行政文書の開示を請求することができる」（同法3条）として開示請求権が認められ，「行政機関の長は，開示請求があったときは，……開示請求者に対し，当該行

政文書を開示しなければならない」（同法5条）として原則開示の規定が設けられた。ただ、「不開示情報」（同法5条各号）も規定され、それが記録されている文書については不開示とされるが、「不開示情報が記録されている部分を容易に区分して除くことができるとき」には「当該部分を除いた部分につき開示しなければならない」（同法6条1項）として、やはり可能な限り原則開示の原則を貫こうとしている。もちろんそれでも不開示あるいは開示情報が黒塗りになる場合があり、それに不服がある者は、審査請求をすることができる（同法第3章18条以下）。

　ただ、ほんとうに国民の「知る権利」としての情報公開請求権がこの法律により具体化されているのかという点では疑問も残る。というのも、情報公開法1条の目的規定では、「国民主権の理念にのっとり、行政文書の開示を請求する権利につき定めること等により、行政機関の保有する情報の一層の公開を図り、もって政府の有するその諸活動を国民に説明する責務が全うされるようにするとともに、国民の的確な理解と批判の下にある公正で民主的な行政の推進に資することを目的とする」とあるが、そこには「知る権利」という文言が明記されておらず、国民主権原理から政府に説明責任があることが示されているに過ぎないからである。これは、最高裁判所が情報公開請求権を「知る権利」の一種と直接には認めた判例が存在しないこと、また、情報受領の権利・自由の一種として「知る権利」が位置づけられるとしても、その概念が多義的であり、ドイツ基本法5条1項のように「知る権利」の保障が日本国憲法の明文上存在しないことが理由とされている。しかし、少なくとも最高裁判所は民主制社会における国民の「知る権利」の存在は認めており、その意味で「知る権利」の具体化としての情報公開法の位置づけを明確にすることも重要ではないかと思われる。

第4節　おわりに

　以上見てきたことから、情報発信としての表現する自由の裏側には情報受領の権利・自由が存在することは確認できる。最高裁判所も、憲法上の権利・自由としての一般的な情報受領の権利・自由の存在は承認している。したがっ

て，本や新聞等の出版物を読むこと，インターネットで必要と思われる情報を検索，受領すること，国会や裁判，行政機関という国政に関連する情報に接し，そこから必要な情報を入手することは，憲法上の権利・自由として保障されているということができる。その意味で，不必要な情報受領に対する妨害は憲法上の権利・自由の侵害行為として許されないという点は確認できるであろう。

　この情報受領の権利・自由に関連する問題は，表現する自由に対する規制の裏側としても発生するという点にある。つまり，公開されている情報に接することが規制されている場合はいうまでもなく，特に，一定の表現が社会的に害悪のある内容になるとして規制される場合（表現の内容規制⇒Chapter 08）にも，内容を問わず，表現媒体（たとえばビラやチラシ，インターネット）の利用が規制される場合（表現手段の規制⇒Chapter 09）にも，情報受領は妨害されているということである。この点，表現する自由の保障の根拠となる自己実現や自己統治という機能は，同時に情報受領の権利・自由の保障の根拠にもなるということを確認することは非常に重要になる。

　さらに，国民主権原理の下での民主制社会における情報受領の権利・自由の重要性も同時に認識しておく必要がある。国政に対する批判は，国民の「知る権利」が十全に保障されてこそ可能になる。行政文書の改ざんや隠ぺい，あるいはその作成を行わないということが，政府が求められる説明責任をいかに果たしていないか，それと同時に，憲法上の権利であるはずの国民の「知る権利」をいかに侵害するかを知っておくことが，まさに民主主義の根幹にかかわる問題であることをここでは最後に指摘しておく。

参考文献

市川正人「特殊な法律関係と憲法上の権利―未決拘禁者が定期購読する新聞の記事抹消処分と未決拘禁者の閲読の自由」樋口陽一・野中俊彦編『憲法の基本判例〔第2版〕』（有斐閣，1996）19頁

市川正人「法廷でメモをとる自由」堀部政男・長谷部恭男編『メディア判例百選』（有斐閣，2005）10頁

土井真一「未決拘禁者の新聞閲読の制限」堀部政男・長谷部恭男編『メディア判例百選』（有斐閣，2005）170頁

田島泰彦「知る権利と情報公開制度」大石眞・石川健治編『憲法の争点』(有斐閣、2008)
　　132頁

【春名麻季】

Chapter 11

学問の自由と教育を受ける権利
—— 勉強するのは自由それとも権利?

第1節　はじめに

　人が「学ぶ」ことは，その人自身の人格・知識を高めるものでもあり，それが社会に還元されれば社会全体にとっても有益なものとなる。そのため，憲法では「学ぶ」ことに関して，次の2つが保障されている。

　第1に，自由に学び，自由に発表することが，国家によって妨げられてはならないということである（学問の自由）。歴史的にも優れた学問・研究は社会全体の利益を向上させてきたが，その一方で，それが権力者にとって都合の悪いものである場合には弾圧の対象とされてきた。たとえば，地球が動いていることを発見したガリレオは，教会の教えに反するとして学説を取り消すことを強いられた。そのような経験をふまえれば，特に研究者が国家から干渉されない自由は「学問の自由」として保障される必要がある。

　第2に，子どもや若者にとっては，学ぶ機会が国家によって保障されなければならないことである（教育を受ける権利）。近代以前の社会では，貴族の子どもは貴族の教養を教えられ，商人の子どもは「読み書き・そろばん」を教えられ，家計に余裕のない貧しい子どもたちは満足な教育を受けられなかった。これに対して，近代以降の社会においては，すべての子どもの「機会の平等」を確保するために「教育を受ける権利」が保障されるべきであり，教育は国・社会が責任を持つべき事柄であるという考え方が生まれたのである。

第2節　学問の自由

　学問の自由の保障　憲法23条の保障する「学問の自由」は，国家が研究者の学問・研究に抑圧・干渉を行うことを禁止するものであり，精神的自由権に含まれるものである。

　そこで，なぜ，「学問の自由」が保障されているのかが問題となる。そもそも，頭の中でモノを考える自由は「思想・良心の自由」（憲法19条）に含まれ，考えたことを発表する自由は「表現の自由」（憲法21条）に含まれる。これに対して，単なる「思想・良心の自由」や「表現の自由」を超えて，「学問の自由」

が保障されているのは，権力者に都合の悪い学問・研究が弾圧されてきた歴史的経験によるものである。たとえば，戦前の代表的な憲法学者であった美濃部達吉は，明治憲法の下でも国家主権は天皇個人に属するのではなく国家全体に属するという「天皇機関説」の立場に立っていたが，その後に「天皇機関説」は「国体」（天皇を中心とする国家体制）に反するとされ，美濃部の著作は発行を禁止され，美濃部自身も公職から追われるに至った（天皇機関説事件）。そして，この事件は自由な思想・表現を許さない全体主義的な国家・社会体制の確立を決定づけるものとなったのである。その意味で，国家（権力者）が研究者による学問・研究に対して介入することは自由主義・民主主義の基礎を壊すものであることが歴史の教訓であると考えられている。

> 学問の自由の内容

「学問の自由」の内容には3つがあると考えられている。第1に，「学問研究の自由」である。これは国が研究者の行う学問・研究に対して干渉することを禁止するものである。この点，研究者が自分の研究室で研究を行うこと自体は誰かの権利を侵害するものではないため，いかなる規制も及ばないという考え方もありうる。しかし，先端科学研究などは規制が必要な場合もあるという考えもあり，近年では生命倫理との関係で研究を規制する法律も制定されている（「ヒトに関するクローン技術等の規制に関する法律」等）。

第2に，「研究発表の自由」である。せっかく学問・研究の成果として知見を得た場合でも，それを社会に対して発信する機会がなければ研究の意義は失われる。そこで，研究者には研究成果を発表する自由が認められている。研究成果の発表は——研究室での研究とは異なり——外部に影響を与えるものであるため，たとえば，人の名誉やプライバシーを侵害する場合には制約がなされる可能性がある。それでも，特に「学問の自由」が保障されている趣旨からすれば，研究者の研究成果の発表を制約することは特に慎重であるべきである。

「研究発表の自由」が問題になった事例として，後述する第一次家永教科書訴訟（最判1993（平成5）年3月16日民集47巻5号3483頁）では，文部大臣（現・文部科学大臣）が研究者の執筆した教科書を検定することが「研究発表の自由」の侵害ではないかが問題となった。これに対して，最高裁は，教科書は「教材」であり研究成果の発表手段ではないとして，教科書検定は憲法23条に反し

ないと判断している。

　第 3 に,「教授の自由」である。大学の教員には,学問研究の方法・成果を学生などに教授する自由があるとされる。そこで問題になるのは,小・中・高等学校の教員に「教授の自由」が保障されるか否かである。この点,最高裁は,後述する旭川学力テスト事件（最大判1976（昭和51）年 5 月21日刑集30巻 5 号615頁）において,小・中・高等学校の教員にも「一定の範囲」での「教授の自由」が保障されるが,「完全な教授の自由」は認められないと述べている。その理由として,最高裁は,小・中・高等学校の児童・生徒は批判能力が乏しく教師の影響力が強いので,教師に完全な自由を認めることには問題があるのだと説明している。実際に,小・中・高等学校における教員は,国の検定した教科書を使用し,学習指導要領というガイドラインに沿って授業をすることが義務づけられている。しかし,教師に自由がなく画一的で「教科書どおり」の教育しかしないような学校は魅力のある学校にはならないように思われる。

第3節　大学の自治

　　大学の自治の保障　　伝統的に学問・研究の拠点が大学であったことから,「学問の自由」のために「大学の自治」が保障されると考えられている。

　「大学の自治」とは,大学における研究・教育の自由を十分に保障するために,大学内部の問題に関しては大学の自主的な決定に任せ,国家からの干渉を防ぐことを目的とするものである。国公立大学の場合には,国・公共団体に対して研究者集団（教授会）の自治を保障するものであると考えられる。また,私立大学の場合には,国家権力に対して私人である設置者（理事会）の自治を保障するという側面と,国家権力および設置者に対して研究者集団（教授会）の自治を保障するという側面の両方の性質を帯びるものとなる。

　　大学の自治の内容　　「大学の自治」の内容として,第 1 に,「人事の自治」がある。これは,教員人事に関しては,大学内部の決定に委ねなければならないということである。たとえば,文部科学大臣が国公立大学の教授を自由に任命できるとすれば,時の政権に都合のよいことをいう研究

者だけがポストを得ることになる。その意味で，教員人事に関する研究機関の自律性を確保することは「学問の自由」の不可欠な要素である。

　第2に，「施設管理及び学生管理の自治」がある。国が恣意的に施設管理を行うことができる体制では研究・教育の基盤が掘り崩される危険性があるため，施設管理に関する研究機関の自律性も確保される必要があるのである。

　「大学の自治」に関して争われた事例として，東大ポポロ事件（最大判1963（昭和38）年5月22日刑集17巻4号370頁）がある。本件は，東京大学の学生が，政治的問題を題材とした演劇を上演していたところ，私服警察官が潜入していることを発見して暴行を行ったことに関する刑事裁判の中で，警察官が大学構内に潜入捜査したこと自体が憲法23条に違反しないかが問題とされたものである。これに対して，最高裁は，①「大学の自治」は，直接には教授等の研究者の自治であって，学生は自治の主体とはいえない，②「大学の自治」は，学問的活動を保障するものであり，「実社会の政治的社会的活動」を保障するものではない，として，警察官の立入は憲法23条に反しないと判断している。しかし，そもそも，学生の活動が大学の許可を得て行われた活動であったのに対して，大学の許可を得ないまま警察官が大学内で長期間の捜査活動を行ったことを問題視する見解があるとともに，学問的活動と実社会の政治的社会的活動を区別して考えることに対しても疑問が示されている。

　<u>大学の自治の現状</u>　2000年代以降，「大学の自治」をめぐる状況は劇的に変化している。たとえば，2003（平成15）年に制定された国立大学法人法では，国立大学が独立行政法人とされるとともに，従来は大学内部で行われてきた学長人事に関して，学外者を加えた学長選考会議で選考されることとなった。2014（平成26）年には学校教育法が改正され，学長の権限が強化され，従来は「大学の自治」の主体とされてきた教授会の権限が弱められた。このように，研究者集団の自治によって行われてきた学問・研究活動に対して政治権力・経済権力が介入することが可能な状況が生まれていることが憲法23条に反しないかが深刻に検討されるべき問題となっている。

第4節　教育を受ける権利

現代社会における教育　憲法26条1項は「教育を受ける権利」を保障している。冒頭で述べたように、近代以前の社会では、裕福な家庭の子どもは十分な教育を受け、貧しい家庭の子どもは教育を受けられなかった。これに対して、現代憲法における「教育を受ける権利」は、どのような家庭に生まれた子どもでも国に対して教育サービスを要求する権利があることを保障するものである。その意味で、「教育を受ける権利」は、経済的・社会的弱者のための生存権保障に近い性格のものであると理解されてきた。しかし、近年では、「教育を受ける権利」を経済的な側面だけでとらえるのではなく、子どもの人格的な成長・発達を支える「子どもの学習権」（発達成長権）を保障したものだと理解されるようになってきている。

教育の私事性と公共性　そこで問題になるのは、国家が教育サービスを提供することの意義に関する次の2つの考え方である。

第1に、教育は本質的に親・子ども自身の「私的な事柄」であると考えたうえで（教育の私事性）、教育とは国が親・子どものために教育サービスを提供するものであり、教育内容は本来的には親・子どもによって決定されるべきであるという理解がある。しかし、その結果として親の価値観だけで教育内容が決定されることになるとすれば、それは子ども自身の利益に合致しないという批判がある。

これに対して、第2に、教育は社会全体に影響を与える「公的な事柄」であると考えたうえで（教育の公共性）、教育とは国・社会が社会全体の利益を代表して教育サービスを提供するものであり、教育内容は国・社会によって決定されるべきだという理解がある。しかし、国・社会による教育は結局国・社会にとって都合のよい人間を再生産しようとするものであり、子ども自身の自由な人格の発展とは合致しないという批判がある。

さらに、教育の公共性を重視する場合でも、教育内容を決定する権限のあり方に関して、2つの方向性がありうる。第1に、教育内容の決定は、国家単位で行われるべきであるという方向性である（集権的教育モデル）。このような方

向性は全国的に平等な内容の教育を保障するものであるが，国家権力を握っている権力者に都合のよい教育が行われてしまう危険性は否定できない。第2に，教育内容の決定は，地方公共団体・学校・教師の自主性に任されるべきであるという方向性である（分権的教育モデル）。このような方向性は，集権的教育による危険性を軽減させるものであるが，その一方で，地域・学校・教師によって教育内容の差異が生じることを問題視する見解もあり得る。

> 国家教育権説と国民教育権説

　教育の本質をめぐる上記のような議論は，日本の憲法学説では「国家教育権説」と「国民教育権説」の対立として争われてきた。

　国家教育権説とは，子どもの教育について責任を負うのは国であって，国が教育内容について関与・決定する権限を有するという考え方である。このような立場は，「教育の公共性」を重視したうえで，集権的教育モデルを採用する見解であるといえる。

　これに対して，国民教育権説とは，子どもの教育について責任を負うのは親および教師を中心とする国民全体であって，国は教育の条件整備の任務を負うにとどまるとする考え方である。こちらの考え方は若干複雑である。なぜならば，国民全体といっても，親の立場と教師の立場は異なり，親・子どもから見れば教師は「権力」にほかならないからである。その意味で，「国民教育権説」が，親の立場を強調するものであるとすれば「教育の私事性」を強調する見解となり，教師の立場を強調するものであるとすれば「教育の公共性」を重視しながら分権的教育モデルを採用する見解であるといえる。

> 子どもの学習権

　これに対して，最高裁は，旭川学力テスト事件判決（最大判1976（昭和51）年5月21日刑集30巻5号615頁）の中で，国家教育権説と国民教育権説という2つの見解は「いずれも極端かつ一方的」であるとして，バッサリと斬り捨てた。そもそも，憲法26条1項は，「教育をする権利」を保障するものではなく，「子どもの学習権」を保障するものであり，それに対する「責務」を国・教師・親が負っていると論じたのである。

　そのうえで，最高裁は，教師・親・国の教育内容決定権限に関して，以下のように論じた。第1に，教師には「一定の範囲における教授の自由」があるが「完全な教授の自由」は認められないとした（先述）。第2に，親には「子女の

教育の自由」があるが，それは「学校外における教育」や「学校選択の自由」に限定されるとした。第3に，国は国民全体の意思を決定・実現すべき存在であるため，「必要かつ相当」な範囲で教育内容を決定する権限があると論じた。

上記のように，最高裁は「教育の公共性」を重視したうえで（そのため親の「教育の自由」は「学校外」に限られるとしている），教師の自由を制限し，国の教育内容決定権を肯定している。しかし，その一方で，最高裁は，教育に関する国家的介入は「抑制的」でなければならず，「一方的な観念」を子どもに植えつけることは憲法26条から許されないとも述べている。その意味で，教育内容の決定は国・教師・親の「協働」によって行われる必要があり，できるだけ多様な考え方が子どもに伝わるように設計される必要があるといえる。

教科書制度 　学校教育法上小・中・高等学校では，文部科学大臣の検定した教科書を使用しなければならないとされている。実際には，民間の教科書会社が研究者・教師に教科書を執筆してもらい，文部科学大臣の検定を受けたうえで，教育委員会や学校から教科書としての採択を受ける仕組みが採用されている。このような制度は，国が教科書検定を通じて教育内容を統制しようとするものであるため，その是非が議論されてきた。

特に，憲法との関係では，教科書検定が，「教育を受ける権利」を保障する憲法26条に反しないか，検閲を禁止する憲法21条2項に反しないか，研究発表の自由を保障する憲法23条に反しないか，が問題とされてきた。

この点，第一次家永教科書訴訟（最判1993（平成5）年3月16日民集47巻5号3483頁）では，歴史学者の家永三郎の執筆した日本史の教科書に対して，文部大臣が修正意見を付けた——書き直しをしないと合格させないとした——ことが問題となった。ここで，最高裁は，①教科書検定は，教科書が正確・中立・公正で全国的に一定水準であることを保障するための制度であるため，憲法26条に違反しない，②教科書としての不合格となっても一般図書としての発表を妨げるものではないため，憲法21条2項の禁止する「検閲」には該当しない，③教科書は「教材」であって「学術研究の結果の発表を目的とするものではない」ために，憲法23条に反しない（先述），などと判断して，教科書検定制度は憲法違反ではないとした。

しかし，国による検定が常に「中立・公正」である保障はなく，むしろ，国

に都合のよい記述が歓迎され都合の悪い記述が制限されるというバイアスがかかることが予想される。その意味で，仮に教科書検定制度が憲法に違反しないとしても，実際に行われた検定内容が違憲・違法となる場合もあると考えるべきであろう。たとえば，第三次家永教科書検定訴訟（最判1997（平成9）年8月29日民集51巻7号2921頁）において，文部科学大臣が「731部隊」（旧日本軍の部隊であり生物兵器開発のために中国人などに人体実験を行った）に関する記述を削除すべきであるという検定意見を付したことに関して，最高裁は，検定当時の歴史学においても「731部隊」の存在は定説化していたことを指摘して，削除を求める検定意見は違法であると判断している。

学習指導要領 学校教育法では文部科学大臣が「教育課程に関する事項」を定めるとされており，それに基づく文部科学大臣の告示として「学習指導要領」が定められている。学習指導要領とは，小・中・高等学校の教育課程における教科および特別活動に関して，学年毎に目標・内容・時間配当を定めるものである。

学習指導要領は国が教育内容を統制しようとするものであるため，その法的効力に関しては議論がなされてきた。具体的には，①学習指導要領には法的効力はないとする見解（効力否定説），②学習指導要領は大綱的な基準を示すものに過ぎないとする見解（大綱的基準説），③学習指導要領では入学・卒業資格，教科目名，授業時間数等の学校制度に関する基準のみが規定できるとする見解（学校制度的基準説），④教育内容に関する基準も含めて法的効力を有するとする見解（効力肯定説），などが対立してきた。

これに対して，最高裁は，学習指導要領に違反したことを理由とする教師に対する懲戒処分の合法性が争われた事例に関して，学習指導要領には法的拘束力があることを認めている（伝習館高校事件：最判1990（平成2）年1月18日民集44巻1号1頁）。しかし，子どもに対する教育内容が学習指導要領で一律に決められてしまうことは，国に都合のよい教育が子どもに教え込まれることになりかねないものであるため，学習指導要領による規律を厳格にとらえることには疑問がある。

第5節　義務教育

教育を受けさせる義務　憲法26条2項は，親などの保護者には，子どもに「普通教育を受けさせる義務」があることを規定している。

そこで問題になるのは「普通教育」の内容である。一般的に保護者には子どもを学校教育法上の小学校・中学校に通わせる義務があると考えられており，現在の学校教育法もそれを前提としている（就学義務説）。このような考え方は，「教育の公共性」を重視する立場から正当化されるものであるが，その一方で，学力的な問題や思想・信条の問題から教科書および学習指導要領に準拠した教育を望まない親や子どもに対して——あるいは，いじめなどの問題で学校に行けない子どもに対しても——学校教育を受けることを強制するものでもあることを疑問視する見解もあり得る。

そのため，親や子ども自身が選択する「教育」を受けさせれば「普通教育を受けさせる義務」を果たしたことになるという考え方もある（教育義務説）。このような考え方は，「教育の私事性」を重視する立場からは正当化されるものであり，普通の学校には馴染めない子どもがフリースクール（学校教育法上の規制が及ばない民間の学校）に通うことも認められることになる。ただし，このような立場に対しては，子どもが適切な教育を受ける機会が十分に保障されないのではないかという疑問もあり得る。

義務教育の無償　また，憲法26条2項では「義務教育」は「無償」とされなければならないと規定されている。義務教育の無償はすべての子どもが家庭の経済状況に左右されずに教育機会を得るために必要なものである。

ただし，憲法26条2項によって無償とされる範囲に関しては争いがある。第1に，教育の対価である授業料の無償のみが保障されると解する立場がある（授業料無償説）。これに対して，第2に，教科書費・教材費も含めて就学費用が無償でなければならないと解する立場がある（就学費用無償説）。

この点，教科書代金負担請求訴訟（最大判1964（昭和39）年2月26日民集18巻2号343頁）では，教科書が無償とされていなかったことが憲法26条2項に反しな

いかが争われたが，最高裁は，授業料無償説の立場に立って，教科書費を有償とすることは憲法違反でないと判断した。なお，現在では私立学校を含めて義務教育段階では教科書は無償給付となっている。

第6節　おわりに

2000年代以降，「学問の自由」に関しても，「教育を受ける権利」に関しても，従来とは異なる状況が生じつつある。

第1に，「学問の自由」に関して，大学において教授会の権限よりも学長の権限が重視されるとともに，有用と見なされる研究に人員と予算が優先的に配分される傾向が顕著になってきている。もちろん，研究機関には多額の税金が配分されている以上は，研究に対する評価がなされること自体は不適切なものとはいえない。しかし，それでも，研究に対する評価が政治的経済的権力によって行われることになれば「学問の自由」は根本的に脅かされるのであり，「大学の自治」を根拠として研究者集団による自律的な評価が行われることは必要不可欠である。

第2に，「教育を受ける権利」に関しては，教育基本法の改正や道徳教育の教科化などに代表されるように，時の政権の考え方が教科書や学習指導要領に反映されやすくなる傾向が見られる。「教育の公共性」を重視する立場に立つとしても，子どもの教育が政治に左右されることは民主主義の基盤を壊すことになりかねないものであり，教育に対する「国家的介入」は「抑制的」であるべきであるという旭川学力テスト最高裁判決の趣旨が再確認されるべきであろう。

📖 参考文献

長谷部恭男「私事としての教育と教育の公共性」同『憲法の理性』（東京大学出版会，2006）139頁
山元一「大学の自治」小山剛・駒村圭吾編『論点探究憲法〔第2版〕』（弘文堂，2013）198頁
赤川理「学問の自由・教育を受ける権利」宍戸常寿・林知更編『総点検日本国憲法の70年』（岩波書店，2018）147頁

【植木　淳】

Chapter 12

職業選択・居住移転の自由
―― 「なりたい自分」になれますか？

第1節　はじめに

　人間にとって職業を通じた経済活動は，生活の糧を得ることを目的とするものであるとともに，自らの人格を高める精神的な価値を持つものでもあり得る。たとえば，農業をすることは，米や野菜を収穫して収入を得ることだけではなく，大地に根を下ろして働くことによる喜びと満足感を得るための活動であるかもしれない。その意味で，人間にとって，職業活動をして，「プロフェッショナル」としての「仕事の流儀」を極めることは，お金だけではない価値があるものであり，その人の「人格」に関する価値に結びつくものといえる場合がある。

　しかし，ある人の職業活動が他人の権利を害するような場合には，法律による規制の対象にされることがあり得る。たとえば，世の中には「振り込め詐欺」の「プロフェッショナル」として「仕事の流儀」を極めている人もいるかもしれないが，その技法が「達人」の域に達しているとしても，そのような行為には報酬や称賛でなく，制裁と非難が与えられるべきである。

　それでは，現代社会において「職業選択の自由」は，どのように保障され，どのような場合に制約されるべきなのであろうか。

第2節　職業選択の自由

> 経済的自由の歴史的意義

　近代以前の社会では，国王や領主（日本でいえば幕府や大名）によって経済活動が規制されるとともに，家柄や身分によって職業が決定されていた。たとえば，日本の江戸時代には，多くの場合には，武士の子どもは武士になることを強いられ，農民の子どもは農民となることを強いられていた。

　これに対して，近代社会では，経済活動の自由が認められるとともに，個人が「身分」ではなく「意思」によって職業を選択することが許されるようになった。その一方で，近代社会においては，近代市民革命の中心がブルジョワジー（有産階級）であったという歴史的な事情の下で，経済活動の自由が過度

に強調され，労働者や消費者の利益が犠牲にされる傾向にあった。

　そのことの弊害が強く意識された結果として，20世紀以降の現代社会においては，一方では経済活動の自由を尊重しながらも，他方では労働者や消費者の保護や経済の調和的発展のために経済活動を規制することが認められるようになった。

> 職業選択の自由

上記のような歴史的背景を前提に，憲法22条1項は「職業選択の自由」を保障している。現代でも経済活動は個人の人格にとって重要な位置を占める場合もあるため，正当な理由なく制約されてはならない。そのため，国が個人に特定の職業を強制することはできないし（憲法18条の「苦役の禁止」にも反する），正当な理由がない限り，個人の職業選択を妨げることは許されないと考えられる。

　ただし，「職業」といっても，国や会社に雇われて給料を得る活動としての「職業」の場合と，自分自身で事業を行う「職業」の場合とを分けて考える必要がある。この点，誰かに雇われて働く場合でも，国から職業を強制・制限されないという「職業選択の自由」が保障されるが，現実には雇う側（使用者）と雇われる側（労働者）の関係性が重要になるため，憲法では「勤労の権利」（憲法27条）および「労働基本権」（憲法28条）の問題になることのほうが多い（⇒ Chapter 15）。その一方で，自分が事業活動を行う場合には，文字どおりの「職業選択の自由」とともに，次に検討する「営業の自由」の問題になる。

> 営業の自由

「職業選択の自由」は，自己の職業を「選択する自由」であるが，そこには自己の選択した職業を「遂行する自由」（営業の自由）が含まれると解されている。その意味で，個人に保障される「職業選択の自由」は，企業の「営業の自由」を含むものとなる。たとえば，「運送業者になる自由」は，最初は1人でトラックを借りて荷物を運んで運賃を得る自由から始まるが，最終的には多くのトラックを所有して多くのドライバーを雇って運送事業を営む自由にまで拡張され得る。また，このような「営業の自由」は，「職業選択の自由」（憲法22条）からだけではなく「財産権」（憲法29条）からも基礎づけられる。「財産権」は自己の財産を所有・使用・収益する自由であるため（Chapter 13），自分の所有するトラックを営業のために使用する自由も，運送業を行う会社に資金を提供して営業させる自由も「財産

権」の行使に含まれるからである。

<u>営業の自由の制約</u>　上述のように，「営業の自由」は，憲法22条および憲法29条によって保障されるものであるため，正当な理由なく制約されてはならない。

しかし，①企業の経済活動は社会公共に対する直接的影響が大きく，有害な活動が行われた場合の弊害がはかりしれないこと——たとえば，大きな食品会社の商品に欠陥があった場合には，多くの人々の生命・健康に影響を与えることとなる——，また，②現代国家は福祉国家として国民全体の経済生活に責任を負うべきであることからすれば，経済秩序の調和や経済的弱者の保護のための制約も許されるべきこと——たとえば，業種によっては過当競争による共倒れを防ぐために新規参入を抑制することが必要な場合がある——，などからすれば，「営業の自由」に対しては，「表現の自由」などの精神的自由と比べて広範な規制が及び得ると解される。実際に，憲法22条1項で「職業選択の自由」に「公共の福祉」による制約が及ぶことが明記されていることは，経済活動は社会的制約を受けることを前提としたものであると考えられている。

第3節　営業の自由と合憲性審査基準

<u>内在的制約と政策的制約</u>　経済活動に対する規制が合憲か違憲かを判断する前提として，経済活動に対する規制には2つの種類があることが意識されるべきである。

第1に，経済活動が人の生命や人権を害するなど社会公共に対して害悪をもたらす場合に規制されることがあり得る。たとえば，自分の土地にどのような建物を建てるかは自由に決めてよいとしても，周囲の家屋や道路に危険を及ぼすような建物を建てることは規制されうる。このように，「他人の自由を害するな」と要求することは「自由を守るための自由の制約」であって，本来的に「自由」の観念に内在するものであるため「内在的制約」といわれる。

第2に，国民の「健康で文化的な最低限度の生活」を保障するべき現代国家においては，経済的弱者を保護するために企業の経済活動を規制することがあり得る。たとえば，20年ほど前までの日本では中小の小売店舗を保護するため

に，デパートやスーパーなどの大型店舗の出店を規制する政策が行われてきた。ここでは，デパートやスーパーが悪いことをしている（社会公共に対して害悪をもたらしている）わけではないが，中小企業を保護するという国家の政策に対する協力が求められているわけである。このように，権利侵害の防止を目的とするものではなく，国家の経済政策に対する協力を求めるような制約は「政策的制約」といわれる。

|規制目的二分論| そのうえで，従来の憲法学説では，政府による経済活動の規制が違憲か合憲かを判断する基準として，内在的制約と政策的制約の区分を利用する考えが有力であった（規制目的二分論）。

|内在的制約の場合の合憲性審査| 内在的制約（権利侵害の発生防止）は，政府による政策として行われるものというよりは，経済的自由を行使する人と権利侵害を受ける可能性のある人との間の法的権利の調整として行われる制約であるため，裁判所の判断になじみやすい。たとえば，建築物の規制を行うか否かは，建築主と周辺住民等の権利の調整の問題であるが，規制の対象となる建築物が本当に危険なものか否かは，裁判所が客観的・中立的に判断することが可能である。

そのため，経済活動に対する内在的制約に関しては，比較的厳しい審査基準である「厳格な合理性の基準」によって審査されるべきであると論じられてきた。「厳格な合理性の基準」が適用される場合には，①規制目的が一応正当であって，②規制手段が目的達成のために必要最小限である場合に合憲とされる。建築規制の例でいえば，①周辺住民や歩行者の保護という目的自体は正当であると思われるため，②規制手段が周辺住民・歩行者保護の目的のために必要最小限といえるか——過度な規制ではないか——が審査されることとなる。

|政策的制約の場合の合憲性審査| その一方で，政策的制約は，法的権利の調整ではなく，社会経済の調和的発展や経済的弱者の保護などの経済政策のための制約であるため，裁判所が客観的な法的判断を行うことは不可能であって，国会および内閣の政治的判断と最終的には選挙における国民の判断に委ねざるを得ないものである。たとえば，中小の小売店舗を保護するために大規模店舗の出店を規制するか否か——一般的にいえば，自由競争を重視するか，経済的弱者を保護することを重視するか——は，裁判所が客観的・中立的

に判断できる問題ではなく，国民が主人公となる「政治」の世界に委ねざるを得ないのである。

そのため，政策的制約に関しては，緩やかな審査基準である「明白性の原則」によって審査されるべきであると論じられてきた。「明白性の原則」とは当該法律の目的・手段が著しく不合理であることが明白な場合に限って違憲とされる審査基準である。たとえば，大規模店舗の出店規制の例でいえば——政策として望ましいか否かに関しては賛否両論があるとしても——裁判所としては目的・手段が著しく不合理でなければ憲法違反とはしないのである。

第4節　営業の自由規制の合憲性

規制目的二分論の展開　最高裁判例の中には，上記の規制目的二分論に準拠した判断が行われたと説明されてきた判例がある。

薬事法距離制限事件（最大判1975（昭和50）年4月30日民集29巻4号572頁）では，当時の薬事法6条で薬局の距離制限が定められており，既存の薬局の付近に新しく薬局を開設できないことが憲法22条1項に違反しないかが問題となった。この点，薬事法の距離制限の目的は，薬局の乱立による競争の激化によって，薬局の経営が不安定化して，不良医薬品が供給されることを防止するための内在的制約であるとの説明がなされていた。これに対して，最高裁は，①社会公共に対する弊害を防止するための「消極的・警察的措置」（内在的制約）に関しては，許可制よりも緩やかな規制（たとえば，営業の時間・場所・方法などに関する規制）では規制目的を達成できない場合でない限り，許可制のような厳しい規制を採用することは許されないとしたうえで，②過当競争により「不良医薬品の供給の危険」が発生する可能性があるとすることは「合理的な判断とは認めがたい」として，薬事法6条は憲法22条1項に違反すると判断した。この点，特に，①の判断は，内在的制約（消極的・警察的措置）の場合には目的達成のために必要最小限度の規制しかできない旨が述べられていたものと理解されたために，内在的制約に厳格度の高い審査基準が適用された事例だと考えられた。

その一方で，小売市場距離制限事件（最大判1972（昭和47）年11月22日刑集26巻

9号586頁）では，当時の小売商業調整特別措置法が小売市場開設について距離制限を定めていることが憲法22条1項に違反しないかが問題となった。この点，小売市場の距離制限の目的は，中小小売店舗の保護のための政策的制約であると説明された。これに対して，最高裁は，経済的自由の制約に関しては「当該法的規制措置が著しく不合理であることの明白である場合」にだけ違憲になると判断したうえで，小売商業特別措置法は憲法22条1項に違反しないと判断した。このような判断は，政策的制約には緩やかな審査基準が適用された事例だと考えられた。

規制目的二分論の限界 しかし，その後の判例では，上記の規制目的二分論の枠組みに当てはまらない事例が見られるようになった。

たとえば，公衆浴場法では公衆浴場の開設について距離制限が定められていたが，その目的は公衆浴場の乱立による経営悪化によって国民の衛生状態が悪化することを防止する内在的制約だと説明されてきた。しかし，1989年には公衆浴場法の距離制限規定の合憲性に関して2つの最高裁判決が示され，一方は，距離制限は公衆浴場業者の経営困難による廃業を防止するという積極目的（政策的制約）によるものであるとして合憲判断を行い（最判1989（平成1）年1月20日刑集43巻1号1頁），他方は，距離制限は公衆浴場の濫立・経営困難による衛生状態の悪化を防止するという消極目的（内在的制約）と公衆浴場業者の経営困難による廃業を防止するという積極目的（政策的制約）とが「混在」するものであるとして合憲判断を行ったものであった（最判1989（平成1）年3月7日判タ694号84頁）。このような事例を見ると，職業活動に対する規制が内在的制約なのか政策的制約なのかを明確に二分することは困難であるようにも思われた。

次に，酒類販売業免許制事件（最判1992（平成4）年12月15日民集46巻9号2829頁）では，酒税法によって酒類販売業が免許制とされていることが憲法22条1項に違反しないかが問題となった。この点，免許制の目的とされてきたのは，酒税を納める酒類製造業者（ビール会社など）が酒の販売代金の回収を確実に行えるようにするために，経営が不安定な者に酒類販売業者（酒屋）の免許を出さないようにすることが，「酒税の確保」のために必要であるという，相当に遠回りした理由であった。これに対して，最高裁は，税金に関する規制は法律

で定めなければならないという「租税法律主義」(憲法84条) という考え方を持ち出して、「租税の適正かつ確実な賦課徴収」という目的による規制は「著しく不合理なものでない限り……憲法22条1項の規定に違反するものということはできない」として、酒類販売業の免許制は憲法22条1項に違反しないと判断した。本件では「酒税の確保」が規制目的とされており、従来の規制目的二分論との関係は不透明なまま緩やかな審査基準が適用されて合憲判断がなされたのである。

> 規制目的二分論からの逸脱

その後、2000年の司法書士法事件 (最判2000 (平成12) 年2月8日刑集54巻2号1頁) では、司法書士法が、登記手続に関係する業務を司法書士に限定する資格制限を行っていることが憲法22条1項に反しないかが問題とされた。このような規制は、真正でない登記が行われることや申請者の利益が害されることを防止するための内在的制約であるように思われる。しかし、最高裁は、司法書士法による資格制限は登記制度が「国民の権利義務等社会生活上の利益に重大な影響を及ぼすものであること」を考慮したものであることを指摘しつつ、そのような規制は「公共の福祉」のための合理的なものであって、憲法22条1項に違反するものでないときわめて簡単に結論づけた。このような判断は、従来であれば厳格に審査されるべきであると考えられてきた内在的制約に関して、きわめて緩やかな審査によって合憲判断を行ったものであるため、現在では最高裁は規制目的二分論に準じた判断を行っていないとの見方がなされるようになっている。

> 規制目的二分論の是非

現在の最高裁が規制目的二分論から逸脱しているように思われることに関してどのように評価されるべきであろうか。

従来から憲法学説では、規制目的二分論に対して批判的な見解も有力であった。そもそも、すべての経済規制を内在的制約と政策的制約に二分することは不可能であり、公衆浴場法の事例や酒類販売業免許制の事例などのように、分類困難な規制は存在する。それ以上に、経済の調和的発展などの抽象的な目的のための規制は緩やかな審査で許されるのに、国民の生命・身体を保護するための規制は違憲とされる可能性が高くなるというのは一般的な国民の常識に反するようにも思われる。

しかし，現在でも規制目的二分論を支持する学説は，規制目的二分論が政治（国会・内閣）と裁判所の役割分担に関するものであると考えている。そもそも，内在的制約は誰かの権利を守るために誰かの自由を制約するという「権利」対「権利」の調整の問題なので，法律問題を取り扱う裁判所が中立的立場から規制の必要性を判断することが可能である。これに対して，政策的制約の場合には，どの程度まで弱者保護を行うべきか（保護主義的政策を採用するか），逆に，どの程度まで自由競争でいくべきか（自由主義的政策を採用するか）という政策判断にかかわるものであるため，裁判所が法的な立場から判断できる問題ではなく，政治的に決定されるべき——最終的には有権者が選挙で判断すべき——問題であると考えられるのである。

第5節　居住・移転の自由と国籍離脱の権利

居住・移転の自由　憲法22条1項では，「職業選択の自由」と並んで，「居住・移転の自由」が保障されている。両者が同じ条文で保障されているのは，近代以前の社会では，多くの人が生まれによって住む場所と職業が一体のものとして制限されていたことに由来する。たとえば，〇〇藩の侍に生まれれば一生〇〇藩に仕える武士として生活し，△△村の農民として生まれれば一生△△村の農民として生活することを余儀なくされていた。その意味で，近代憲法における「居住・移転の自由」は「職業選択の自由」とともに，経済的自由に属するものと考えられてきたのである。

これに対して，現代社会では，居住地と職業活動が一体的に制限される事例はさほど多いわけではないため，「居住・移転の自由」は精神的自由あるいは身体的自由としての側面が強いと考えられるようになってきている。たとえば，「住みたい街ナンバー1に住む自由」は経済的自由というより精神的自由に属する話であるように思われる。

外国移住・国籍離脱　次に，憲法22条2項は，「外国移住の自由」と「国籍離脱の自由」を保障している。外国に移住して生活して，その国の法律に従って国籍を取得することを，日本国は妨げることはできないのである。ただし，いずれの国の国籍も取得せずに日本の国籍を離脱して「無

国籍になる自由」はないと考えられている。

> 外国旅行の自由

そこで問題になるのは，一時的に外国に行く自由（外国旅行の自由）が憲法上保障されるか否かである。具体的には，外国旅行に行くためには外務大臣から旅券（パスポート）を受けることが必要であるため，旅券発給が拒否された場合に，それが憲法違反であると主張できるかが問題になる。この点，外国旅行の自由は，憲法22条1項の「居住移転の自由」から保障されるという見解もあり，また，憲法22条2項の「外国移住の自由」に含まれるという見解もあった。

この問題が争われたのが，帆足計事件（最大判1958（昭和33）年9月10日民集12巻13号1969頁）であった。本件では，日本がソビエト連邦（現・ロシア）と対立関係にあった時代に，ソビエト連邦での国際会議に出席しようとした野党の参議院議員が外務大臣から旅券発給拒否処分を受けたために出国できなかったことの合憲性が争われた。最高裁は，「外国旅行の自由」は憲法22条2項によって保障されるとしながら，それは「公共の福祉」によって制約されるとして，当時の国際情勢において本件の参議院議員がソビエト連邦の会議に出席することは日本国の利益に反するとして旅券発給拒否処分をしたことは違憲・違法ではないと判断した。

しかし，そこでいう「日本国の利益」が，時の政府にとっての利益なのか，国民全体の利益なのか，は問題であり，ある人の外国旅行が政府にとって都合が悪いというだけの理由で制限されることは憲法22条2項に反するというべきである。最近では，旅券発給をめぐる事例は，ジャーナリストが紛争地域に取材活動に赴くときなどに問題になっており，ジャーナリストが紛争地域で危険な事態に遭遇することが「日本国の利益」に反するなどと論じられることがある。しかし，ジャーナリストの活動がなければ海外の情報は政府の伝える範囲内でしか伝わらなくなる可能性があり，その意味ではジャーナリストの活動が国民全体の利益になる場合もあることも考慮に入れられるべきであろう。

第6節 おわりに

「なりたい自分」について聞かれたときに「心の美しい人になりたい」と答

える人もいるかもしれないが,「弁護士になりたい」などと「職業」について答える人も多いと思う。その意味で,「職業選択の自由」は,個人の人格とも結びつくものであって,正当な理由なく制約すべきではない。

しかし,「心の美しい人になりたい」というのは本人の心がけだけで実現できるものであるが,「弁護士になりたい」というのは裁判制度や弁護士制度があることで初めて実現できるものである。その意味で職業活動は多かれ少なかれ社会的な制度に依存するものであることは否定できないのであり,その結果としての社会的な制約を受けざるを得ないものとなる。

戦後の日本は,建前では自由主義経済体制を採用しながら,現実には経済官庁の下で企業間の協調が重視される「護送船団方式」が採用され,競争制限的な規制が政策的制約として広く受容されてきたと指摘される。しかし,特に2000年代以降は,自由競争を実現するための規制緩和を求める議論が有力になり,競争制限的な規制の廃止が行われるようになっている。

このような状況に関して,従来の経済規制が「営業の自由」の侵害であり違憲であったという立場もあり得るし,逆に,近年の規制緩和が「生存権」などの侵害であるという立場もあり得るが,基本的には経済政策は裁判所ではなく国会・内閣などの政治部門によって決定されるべきである。それでも,「職業選択の自由」が個人の人格価値とも結びつくことを考えれば,正当な目的との関連性がない経済規制は許されないし,特にそれが国民の生命・健康の保護を謳いながら実は特定の業界の利益保護を図るものであるような経済規制に対しては厳格な審査が行われる必要がある。

📖 参考文献

石川健治「営業の自由とその規制」大石眞・石川健治編『憲法の争点』ジュリ増刊(2008)148頁

井上典之「競争制限・国家独占と規制の首尾一貫性―経済活動に対する規制と比例原則」企業と法創造7巻5号(2011)37頁

松本哲治「薬事法距離制限違憲判決―職業選択の自由と距離制限をともなう開設許可制」論究ジュリ17号(2016)48頁

【植木 淳】

Chapter 13

財産権
―― それは「誰のもの」なのか？

第1節　はじめに

　「自分のもの」は「誰にもとられたくない」。たとえば，自分が苦労して育てた野菜を誰かに盗まれたら悲しく理不尽に思うだろう。その人自身が働いて得たものを「その人のもの」であるとすることは，その人の生存に必要なだけではなく，その人の人格を尊重することにもつながるものであるため，憲法上の権利として保障することは「当然」であるように思われるのである。

　ところで，先祖から受け継いだ土地は「自分のもの」だから「誰にもとられたくない」と思っている人もいるかもしれない。しかし，親から何も受け継ぐことができない人から見れば，それを「当然」とは思いがたいかもしれない。たとえば，親の代から広い土地を所有しているが自分では土地を耕したことのない大地主に対して，その人から土地を借りて汗水流して耕している小作人が，高い小作料（土地代）を払い続けること──戦前の日本の農村ではどこでも見られた状況である──が「当然」であるといえるか否かは意見が分かれるだろう。

　本章で見る「財産権」とは，「自分のもの」を「自分で使用し，自分で利益を得て，自分で処分できる権利」であるが，その前提として，土地や建物が「自分のもの」であると誰が決めているのか，が問題になる。そこで考えなければならないのは，財産権は，限りある財貨（土地やモノ）を特定の者が独占するという制度──私有財産制──を前提にした権利であることである。「表現の自由」や「信教の自由」が，すべての人が好きなだけいいたいことをいっていい，あるいは，好きな神様や仏様を信じていい，という「自然的な自由」であるのに対して，「財産権」は「制度を前提とした権利」（制度準拠的権利）なのである。

第2節　財産権の保障

|憲法における財産権の保障|

　近代憲法は，ブルジョワジー（有産階級）の利益を優先して考えるものであったため，財産を使用・収益・処分

158

する自由としての財産権は「神聖不可侵の権利」(フランス人権宣言)であると考えられてきた。しかし，20世紀以降の現代国家においては，「財産権」も社会的拘束を受けることが意識されるようになってきた。

日本国憲法でも，憲法29条1項で「財産権」を保障しながら，同条2項では財産権の内容は「公共の福祉」に適合するように「法律で定める」ことが規定されている。このことも財産権保障に社会的拘束が及ぶことが意識されていることの表れである。

憲法29条1項の意義 そこで，憲法29条1項と2項との関係は相当に難解な問題であることを意識する必要がある。

憲法29条1項では財産権は「侵してはならない」と規定されているが，それは国会の制定する法律によっても「侵してはならない」ということでなければ，憲法上の権利としての意義がないように思われる。たとえば，「表現の自由」や「信教の自由」の保障は，国会の制定する法律によっても侵してはならないということを意味している。

しかし，憲法29条2項では「財産権の内容」は「法律で定める」(国会が決める)と規定されている。それでは，たとえば，国会が「財産権は1000円までしか認めません」という法律を作った場合には，それが「財産権の内容」となるのか，そのように考えれば，憲法29条1項で財産権を保障することの意味はどこにあるのか，が問題になる。

この点，第1に，憲法29条1項は，法律で定められた財産権を保障するのみであるとする考え方もあり得る。しかし，そのように考えた場合には，国会が「財産権は1000円まで」と決めれば，それだけが「財産権の内容」となるということなので，憲法29条1項で財産権保障をしている意味がわからなくなってしまう。

そこで，第2に，憲法29条1項は私有財産制を制度として保障しているとする考え方があり得る(制度的保障)。私有財産制とは土地やモノを国や社会全体に帰属させるのではなく特定の個人に帰属させる制度であり，憲法29条1項は国会に対して私有財産制を基本とする法律を制定することを要求していると考えるのである。実際に，現在の民法は私有財産制を前提として個人の所有権を保障し，刑法では所有権を侵害する行為を犯罪としている。

さらに，第3に，憲法29条1項は私有財産制を制度として保障したうえで，その私有財産制を前提として「個人の財産権」も保障しているとする考え方があり，現在では学説・判例によって支持されている。

　ただし，このように考えた場合でも，財産権は，国会が定める財産制度に基づいて個人の権利が認められる制度準拠的権利であるため，国の行為が財産権侵害であるか否かは，制度が合理的であるか否かによって判断されることとなる。

第3節　財産権の制約

財産権の制約　　近代憲法において財産権は「神聖不可侵」と考えられてきたが，現代国家においては財産権に対する社会的制約の必要性が意識されるようになった。そのため，「営業の自由」と同じように（⇒ Chapter 12），財産権に関しても，①人の生命や人権に対する害悪を防止するための規制と，②経済的弱者も含めた国民の経済的利益の実現のための規制，が許されると考えられている。

　この点，そもそも，財産権が国会の創設する財産制度に準拠した権利に過ぎないことを考えれば，実は「財産権の制約」という概念自体が正確ではないという考え方もあり得る。たとえば，民法で所有権が「保障」され建築基準法で建築物に「制約」が行われている状態は，「最初から建築物に関しては制約付きの財産権しか保障されていない」と理解することもできるからである。

　しかし，最高裁判例では，民法で権利が保障され，他の法律でそれが制約されている，という構図で問題を理解している事例がある（後述）。そのように考えれば，すでに民法を中心とした基本的な法律で「保障」されていると考えられる財産権を，その他の法律で「制約」する場合には，そのような制約が正当な目的によるものであり，そのための制約が目的達成のための手段として必要で合理的なものといえるか否かが検討されるべきことになる。

財産権制約が合憲とされた事例　　それでも，財産権が制度準拠的性格を有することを考えれば，財産権制約が憲法違反とされるのは国会が制度の設計を誤ったと思われるような限定的な場合に限られるように思われる。その

ため，財産権制約に関して争われた多くの事例では，合憲判断がなされている。

たとえば，奈良県ため池条例事件（最大判1963（昭和38）年6月26日刑集17巻5号521頁）では，ため池の堤とうでの農作物の植付けや工作物の設置を禁止する条例が憲法29条1項に反すると主張された。これに対して，最高裁は，条例の目的は，ため池の破損・決壊などによる「災害を未然に防止する」ためのものであって，破損・決壊の原因となるような行為は「憲法でも，民法でも適法な財産権の行使として保障されていない」ものであるとして，それを処罰する条例は憲法29条に反しないと判断した。

また，旧証券取引法164条1項に関して争われた事件（最判2002（平成14）年2月13日民集56巻2号331頁）では，立場上知り得た秘密を利用して株式の売買を行うインサイダー取引が行われることへの警戒から，上場会社の主要株主・役員が短期の株取引で利益を得た場合にはそれを会社に提供することが義務づけられていることの合憲性が問題になった。これに対して，最高裁は，インサイダー取引の防止は証券市場の公平性・公正性を維持して一般投資家の信頼を確保するという正当な目的によるものであって，一般投資家に対する損害が発生していない場合でもインサイダー取引を誘引する可能性のある行為を規制することは目的達成のための手段として合理的なものであるとして，合憲判断を行った。

さらに，旧証券取引法42条に関して争われた事件（最判2003（平成15）年4月18日民集57巻4号366頁）では，1991（平成3）年法改正で証券会社が特定の顧客に対して株価下落による損失を補塡する行為を行うことが禁止されたことの合憲性が問題となった。これに対して，最高裁は，本法が法改正以前に締結された契約に基づく損失補塡を禁止するものであるとしても，それは証券市場の公平性に対する一般投資家の信頼を維持するという正当な目的によるものであって，従来から損失補塡は反社会性の強い行為であることが認識されてきたことからすれば手段としても合理的なものであるとして，合憲判断を行った。

財産権制約が違憲とされた事例　その一方で，最高裁が財産権制約を違憲とした重要判決が，森林法判決（最大判1987（昭和62）年4月22日民集41巻3号408頁）であった。民法256条では複数の人が共有する物に関して共有者は

自分の持分の分割を請求できるとされているところ（たとえば，親の土地を兄弟3人で相続して共有している場合に，その中の1人が3分の1の土地を自分の単独所有にするように求めることができる），本件では，森林法186条が森林に関して持分2分の1以下の共有者の分割請求を否定していたことが，憲法29条に反しないかが争われた。

これに対して，最高裁は，①憲法29条は私有財産制を制度として保障するとともに個人の財産権を保障するものであり，財産権に対する規制は，規制目的が「公共の福祉」に合致しない場合や，規制手段に必要性・合理性がない場合には，憲法29条に違反するとした。そして，②民法256条は近代市民社会の原則である単独所有への移行を可能にするためのものであり，森林法で分割を制限することは「財産権の制限」であるとしたうえで，③森林法の分割制限は森林の細分化を防止して「森林経営の安定」を目指すものであって，規制目的は「公共の福祉」に合致するが，その他の手段での森林分割を認めながら持分2分の1以下の共有者の分割請求だけを否定するのは規制手段として不必要な規制であるため，森林法186条は憲法29条に反すると判断したのである。

このような判断は，以下の点で議論を喚起するものとなっている。

第1に，先述のように，そもそも財産権は法律によって定められるものである――法律で認められた範囲でしか財産権は認められない――ことからすれば，森林の共有者は「最初から森林法で制限された権利しか保障されていない」と考えることもできる。しかし，最高裁は，「民法で保障された分割請求権」を「森林法で制限している」という枠組みを採用したうえで，「財産権の制約」の合憲性を検討するという枠組みを採用している。

第2に，従来は，財産権の制約に関しても「営業の自由」と同じように規制目的二分論が適用されると理解されてきた。そのように考えれば，本件のように「森林経営の安定」のための政策的制約の合憲性が争われる場合には「明白性の原則」という緩やかな審査基準が適用されるべきこととなるが，実際には最高裁は規制手段の合理性を厳格に審査して違憲判断を行った。その意味で，本判決も，最高裁が規制目的二分論を採用していないことの例証として理解されているのである（⇒ Chapter 12）。

第4節　損失補償

損失補償の意義　現代国家において個人の財産権は必ずしも絶対的なものではなく、公益上の必要性が高い場合に、財産の「収用」(取り上げること) が許される場合があり得る。たとえば、空港・鉄道・道路などを整備するために特定の土地を取得することが必要不可欠な場合には、所有者の意思に反してでも、土地・建物を収用することが認められるのである。しかし、公益上の必要性が高い場合でも、多数の国民の利益のために特定の人だけが「特別の犠牲」を甘受しなければならないことは公平に反する。

そのため、憲法29条3項は、財産を「公共のために用いる」ことを認めたうえで、その場合には「正当な補償」が必要であると規定している。その意味で、「損失補償」とは、国家の合法的な行為 (たとえば、空港を作るために法律に基づいて土地を収用すること) によって、国民が「特別の犠牲」(たとえば、自分の土地・建物を取り上げられる) を被った場合に、金銭で補償することをいうものである。

損失補償の具体例　大規模な収用と補償が行われたものとして戦後史に残るのは、憲法制定前後に行われた農地改革のための措置であろう。戦前の日本の農村では、大地主が広い農地を所有し、小作人は高額な小作料を払って農地を借り受けて農業を行ってきた。このような土地の所有形態は、封建的な人間関係の原因として民主主義の発展の妨げとなるものであり、潜在的には農業生産の成長を妨げる元凶と考えられた。そのため、戦後の日本では、連合国軍総司令部の強い意向を受けて、「自作農創設特別措置法」(自創法) が制定され、大地主に対する強制的な農地買収を行い、小作人に売り渡すことによって、農家に自分の農地を持たせるような政策が採用されたのである。

現在では公共事業のため必要な場合には、「土地収用法」という法律を根拠として土地収用が行われることがある。同法では損失補償に関する規定が行われているため、空港・鉄道・道路・ダムなどの建設のために住宅・工場・農地・森林などの収用を行う場合には損失補償が行われることとなる。

| 損失補償請求権の根拠 | 通常の土地収用法に基づく収用の場合には，同法を根拠として損失補償が行われることになるが，仮に，他の法律で財産の収用・制限がなされているにもかかわらず損失補償のための規定がないとすれば，どのようなことになるのであろうか。

この点，第1に，憲法29条3項の規定は，プログラム規定（国の政治的道義的義務）であって，個人の具体的権利を保障するものではないため，法律等で補償規定がない場合には，補償を受けられないとする考え方があり得る。

これに対して，第2に，憲法29条3項の規定は，損失補償に関する具体的権利を保障するものであるが，それ自体を根拠にして補償を請求することはできないので，収用・制限をしながら補償規定を欠くような法律は違憲・無効であるという考え方があり得る。

その一方で，第3に，憲法29条3項の規定は，損失補償に関する具体的権利を保障するものであって，それ自体を根拠として損失補償を請求することが可能であるという考え方があり得る（この場合には，収用・制限自体は違憲無効ではないことになる）。

上記の考え方の対立に関して，最高裁は，河川付近地制限令事件（最大判1968（昭和43）年11月27日刑集22巻12号1402頁）で，第3の立場を採用した。本件は，河川付近での砂利の採取を禁止する河川付近地制限令に違反した容疑で起訴された被告人が，財産権制限にあたって損失補償を行わない同令は憲法29条3項に反して無効であるため自分は無罪であることを主張した事案であった。これに対して，最高裁は，本件被告人は「直接憲法29条3項を根拠にして，補償請求をする余地が全くないわけではない」と述べて，河川付近地制限令は無効ではなく，被告人は有罪であると判断したのである。

そのため，現在では，憲法29条3項による損失補償請求権は，それ自体具体的権利であり，個別の法律の根拠がなくても直接損失補償請求ができると考えられている。

| 「公共のために用いる」の意義 | 憲法29条3項は，財産を「公共のために用いる」ことを認めているため，たとえば，空港や道路の用地として使用する場合のように，直接に公共のために利用するための土地を収用・制限することは可能である。

しかし，先述した自作農創設特別措置法による農地買収は，大地主から農地買収で取り上げた農地を小作人に売り渡すものであり，直接に公共のために利用しているわけではないため，憲法29条3項の趣旨に合致するのかが問題とされた。しかし，最高裁は，自作農創設特別措置法事件（最判1954（昭和29）年1月22日民集8巻1号225頁）の中で，農地改革は自作農を創設することによって「農業生産力の発展」と「農村における民主的傾向の促進」を図るという「公共の福祉」のためのものであるから，買収された農地が特定の者に売り渡されるとしても公共性は否定されないと判断した。このように憲法29条3項による収用は，直接公共のために利用されない場合でも，広く公共の利益に合致する場合には可能であると解されている。

損失補償の要件 次に，どのような場合に損失補償が必要であるのかが問題になる。この点，個人の土地を強制的に取り上げる「収用」の場合には，ほとんどの場合に補償が必要になると思われるが，土地などの利用を規制する「制限」の場合には補償が必要な場合と必要でない場合があり，その判断基準が問題となる。

この点，損失補償が必要とされる第1の目安は，それが内在的制約ではないことである。内在的制約とは，害悪の発生を防止して個人の生命・人権を保護するための制約であり，そのような制約は人権行使に必然的に付随する制約であるため，損失補償の対象にならない。

次に，第2の目安は，それが「特別の犠牲」であるといえることである。国民一般が受忍しているような制約ではなく，多数の国民の利益のために特定の人のみが被るような制約のみが損失補償の対象になり得る。

具体的な事例で考えれば，たとえば，建築基準法上の建築制限は，財産権制約といえるが，危険で有害な建築物の出現を防止するための内在的制約であり，かつ，すべての建築主に対して及ぶ制約であって「特別の犠牲」とはいえないから，損失補償の対象にはならない。その一方で，たとえば，文化財保護法では民間人の所有する文化財に現状保護の義務を負わせているが，このような制約は害悪発生防止のための内在的制約ではなく，文化財の所有者という相当限定された範囲の人が国民全体の利益のために負担を負わされる「特別の犠牲」といえるため，損失補償の対象となる場合がある。

| 「正当な補償」の意義 | 最後に，憲法29条3項では「正当な補償」が必要であるとされているが，実際にいくらの金額が「正当な補償」になるかに関して，以下のような2つの考え方があり得る。第1に，「正当な補償」といえるためには，収用する財産の市場価格以上の金額の補償が必要であるとする立場である（完全補償説）。この立場によれば，たとえば，実勢価額1000万円の土地・建物を収用する場合には，1000万円以上の補償が必要ということになる。これに対して，第2に，収用する財産の市場価格以下の金額であっても「相当な補償」であれば「正当な補償」となり得るとする立場である（相当補償説）。この立場によれば，実勢価額1000万円の土地・建物を収用する場合でも状況によっては1000万円以下の補償でも「正当な補償」になるということになる。

| 憲法上の「正当な補償」 | 憲法29条3項における「正当な補償」の意義が問題になった事例が，自作農創設特別措置法事件（最大判1953（昭和28）年12月23日民集7巻13号1523頁）であった。先述のように，自作農創設特別措置法（自創法）とは，大地主の土地を強制的に買収して小作人に売り渡すための法律であったが，農地買収の対価が市場価格に比べて相当に安かったことが憲法違反ではないかが争われたのである。これに対して，最高裁は，「正当な補償」とは市場価格と「完全に一致することを要するものでない」として，完全補償でなく相当補償でも許される場合があると判断した。そのうえで，大地主の農地を買収するのに市場価格での完全補償をしたのでは農地改革の目的を達成することはできないなどとして，自創法による買収対価は「正当な補償」であると判断したのである。

　上述のように，最高裁は，憲法29条3項の「正当な補償」に関して相当補償でも許される場合があるという判断をしたのであるが，そのような判断は農地改革という歴史的出来事に関して行われたきわめて例外的なものであったものと考える余地がある。その一方で，少なくとも通常の土地収用などに関する補償は完全補償でなければならないと考えるほうが自然であるように思われる。

| 土地収用法における補償 | 実際に，最高裁は土地収用法による収用に対する補償に関しては，土地の所有者の被る「特別な犠牲」の回復を目的とするものであるから「収用の前後を通じて被収用者の財産価値を等しく

させるような補償」（完全補償）が必要であると判断している（土地収用法事件：最判1973（昭和48）年10月18日民集27巻9号1210頁）。近年の判決でも，最高裁は，憲法29条3項は相当補償を求めるものであるとの立場を再確認しながら，土地収用法における補償額は完全補償が必要であることを前提とする判断を行っている（土地収用法事件：最判2002（平成14）年6月11日民集56巻5号958頁）。

第5節　おわりに

　近代民法の大原則は「所有権の絶対性」であった。たしかに，大草原の小さな家に住み，自宅周辺の畑を耕すような生活をしているのであれば，自分の家や畑は「自分のもの」だと信じることができるかもしれない。しかし，現代の大都会で自宅を持っている人にとって様々な種類の規制が張り巡らされた土地・建物に「所有権の絶対性」を感じることは難しいように思われる。また，マンションのような区分所有の場合には，自分の意思に反しても区分所有者の多数で「自分のもの」に関する決定が行われる場合がある。

　この点，そもそも財産権が限られた土地とモノを誰かに独占させるものであることからすれば，その「絶対性」を語ることには限界があり，その意味で財産権は社会的合意に依存するものであることは否定できない。しかし，それでも，財産権は個人の生存に必要な場合があり，また，人格価値とも関連する場合もあるため，多数者の恣意的な判断によって個人の財産権が制限されてよいわけではない。その意味で，憲法29条の保障は，①基本的な財産制度を維持することを前提としながら，②個人の財産権を制限する場合には，その目的の正当性と手段の必要性・合理性が検討されることを要求するとともに，③「特別な犠牲」といえるような収用・制限が必要な場合には，「正当な補償」を通じて，その人の財産価値を維持することを求めるものであるといえる。

📖 参考文献

　　水津太郎「基調報告　憲法上の財産権保障と民法─所有権を対象として」法時87巻1号
　　　（2015）97頁
　　山本龍彦「憲法上の財産権保障とデモクラシー」駒村圭吾編『テクストとしての判決』（有

斐閣,2016)231頁
原田大樹「損失補償」法教452号(2018)60頁

【植木 淳】

Chapter 14

生存権
—— 私も保護してもらえますか？

第1節　はじめに

　「おにぎり食べたい」と書き残して餓死した人がいた――江戸時代の話ではなく現代の話である。高層ビルが建ち並び「食物ロス」が社会問題となる現代の日本であるが，その一方で貧困線とされる122万円以下で生活している人は15％程度も存在している。貧困は決して昔の話ではないし，きわめて少数の人たちの問題でもない。

　そもそも憲法は，「個人の尊重」（憲法13条）を基本原理とするとともに，精神的・経済的な「自由」を保障するものであるが，貧困状態にある人が「自由」であるといえるかは疑問であり，貧困を放置する社会が「個人の尊重」を重視しているとはいえないであろう。1941年のアメリカのルーズベルト大統領の演説が，「表現の自由」や「信教の自由」と並んで「欠乏からの自由」を「本質的な自由」であると説いたことは，現在でもなお示唆的である。

　その意味で，憲法25条が「健康で文化的な最低限度の生活」を保障していることは，「個人の尊重」を実現するためにも，すべての人が「自由」を実感し得るためにも必要なものと考えられている。しかし，どの程度の生活が「健康で文化的な最低限度の生活」であるかは，その人の生活感覚によって大きく異なるものであるため，必ずしも明確なものとはいえない。そこで，生活に困っている人が，どの程度の保障を受けられるのか，あるいは，どんな場合に保障を受けられるのか，が問題となる。

第2節　生存権の意義・構造・性格

　生存権保障の歴史　近代社会は「貧富の格差」が広がった時代でもあり，企業・農地を支配する資本家・地主が巨大な富を独占する一方で，多くの労働者・農民は失業・貧困などの問題に直面していた。しかし，いまからおよそ100年前までは，経済的に弱い立場にある人の生活困難は本人の責任（努力不足⁈）であると考えられ，国が責任を負うべきであるという意識は薄かった。

これに対して，20世紀の前半から，労働者・農民の権利意識の高まりとともに，国が国民の生活を保障するべきであるという考えが広まるようになる（福祉国家思想）。たとえば，1919年にドイツで制定されたワイマール憲法では「人たるに値する生存」を保障することが経済秩序の目的であるとされた。それ以降，国民が国に対して金銭やサービスを求める権利は「社会権」といわれ，第二次世界大戦後には世界各国の憲法で社会権に関する規定が置かれるようになった。

　1946年に制定された日本国憲法でも詳しい社会権規定が置かれている。その中でも，憲法25条は国民が国に対して生活の保障を求める権利である「生存権」を保障しているのである。

憲法25条の構造　憲法25条1項は「健康で文化的な最低限度」を保障している。これは，現に生活に困っている人に対して生活の保障を行う「救貧政策」を行うことを求めるものであり，そのための制度として生活保護がある。

　次に，憲法25条2項は，国に対して，社会福祉，社会保障，公衆衛生の向上および増進に努めることを求めている。これは，すべての人が将来的に生活に困ることのないようにするための「防貧政策」の実施を求めるものであり，そのための制度として国民年金や健康保険などがある。たとえば，国民年金は，健康で働ける間に保険料を払うことによって，高齢になったり障害を負ったりして働けなくなった場合に，年金を受け取れるという仕組みである。

憲法25条の性格　次に，憲法25条の性格が問題になる。憲法25条は基本的には国に対して生活保障を求める権利（「私の生活を保障せよ！」と要求する権利）であるため，社会権に分類される。そのため，国が必要な生活保障を行わない場合には憲法25条違反を主張することになる（生存権の社会権的側面）。

　しかし，それだけでなく，自分の力で生活を営んでいた人が，政府の側の妨害によって「最低限度の生活」を営めなくなる場合——たとえば，極端に高額な税金が課された場合——にも，憲法25条違反が主張できるという考え方もあり得る。このような考え方によれば，憲法25条は国に対して生活・生存を妨害しないように求める権利（「私の生活の邪魔をするな！」と要求する権利）として，

自由権としての性格も持つこととなる（生存権の自由権的側面）。

　生存権の自由権的側面が問題となった具体的な裁判例としては，食糧管理法事件（最大判1948（昭和23）年9月29日刑集2巻10号1235頁）がある。本件では，戦時中から終戦直後までの食糧不足の時代に農家に強制的に米を提供させて国民全体に配給する食糧管理制度を採用したことが，農家の生存権の侵害であるか否かが争われたが，最高裁は米の供出命令を憲法25条違反であるとは認めなかった。また，旭川介護保険料事件（最判2006（平成18）年3月28日判時1930号80頁）では，国民から保険料を徴収して介護サービスを提供する介護保険制度によって，所得の低い世帯からも保険料を徴収することが生存権の侵害であるか否かが争われたが，最高裁は生活保護受給者等には一定の配慮が行われていることを指摘しつつ，住民税非課税世帯からの保険料徴収は憲法違反ではないとした。

> プログラム規定説と法的権利説

　憲法25条1項に関する最大の論点は，それが個人の権利を保障したものといえるか否かという問題であり，これには大別して2つの立場があった。

　第1に，憲法25条1項は，国民の生存を確保すべきことを政治的・道義的義務として国に課したにとどまり，個々の国民に権利を保障したものではないとする立場がある（プログラム規定説）。簡単にいえば，「憲法25条は努力目標に過ぎませんよ」という立場である。この立場の根拠としては，①資本主義社会においては「自助の原則」（自らの生活に必要な糧は自らが調達すべきである）が妥当すること，②生存権を保障するためには予算が必要であり，予算に関しては国会の財政政策に委ねざるを得ないため，裁判所だけの判断で「いくら払え」と判断することは困難であること，などが挙げられる。

　これに対して，第2に，憲法25条1項は「国民」が「権利を有する」と規定しているので，生存権も個人に保障される法的権利であるとする立場がある（法的権利説）。この立場は，先のプログラム規定説の根拠に対して，①憲法25条の存在自体が「自助の原則」を修正するものであること（困った場合は助けてもらえることを定めている），②国会の財政政策も憲法の規定に従うべきであり，国会には憲法25条の要求に応じて予算を作成する義務があること，などを根拠として反論している。

実際に憲法25条1項が明文で「権利を有する」としていることから，憲法学説では法的権利説が通説とされる。

抽象的権利説と具体的権利説 ただし，憲法25条1項を法的権利であると解した場合でも「健康で文化的な最低限度の生活」の内容が不明確であることは否定できないため，それは抽象的権利に過ぎないとする立場がある（抽象的権利説）。この立場によれば，憲法25条1項を直接の根拠にして生活保護を求めることはできないが（その意味で憲法25条1項は「抽象的」な権利に過ぎない），憲法25条1項を具体化する法律が制定されれば，その法律と一体化して生存権は具体的権利になるとされる。

これに対して，特定の状況を前提とすれば「健康で文化的な最低限度の生活」の内容を決めることは可能であるとして，憲法25条1項は具体的権利を保障したものであるとする立場もある（具体的権利説）。たとえば，現在の日本で電気も水道もない生活は考え難いので，それさえ保障されていないとすれば国会による法律がないとしても憲法違反と考えられる。このような立場によれば，憲法25条1項は具体的権利を保障するものであり，それを実現する法律を国会が制定していない場合には，裁判所に対して憲法25条1項自体を根拠として何らかの請求をすることは可能であるとされる。また，従来は具体的権利説といっても憲法25条1項自体を根拠にして直接に金銭の請求をすることはできず法律が存在しないことが憲法違反であることの確認の請求（立法不作為違憲確認請求）ができるにとどまるとの立場がとられていた。しかし，近年では憲法25条1項を根拠として直接に生存権を実現するための金銭の請求ができるとする立場も見られるようになった。

抽象的権利説の現代的意義 上記の議論に関して，現在の憲法学説では抽象的権利説が有力である。抽象的権利説と具体的権利説は双方とも説得的な議論をしているものの，現実に生活保護法という法律に基づいて生活の保障が行われていることから，生存権を具体化する法律が存在しないことを前提とする具体的権利説を主張する実益があるわけではないからである。

それ以上に，現在では抽象的権利説を主張することの意義が高まってきた。先述のように抽象的権利説は憲法25条1項と具体的法律が「一体化して具体的権利」になると論じるものであるため，一度定められた生活保護基準（生活保

護の金額を定める基準）は憲法25条1項の保障する権利となると考えられる。そのため，抽象的権利説からは，一旦具体化された保護基準を正当な理由なく引き下げる行為は権利侵害として憲法25条1項違反になるという考え方が導かれることになる（制度後退禁止原則）。

この点，戦後日本の社会保障は高度経済成長期以降「右肩上がり」に上昇してきたが，1990年代以降の日本経済の停滞期（「失われた20年」）には社会保障水準も財政難を理由とした廃止・縮小の対象となっている。特に2000年代以降は，生活保護受給者に批判的な世論もあって，生活保護基準の切り下げが繰り返されている。そのような状況の中で，上記の制度後退禁止原則は，生活保護基準の切り下げは憲法25条違反であるとする主張を可能にする議論となり得る。

第3節 生存権と生活保護

生活保護の水準　憲法制定直後には生活保護法が制定されたものの，敗戦後の日本の経済事情では十分な保障を行うことは困難であった。また，その後，経済成長が始まった後も社会保障の充実は後回しにされる傾向があった。そのような状況で，生活保護法による保護の金額があまりに安いことが争われたのが朝日訴訟（最大判1967（昭和42）年5月24日民集21巻5号1043頁）であった。本件では，病気のために入院生活を余儀なくされていた原告に対して支給されていた生活保護（日用品費）の金額が月額600円とされていたことが，憲法25条1項の保障に反すると主張された。

最高裁は，憲法25条1項は，すべての国民が「健康で文化的な最低限度の生活」を営むことができるように政治を行うことを「国の責務」として宣言したにとどまり，個々の国民に「具体的権利」を保障したものではないと述べた。このような立場は，憲法25条1項の法的権利性を否定するプログラム規定説の立場に近いようにも思われる。

その一方で，最高裁は，「健康で文化的な最低限度の生活」の内容は生活保護基準を決定する大臣の裁量に任されているが，現実の生活条件を無視して著しく低い保護基準を定めるなど「憲法および生活保護法の趣旨・目的」に違反

するような場合には「違法」になると論じている。このように「憲法および生活保護法の趣旨・目的」から生活保護基準の妥当性が判断されるという枠組みは、抽象的権利説の立場に近いようにも思われる。

そのうえで、最高裁は結論的に当時の生活保護基準は違憲・違法とはいえないと判断したが、本件は生活保護の拡充を求める運動が広がるきっかけとなり、その後の日本の生活保護基準の向上に大きな役割を果たした。

生活保護基準の引下げ 高度成長期を経て日本の社会保障水準は上昇したものの、2000年代には社会保障費の抑制が主張されるようになり、特に生活保護は大幅な削減対象とされるようになった。たとえば、2004年には、厚生労働省に設置された専門委員会の意見に基づいて、70歳以上の受給者に対する加算（老齢加算）と母子家庭の受給者に対する加算（母子加算）が段階的に廃止されることとなった（後に母子加算の廃止は取りやめられた）。そこで、老齢加算を廃止することが憲法25条1項に反するのではないかが争われたのが老齢加算廃止違憲訴訟（最判2012（平成24）年2月28日民集66巻3号1240頁）である。

本件に関しては、専門委員会の意見に「慎重な検討」が必要であるとの指摘が含まれていたにもかかわらず、厚生労働大臣が即座に老齢加算廃止を決定したことは違法であると判断した高等裁判所の判決があったため、最高裁の判断に注目が集まった。しかし、最高裁は、70歳以上の高齢者に老齢加算が必要になる特別な需要があるわけではないという専門委員会の判断を重視したうえで、激変緩和措置の実施を求めた専門委員会の意見に沿って3年間の段階的な廃止が行われていることを指摘して、老齢加算の廃止措置は違憲・違法ではなかったと判断した。

生活保護の要件 憲法25条の趣旨からすれば、「最低限度の生活」が営めない人には無条件に保護が与えられるべきであるように思われる。

しかし、従来は、憲法27条1項が「勤労の義務」を規定していることが、働く能力がありながら働く意思がなく働かない者に対して生存権の保障を行わないことの根拠になるとする見解があった（「働かざる者食うべからず」という議論である）。実際に、生活保護法4条は、保護を受けることができるのは、本人

が「資産」と「能力」を活用して，それでも困窮状態にある場合でなければならないと規定している（資産活用要件・能力活用要件）。

しかし，一般的に「勤労の義務」は，個人に具体的な労働義務を課すものではなく，労働を強制することや，労働しないことを理由として刑罰を科すことは許されないと考えられている（親の資産を頼りにして働かないで裕福な生活を送っている人が咎められることはない）。さらに，近年では，「勤労の義務」を根拠にして「生存権」を制約することに疑問を表明する見解も有力になっている。現実的問題としても，従来は生活保護法4条の「能力活用」の条件が厳格に解釈され，事実上は就労が困難であると思われるような人が就労可能と見なされて生活保護を拒否されるような問題のある事例も見られた。その意味では，「勤労の義務」を強調することで，現実に生活に困窮している人の生存権を否定することは許されないと考えるべきである。

第4節　社会保障制度と立法裁量

社会保障制度と立法裁量　憲法25条の趣旨を受けて生存権を保障する制度は生活保護に限られるわけではない。たとえば，国民年金などの公的年金は高齢・障害等を理由に働けなくなった人に所得を保障する制度であり，健康保険や介護保険は病気や要介護状態になった人に医療サービス・介護サービスを保障する制度である。

しかし，現実に公的年金などを支給する基準をどうするかは国会や行政機関の裁量に任されている。そのことを明らかにしたのが堀木訴訟（最大判1982（昭和57）年7月7日民集36巻7号1235頁）であった。本件では，視覚障害のために障害福祉年金の支給を受けていた原告が，子どもを養育しているため働けない人に支給される児童扶養手当の支給を求めたところ，障害福祉年金と児童扶養手当とは同時に受給できないという法律の規定を理由として拒否処分を受けたことが，憲法25条に反しないかが争われたものであった。

本件で，最高裁は，憲法25条の趣旨に応じて具体的にどのような立法措置を講ずるかは，「立法府の広い裁量」に任されており，「著しく合理性を欠き明らかに裁量の逸脱・濫用」でない限りは，憲法違反にはならないと判断した。こ

のような判断は「社会保障に関しては国会の判断に任せて裁判所は積極的に保護しませんよ」と宣言したもののように思われるが，その後の最高裁判決でも繰り返し引用されることとなった。

そのうえで，最高裁は，障害福祉年金と児童扶養手当とは両者ともに所得の喪失を補うための制度であって，障害があることと子どもを養育していることの2つの要因があるからといって，所得の喪失の程度が倍になるわけではないとして，障害福祉年金と児童扶養手当を同時に受給できないとすることは「著しく不合理とはいえない」と判断したのである。

社会保障と平等 ところで，堀木訴訟のような事例では，障害福祉年金と児童扶養手当の両方を支給できないことが「健康で文化的な最低限度の生活」を保障する憲法25条に違反するという主張だけでなく，障害福祉年金を受給している人が児童扶養手当を受給できないことが「不合理な差別」であり憲法14条の「平等原則」に反するという主張をすることもできる。特に，堀木訴訟の事例は事実上障害を理由とする差別であるとも考えられるため，憲法14条を中心に検討すべきであったように思われる。

社会保障に関する権利が，憲法25条と憲法14条の両方との関係で問題になる事例として，学生無年金障害者訴訟（最判2007（平成19）年9月28日民集61巻6号2345頁）がある。1964年に制定された国民年金法は20歳以上の国民に対して年金制度に加入して保険料を支払うことを義務づけていたが，1989年法改正以前は保険料の支払能力に配慮して20歳以上でも学生は任意で加入するか加入しないかを決められることになっていた。ただし，現在と異なり保険料の支払猶予は認められず，加入すれば保険料を払わなければならなかったため，実際に学生で加入するものは1％強にとどまっていた。その結果として，20歳以上の学生で未加入である者が不幸にも在学中に障害を負った場合には，未加入であったことを理由に，その後も含めて障害に関する年金（障害年金および障害福祉年金・後に障害基礎年金）を受給できないものとされた。そこで，このような場合に年金を支給しないことが憲法25条に反しないか，20歳以上の国民の中で学生のみを強制加入の対象としなかったことが憲法14条に反しないか，加入対象にならない20歳未満で障害を負った者には障害福祉年金（後に障害基礎年金）を支給しながら20歳以後に障害を負った学生には年金を支給しないことが憲法14条

に反しないか，が争われた。

　この点，最高裁は，国会には広い裁量が認められることを指摘したうえで，①一般的に学生は収入がないために強制加入の対象としなかったことは「不当な差別的取扱い」ではないとし，また，②20歳未満で障害を負った者は任意加入もできなかったのに対して，20歳以後に障害を負った学生には任意加入をする機会があったのであるから，両者の区別は「不当な差別的取扱い」ではないと判断した。しかし，最高裁による①と②の理由付けは相互に矛盾していると批判されている。①で述べているように，学生には収入がないことを重視するのであれば，②で述べているように，保険料を払って任意加入をしなかったことを理由にして不利益な取扱いをすることは許されないように思われるからである。

第5節　おわりに

　社会保障に関する政策は多額の予算を要するものであるため，国民の負担と理解を得ることが必要である。そのため，近年では，生存権の実現は，国会・内閣と裁判所の「協働」によって行われるべきことを強調する見解がある。しかし，それでも生存権を憲法上の権利として考える以上は，国民の多数派を代表する国会・内閣の決定によっても侵してはならない「健康で文化的な最低限度の生活」の内実があるのであって，それは裁判所によって護られるべき「権利」であることが意識されなければならない。

　そこで，憲法25条1項の保障の内実として，どの程度の保護が受けられるのか，どのような場合に保護が受けられるのか，という問題に関して，最近の議論の状況を見ておきたい。

　第1に，どの程度の保護が受けられるのかという問題に関して，近年では生活保護に批判的な世論を反映して相次いで生活保護の減額が実施されており，それに反対する人々による裁判が提起されている。このような状況は，生活保護受給者という少数派の人々の意見が政治の世界（国会や内閣）で正当に反映されていないことの結果と見ることもでき，だからこそ，憲法の人権規定を根拠にした裁判所による権利保障が行われるべきであるようにも思われる。その

場合には，先述の「制度後退禁止原則」は生活保護減額を憲法違反とする理論になり得るように思われる。

また，生活保障の内容に関して，従来は金銭で所得を保障することに焦点が当てられてきたが，たとえば，病気や怪我で苦しんでいる人や高齢や障害のためにケアが必要な人にとっては，医療・介護を受けることが「最低限度の生活」のために必須なものとなる。その意味では，憲法25条1項には所得保障だけではなくサービス保障という観点も取り込む必要がある。

第2に，どのような場合に保護が受けられるのかという問題に関して，近年では生活保護制度が柔軟に運用されるようになったこともあって，生活保護世帯が増加している状況がある。その一方で，近年の法律改正では，生活保護世帯に対して働いて自立することを促す政策が採用されるようになっている。そのこと自体は必ずしも間違ってはいないものの，それが働くことが困難な人々の「切り捨て」にならないように注意する必要がある。

参考文献

西原博史「人権論Ⅲ・生存権論の理論的課題」辻村みよ子・長谷部恭男編『憲法理論の再創造』（日本評論社，2011）471頁
尾形健「生存権保障の現況」論究ジュリ13号（2015）86頁
植木淳「社会保障法と憲法」社会保障法研究6号（2016）3頁

【植木　淳】

Chapter 15

労働権・労働基本権
――労働組合に出番はあるか？

第1節　はじめに

　人生に悩みはつきもの，といっても，多くの人にとって仕事に関する悩みは深刻なものになりがちである。たとえば，どうしても就職先が決まらない，とか，やっと就職した会社が安い給料で長時間の残業を強要する「超ブラック企業」だった，などである。このように仕事に関する悩みが深刻になる要因として，多くの人が会社などで働いて給料を得ることで生計を維持しているという事情がある。そこで，本章では，憲法が「働くこと」に関してどのようなルールを置いていて，それがどのように機能しているのかを見ていくこととする。

　ちなみに，同じように「働く」ことに関しても，自分で会社を経営したり田畑を耕したりしてお金を稼ぐ活動に関しては「営業の自由」の問題となる（⇒ Chapter 12）。本章で説明する「勤労の権利」（憲法27条）や「労働基本権」（憲法28条）は会社などに雇われて給料をもらって「働く」ことに関する保護であり，それは給料を払う側（会社＝使用者）と給料をもらう側（会社員＝労働者）との力関係の格差を意識するものとなる。その意味で，憲法上の権利は人一般に保障される権利であるのが原則である中で，労働権・労働基本権は「労働者」という特定の人間に保障される権利となる。

第2節　労働の権利

　労働者　　上記のように「労働者」とは職業を問わず賃金・給料によって生計を維持する者である。自分で会社を経営している経営者，自分の所有する田畑を耕している農家，自分の書いた小説の原稿料で生活している小説家などは労働者ではない。その一方で，公務員は国・地方公共団体からの賃金によって生計を立てているため労働者に該当する。大学教員もほとんどが労働者である。労働者は使用者に経済的に依存することが多いので，使用者との対等な交渉関係を確保するために労働権・労働基本権の保障を受ける必要があるのである。

Chapter 15　労働権・労働基本権

憲法における労働者保護　ある人が会社に就職して従業員になっている場合，あるいは，会社でアルバイトをしている場合には，会社は使用者として賃金を支払う義務を負い，従業員やアルバイトは労働者として労務を提供する義務を負うという「労働契約」が結ばれていることになる。

しかし，もし，このような労働契約に何らの法的規制もない状態で，使用者と労働者が自由に交渉して労働条件を決めることになるとすれば，生活に余裕のない労働者はどのような不利な労働条件でも受け入れざるを得ないことになる可能性がある。実際に，20世紀初めまでは，労働契約に関する法的規制がほとんどなかったために，多くの労働者が長時間・低賃金の労働を強いられてきた。それどころか，アメリカでは労働時間の制限などは「契約の自由」に反する——使用者と労働者が同意して長時間労働をして賃金を支払うことに合意しているのに，それを法律で規制することは許されない——として憲法違反とされることさえあったのである。

これに対して，その後は，労働者が「人間に値する生活」を営むことを可能にするために，多くの国の憲法で労働者を保護するための規定が採用されることとなった。たとえば，1919年にドイツで制定されたワイマール憲法では「労働」は「特別な保護を受ける」とされるなど詳細な規定がおかれた。1946年に制定された日本国憲法でも，憲法27条は「勤労の権利」を保障し，憲法28条は「労働基本権」を保障するなど，労働者を保護するための規定が置かれるに至ったのである。

勤労の権利　憲法27条1項は「勤労の権利」を保障している。多くの人にとって働くことができなければ生計を維持できないことからすれば，「労働」が「権利」であることを謳うことには重要な意義がある。

ただし，国がすべての求職者に仕事を見つけることは相当に困難であるため，憲法27条1項は，現実にすべての人に就労の機会を提供することまで保障するものではなく，すべての人が就労できるように国が努力することを求めるとともに，就労できない人には職業訓練や失業手当などの措置を講じることを求めるものであると考えられている。もちろん，働きたい人が働けるような経済状況を実現することは国にとって最優先の政策課題であることには変わりな

い。

　また，憲法27条1項が，使用者と労働者との関係でも一定の意義を持つという見解がある。たとえば，労働契約法に明文で規定される以前から，裁判所は労働者を不当な理由でクビにしてはならないという解雇権濫用法理というルールを認めてきたが，その背景には憲法27条1項の「勤労の権利」があると説明されることもあった。

　労働条件の法定　憲法27条2項は「賃金」「就業時間」などの労働基準を法律で定めることを要求している。実際に，労働契約の基本原則を定める「労働契約法」，労働時間などの労働条件に関する詳細を定める「労働基準法」，最低賃金を規制する「最低賃金法」，労働者の安全と健康を確保するための「労働安全衛生法」などの法律が制定されている。

　労働条件に関しては現実の経済的・社会的状況をふまえて決定される必要があるため，規制の内容は国会・内閣などによる政治的判断によって決定されざるを得ない。実際に，最近の労働法制の改革においては，最低賃金の引き上げが行われていること，長時間労働の規制が強化されていること，労働者相互の待遇格差の是正が義務づけられたこと，年齢・障害・妊娠などを理由とした差別の禁止が強化されていること，などの成果があがっている面もある。その一方で，派遣労働の拡大によって雇用の不安定化が進んでいること，高度プロフェッショナル制度の導入などで長時間労働のリスクが高まっていることなどの問題点も指摘される。

　児童の酷使の禁止　憲法27条3項は「児童の酷使」を禁止している。貧しい社会では，子どもが働くことを余儀なくされ，学ぶ機会を与えられないことで，その将来の可能性が奪われてきた歴史がある。その意味で，憲法27条3項は国に対して児童の酷使を禁止するのはもちろん，親を含めた私人に対しても児童の酷使を禁止しているのである。実際に，労働基準法では15歳未満の労働を原則的に禁止するとともに，18歳未満の深夜労働を禁止している（ただし，「映画の製作又は演劇の事業」に関しては許可を受ければ従事可能であるため「天才子役」（！）が現れることもある）。

第3節　労働基本権

労働基本権の保障　先述のように，労働基準法・最低賃金法などの法律によって最低限の労働条件の規制が行われているものの，それ以上の労働条件の維持・改善は，伝統的には使用者と労働者団体（労働組合）の協議・交渉によって実現されてきた。基本的に労働条件は使用者と労働者の合意によって決められるべきであり，すべての内容を法律で一律に決めることは妥当ではない。しかし，一人ひとりの労働者は使用者に対して弱い立場になりがちであるため，使用者と労働者が対等に交渉できるような仕組みが必要である。

そのため，従来は，労働組合が労働者を代表して使用者と交渉をする仕組みが，労使双方の対等な交渉を可能にするものとして機能してきたのである。この点，憲法28条が「労働基本権」として「団結権」「団体交渉権」「団体行動権（争議権）」を保障しているのは，労働組合が使用者と対等に交渉することを可能にするためのものであり，それを具体化する法律として「労働組合法」および「労働関係調整法」が制定されている。

労働基本権の基本的性格　労働基本権は，元来は経済的に弱い立場にあった労働者を守るために登場した権利であり，国に対して労働者の労働基本権を保障する措置・政策を要求する社会権としての性格がある。それに加えて，労働基本権の保障には権利行使を制限する国の行為を禁止する自由権としての性格もある。

たとえば，労働者がストライキ（後述）として会社や工場を封鎖した場合に——労働基本権がなければ——そのような行為は威力業務妨害などの犯罪として国による処罰の対象になる可能性がある。しかし，憲法28条が労働基本権を保障していることから，正当なストライキであれば刑事処罰の対象にならないのである（これを刑事免責という）。

また，労働基本権には，国との関係だけでなく，私人である民間の会社との関係でも効力がある（私人間効力がある）。たとえば，労働者がストライキをして仕事を放棄した場合に——労働基本権がなければ——会社から契約違反とし

て損害賠償を請求される可能性がある。しかし，憲法28条が労働基本権を保障していることから，正当なストライキであれば損害賠償請求を受けないのである（これを民事免責という）。

　団結権　「団結権」とは，労働者団体（労働組合）を組織する権利であり，労働者を団結させることで使用者（会社）と対等な立場に立たせることを目的とするものである。そのため，使用者側が，労働組合を結成することを邪魔したり，労働組合に加入した者に不利益を与えることは「不当労働行為」として禁止される。その逆に，労働組合は使用者から自主性が確保される必要があるため，会社から利益を受けることも原則として禁止される。ただし，現実の組合活動が著しく困難にならないように，会社の一部屋を組合室として使用させてもらう程度の利益を受けることは許容される。

　団結強制の許容性・内部統制　団結権に関して問題になるのは，すべての労働者を労働組合に加入させるために，事実上労働組合への加入を義務づけるような仕組みを採用することが許されるか否かである。

　従来から労働組合に加入しない労働者を解雇することを使用者に約束させるような労働協約（後述）が結ばれてきた。このような労働協約は「ユニオン・ショップ協約」といわれる。たとえば，労働組合加入者が10％しかいない会社では労働組合の交渉力は弱いものとならざるを得ないが，労働組合加入者が100％の会社では労働組合の主張を会社も無視できなくなる。その意味で，ユニオン・ショップ協約は労働者の団結を確保して労働者全体の利益を確保するものと考えられてきたのである。しかし，その一方で，憲法21条が個人にとっての「結社の自由」（団体に入るか入らないかを決定する自由）を保障していることからすれば，労働組合に加入しない権利を完全に否定することも妥当ではないように思われる。そのため，少なくとも他の労働組合に加入する権利や新しい労働組合を結成する権利は認められるべきであり，そのような者まで解雇することを求めるユニオン・ショップ協定は無効であると考えられる（三井倉庫港運事件：最判1989（平成１）年12月14日民集43巻12号2051頁）。

　また，労働組合は団結を維持するために組合員に対する一定の権限（統制権）を持っていると考えられる。しかし，選挙に立候補する権利である被選挙権は「参政権」として保障されるべきなので，労働組合の方針に反して選挙に立候

補した組合員に不利益処分を行うことは違法であると判断されている（三井美唄事件：最大判1968（昭和43）年12月4日刑集22巻13号1425頁）。また，労働組合として，選挙で特定の政党・候補者を支援することは自由であるが，組合員に協力を強制することまでは許されないとされている（国労広島地本事件：最判1975（昭和50）年11月28日民集29巻10号1698号）。

団体交渉権　「団体交渉権」とは，労働者団体（労働組合）が使用者（会社）と労働条件について交渉する権利である。特に，労働条件（報酬・時間）や人事（配転・解雇）などは会社側が必ず交渉に応じなければならない義務的団交事項であるとされる。そのため，たとえば，経営が順調なのに賃金が減額されたり，労働組合員が不当な理由で解雇された場合などには，労働組合が使用者と交渉することが期待される。義務的団交事項に関しては，使用者は誠実に交渉する義務を負うものとされ，労働組合側の主張に対して合理的な回答をすることが求められる。これに反する交渉拒否あるいは誠実交渉義務違反は，違法な行為（不当労働行為）として，国および都道府県単位で設置されている労働委員会による救済の対象になる。

　労働組合と使用者との団体交渉で合意が成立した場合には労働条件等に関する「労働協約」が結ばれる。労働協約に違反する個々の労働契約は無効となり，労働協約上の基準が適用される。たとえば，労働者が結んだ労働契約上の賃金よりも，労働組合の結んだ労働協約上の賃金の方が高い場合には，労働協約上の賃金が保障されるのである。

団体行動権（争議権）　「団体行動権」とは，労働組合が労働条件の実現を図るために団体行動を行う権利である。たとえば，職場で組合のビラを配ったり，会社の方針に反対するバッジをつけたりすることも広い意味の団体行動に含まれる。しかし，憲法28条によって保障される典型的な団体行動は，「同盟罷業」（ストライキ）および「同盟怠業」（サボタージュ）などの争議行為である。

　「同盟罷業」（ストライキ）とは労働者が仕事を拒否して生産を停止するものであり，「同盟怠業」（サボタージュ）とは労働者が職場でわざと生産性を落とすものであるが，いずれも使用者の利益を失わせて圧迫することで，労働者の労働条件の向上を勝ち取ろうとするものである。特にストライキの場合にはス

トライキ期間中の賃金を得ることができず、会社の業績を落とすものでもあるため、労働者にとってもきわめて苦しい闘争方法となる。しかし、会社が大きな利益を受けているにもかかわらず労働者の賃金がまったく上昇しないような状況になっている場合などには、リスクを冒してでもストライキを行うことがありうる。

ただし、争議行為は労働条件の向上のための行為であるため、労働者の経済的利益の向上とは無関係な単なる政治的目的のための争議行為（政治スト）は憲法28条によって保障されないとされている（三菱重工長崎造船所事件：最判1992（平成4）年9月25日労判618号14頁）。その一方で、たとえば、労働者の労働条件に関係する法律の制定などに反対するための争議行為の許容性に関しては見解が分かれ得る。

また、ストライキやサボタージュとは別の争議手段として、労働者が使用者側の人間を完全に排除して独自に生産・収益・配分を行う「生産管理」という争議手段が行われることもあった。しかし、最高裁は「生産管理」は「財産権の侵害」であるとして違法であるとしている（山田鋼業事件：最大判1950（昭和25）年11月15日刑集4巻11号2257頁）。

第4節　公務員の争議権

公務員の労働基本権　先述のように、国・地方公共団体に勤務する公務員は、労務を提供して報酬を得る立場であるため、「労働者」に含まれる。しかし、国家公務員法・地方公務員法などでは、公務員が労働基本権を行使することが制限されてきた。

たとえば、自衛官・警察官・消防官などは「団結権」すら否定され、労働組合を結成することもできないとされている。また、一般的な公務員に関しては、「団結権」は保障されており労働組合を結成することはできるものの、「団体交渉権」は制限され、「団体行動権」に関してはストライキ等の争議行為が一律に禁止されている。

争議権制限の合憲性　そこで、このように公務員の争議行為を一律に制限することが憲法28条に違反しないかが問題となる。この点に

関して，1969年の最高裁判決は公務員のすべての争議行為に関するすべてのあおり行為を処罰することは「違憲の疑を免れない」と指摘して，争議行為に対する処罰は例外的な場合でないと許されないと判断した（都教組事件：最大判1969（昭和34）年4月2日刑集23巻5号305頁）。

しかし，その後，1973年の全農林警職法事件判決は，上記の判決を翻して，公務員の争議権制限を合憲と判断した（最大判1973（昭和48）年4月25日刑集27巻4号547頁）。最高裁は，憲法28条の保障は公務員にも及ぶが「国民全体の共同利益」のために制約される場合があるとしたうえで，①公務員は「公共の利益のために勤務するもの」であること（職務の公共性），②公務員の勤務条件は国会での議論で決定されるべきであり「争議行為の圧力による強制を容認する余地は全く存しない」こと（議会制民主主義），③民間企業の場合には争議行為に市場抑制力が働くが，「公務員の場合には，そのような市場の機能が作用する余地がない」こと（市場抑制力の欠如），④公務員の場合には人事院勧告などの適切な代償措置があること（代償措置の存在），などからすれば，争議行為の禁止は「やむをえない制約」であって，憲法28条に反するものではないとされたのである。

争議権制限に対する疑問 これに対して，憲法学説の多くは公務員に対する一律の争議権制限に対して批判的である。第1に，「職務の公共性」に関していえば，民間企業でもきわめて公共性の高い業務を行う者もいるのであり（電力会社やガス会社の社員など），公務員か民間かによって一概に「公共性」の程度に差があるわけではない。第2に，「議会制民主主義論」に関して，憲法は勤務条件のすべてを法律で定めなければならないことを要求しているわけではない。第3に，公務員の争議行為に対して「市場抑制力」が欠如していること自体は事実であるとしても，労使双方に対する国民の評価を通じた抑制に期待することはできるし，争議行為の否定の根拠として十分なものとは思われない。第4に，「代償措置の存在」に関していえば，近年では人事院が公務員給与の引き下げを勧告したり，あるいは，人事院勧告に基づかない公務員給与の引き下げが行われたりするなど，代償措置としての機能を失っている。実際に，アメリカでもフランスでも公務員のストライキは認められており，先進国の中で日本ほど公務員の労働基本権制限が徹底している国はないこ

とも指摘されている。これらの議論をふまえれば、現在の国家公務員法および地方公務員法が公務員の争議行為を全面的に禁止していることの合憲性は再検討される必要がある。

第5節　おわりに

　近年では労働基準法改正などの大規模な労働法制度改革が行われているが、それが労働者の幸福と健康のための「働き方改革」なのか、企業に都合のよい「働かせ方改革」なのかを慎重に見極める必要がある。たとえば、2018年に法制化された「高度プロフェッショナル制度」は、一定の条件を備えた労働者を労働時間規制の対象外とするものであり、「自由な働き方」を実現するものであるとして賛成する意見があるものの、実際には労働者を「給料定額・働かせ放題」の状態に追い込むものであると批判する見解もある。このような問題も含めて、従来の憲法学説が憲法27条の保障内容を国会・内閣などの政治部門に委ねてきたことを再検討する必要があるように思われる。

　その一方で、憲法28条の保障する「労働基本権」に関しては、労働組合の影響力が低下している状況の中で、その意義が問い直されざるを得なくなっている。高度成長期までは、労働組合の組織率は35％を超え、特に大企業における組織率は相当程度に高かったため、労働組合の組織力によって労働条件の向上が獲得されるという実感があり、ストライキも現実的な闘争手段であると考えられてきた。しかし、現在では、労働組合の組織率は全体で20％を下回るとともに、大規模なストライキが発生することは稀有な現象となった。現在では、多くの従業員にとって自分の会社の労働組合がストライキを行うことなどは「夢物語」のように思われているといってもよいだろう。

　それでも、企業の恣意的な労務政策——たとえば、不当な労働条件、不当な解雇・配置転換、ハラスメントの横行など——に対して、労働者が対抗する共通の利益が存在しなくなったわけではないように思われる。また、従来の労働組合は会社単位で組織される企業別労働組合が主流であったため、「大企業」の「正社員」の利益が重視される傾向があったのに対して、近年では会社横断的な職業別労働組合や個人加盟の地域合同組合（ユニオン）が労働者の共通利

益を追求しうる存在となりつつある。このような新しい労働組合像を形成することができれば，憲法28条の「労働基本権」に再び出番が回ってくるように思われる。

📖 参考文献

渡辺賢「公務員の労働基本権」高見勝利ほか編『日本国憲法解釈の再検討』(有斐閣, 2004)

和田肇「憲法と労働法」法教413号 (2015) 4頁以下

倉田原志「憲法と労働法」日本労働法学会編『講座 労働法の再生』(日本評論社, 2017) 27頁

【植木　淳】

Chapter 16

法律の明確性
―― 「淫行」って何？

第1節　はじめに

　大学教員は，しばしば学生の答案用紙を解読できず，試験の採点に苦労することがある。その1つは，文字が判読不能で何が書いてあるかわからないために採点できない場合である。もう1つは，書いてあることは判読できるが意味が不明という場合である。文字が読みづらいのはなんとか推測して解読しようと試みることが可能になるが，文字が読めるのに意味がわからないというのは，ほとんどお手上げになる。

　同じようなことが，法律の場合にも発生する。法律の場合には文字が判読できないということ（難しい漢字が使われていて読めないという場合を除く）は考えにくいが，書かれている内容が不明確で，何を規律しようとしているのかよくわからないという場合は，しばしば問題になる。しかし，法律は専門用語が用いられているうえに，一般的・抽象的法規範として，意味がよくわからない単語が使われていることが多い。ただ，それが過ぎると，一般市民から見れば法律の意味内容がよくわからず，困惑することになる。

　そのような法律は何が問題なのだろうか。法律に規定されている内容がよくわからないというのは，答案用紙とは異なり，なぜ問題になるのだろうか。そして，そもそもどのような場合に，法律の内容がわからないという問題を引き起こすのだろうか。この法律の内容の理解不能という問題を憲法の視点からどのように考えることが必要になるのかという点をここでは検討してみよう。

第2節　不明確な刑罰法規

> 行為の結果に対する予測可能性

　一人ひとりの個人が自由な存在として尊重されているといえるためには，自分の行為の結果として，「私」が公権力によってどのように取り扱われるのかを予測できるようにしておくことが必要とされる。というのも，ある行為をしようとしても，その行為が規制されているのか否かが事前にわかっていないと，行為の結果として処罰されるかもしれないならやっぱりやめておこうとの自制が働いてしまい，結局，自由に行

動することをためらってしまうからである。そうなれば，社会の秩序を維持するための犯罪の処罰という刑罰権を独占する国や地方公共団体といった公権力の主体との関係で，ほんとうに一人ひとりの個人は自由な存在として尊重されているのか否かが非常に疑わしいことになるのである。

　この行為の結果に対する予測可能性は，まさに自由主義の要請として，犯罪処罰に関しては憲法31条から導かれる罪刑法定主義の1つの要素とされている（⇒ Chapter 18）。そして，この罪刑法定主義の観点から，法律の明確性も要請される。なぜなら，何が犯罪となるか不明確な法律規定は，市民に対してどのような行為が処罰されるのかを事前に告知していないのと同じになるからである。要するに，刑罰法規の明確性は，行為の結果に対する予測可能性という点で，罪刑法定主義の1つの内容として憲法31条から要請されることになる。

| 法適用機関の
恣意的適用の禁止 | 行為の結果に対する予測可能性は，さらに裁判所や捜査機関といった法適用機関による刑罰法規の恣意的な適用 |

可能性をも否定することになる。というのも，法適用機関による恣意的な解釈・運用によってある行為を処罰可能とするのか否かが決定されることになれば，まさに当該行為の処罰可能性は，法適用機関の解釈・運用行為に依存することになり，どのような行為が処罰され得るのかを予め告知していないのと同じになるからである。この点もやはり，行為の結果に対する予測可能性という観点で，公権力機関に対する罪刑法定主義からの禁止事項に含まれることになるのである。

　この点で，刑罰法規が不明確であれば，法適用機関による恣意的な解釈・運用を認めてしまう危険性が高いといえる。そして，不明確な刑罰法規によって犯罪を取り締まり，市民を処罰するというのは，まさに法適用機関による恣意的な解釈を許し，それによる適用可能性を生み出し，その結果として市民の行為の結果に対する予測可能性を否定してしまうという危険を招く可能性が生ずる。したがって，法適用機関による恣意的な解釈・運用を禁止するという観点からも，刑罰法規の明確性は要請されているということができるのである。

　ただし，行為の結果に対する予測可能性という観点から刑罰法規の明確性が要請される以上，当該可能性が維持されている限り，多少あいまいさが残っていても，そのあいまいさは憲法が禁止する不明確な刑罰法規になることはな

い。問題は，どのような場合に，刑罰法規が行為の結果に対する予測可能性を否定するほど不明確になるかということになる。

> 「交通秩序を維持すること」は不明確?

ある地方公共団体の公安条例は，デモ行進をする際の条件として「交通秩序を維持すること」という抽象的な文言で規制をかけ，それに違反する行為の先導者を処罰する規定を定めている。この規定がどのような行為を取り締まろうとしているのかが不明確であるとする問題を取り扱った最高裁判決（徳島市公安条例事件：最大判1975（昭和50）年9月10日刑集29巻8号489頁）は，まさに刑罰法規の明確性についての判断を下すことになった。

最高裁は，まず，「交通秩序を維持すること」との規定は，その文言だけを見れば「単に抽象的に交通秩序を維持すべきことを命じているだけで，いかなる作為，不作為を命じているのかその義務内容が具体的に明らかにされていない」という点を指摘する。この点に関して，通常の場合は，「交通秩序を侵害するおそれのある行為の典型的なものをできるかぎり列挙例示することによってその義務内容の明確化」を図っているが，問題の条例規定は「その点についてなんらの考慮を払って」おらず，「立法措置として著しく妥当を欠く」との問題点が指摘される。そして，最高裁は，刑罰法規が不明確のゆえに憲法31条に違反し無効であるとされるのは，「その適用を受ける国民に対して刑罰の対象となる行為をあらかじめ告知する機能を果たさず，また，その運用がこれを適用する国又は地方公共団体の機関の主観的判断にゆだねられて恣意に流れる等，重大な弊害を生ずるからである」との見解を示すことになる。

ただ，以上の判断に加えて，最高裁は，一般に法律の規定はその「文言の表現力に限界があるばかりでなく，その性質上多かれ少なかれ抽象性を有し，刑罰法規もその例外をなすものではない」という点を指摘する。そこから，いかなる行為が禁止されるのかを識別する基準となる法律規定の明確性といっても，「常に絶対的なそれを要求すること」はできないとの見解が示され，ある刑罰法規が不明確で憲法31条に違反するか否かは，「通常の判断能力を有する一般人の理解において，具体的場合に当該行為がその適用を受けるものかどうかの判断を可能ならしめるような基準が読みとれるかどうかによってこれを決定すべき」との憲法適合性判定のための命題が提示されることになる。

「交通秩序を維持すること」とは，デモ行進に「不可避的に随伴するものを指すものでないこと」は明らかにしつつ，それは道路でのデモ行進が「一般的に秩序正しく平穏に」行われたら発生する阻害の程度を超えた，「殊更な交通秩序の阻害をもたらすような行為」を禁止すべきことを命じているものと解されるし，「通常の判断能力を有する一般人が，具体的場合において，自己がしようとする行為」が禁止に触れるか否かを判断するにあたっては，秩序正しく平穏に行われるデモ行進に伴う阻害を生ずるにとどまるか，あるいは「殊更な交通秩序の阻害をもたらす」ものになるかを考えることにより，「その判断にさほどの困難を感じることはない」として，結局，最高裁は，「確かにその文言が抽象的であるとのそしりを免れない」とはいえ，そこからデモ行進において「秩序遵守についての基準を読みとることが可能であり，犯罪構成要件の内容をなすものとして明確性を欠き憲法31条に違反するものとはいえない」との結論を下すことになった。そしてその結果，道路いっぱいに広がって展開されるジグザグ行進を先導した者を処罰することは可能とされたのであった。

第3節　裁判所による限定解釈

一般市民にとっての明確性　刑罰法規が明確でなければならないのは，市民が自己の行為の結果を予測できるようにするためであり，最高裁も，刑罰の対象となる行為の事前の告知と公権力機関の恣意的な主観的判断の危険の回避をその根拠として挙げている。そして，最高裁は，刑罰法規の明確性判定の基準を，「通常の判断能力を有する一般人の理解」に求め，規範名宛人である一般市民が問題の刑罰法規の文言によっていかなる行為が禁止あるいは命令されているのかを理解し得るか否かに焦点を絞って，問題とされる文言の明確性を判定しようとしていた。すなわちそこでは，一般市民が，具体的場合に適用され得る法令の文言から，自己の行為が規制されているのか否かを判別できる場合には，当該文言は不明確ではないとされたのであった。というのも，通常の判断能力を有する一般市民ならば文言を見れば何がよくて何がダメかを理解できる以上，自己の行為の結果に対する予測可能性は認められ，そこで用いられている文言は決して不明確ではないという結論に至るからであっ

た。

「風俗を害すべき書籍」
＝わいせつ文書？

ところが，行為規範の明確性の問題であったはずの刑罰法規の明確性の要請が，徐々に違った側面での問題に方向転換していくことになった。それを示したのが，刑事事件ではなく，税関検査で国内への輸入が禁止されている「風俗を害すべき書籍，図画」の明確性が問題となった事件（税関検査事件：最大判1984（昭和59）年12月12日民集38巻12号1308頁）であった。その事件で，最高裁は，表現の自由に関連する問題であることの特殊性を示しつつ，規制の明確性の問題を取り上げたのであった。

最高裁は，まず，表現の自由を「特に重要視されるべきもの」とし，法律で表現の自由を規制する場合には，規制の「基準の広汎，不明確の故に当該規制が本来憲法上許容されるべき表現にまで及ぼされて表現の自由が不当に制限されるという結果を招くことがないように配慮する必要」があることを確認する。そのうえで，最高裁は，表現の自由を規制する法律規定の限定解釈が許容される場合として，「その解釈により，規制の対象となるものとそうでないものとが明確に区別され，かつ，合憲的に規制し得るもののみが規制の対象となることが明らかにされる場合でなければならず，また，一般国民の理解において，具体的場合に当該表現物が規制の対象となるかどうかの判断を可能ならしめるような基準をその規定から読みとることができるものでなければならない」との命題を提示する。そうでなければ，「規制の基準が不明確であるかあるいは広汎に失するため，表現の自由が不当に制限されることとなるばかりでなく，国民がその規定の適用を恐れて本来自由に行い得る表現行為までも差し控えるという効果を生むこととなる」からであるとの理由が明示されるのであった。

以上の判断から，最高裁は，「風俗を害すべき書籍」との「文言が専ら猥褻な書籍，図画を意味することは，現在の社会事情の下において，わが国内における社会通念に合致するものといって妨げない」し，わいせつ文書の規制が「憲法21条1項の規定に違反するものでないこと」は従来の判例から明らか（⇒ Chapter 08）であるので，上記のように「風俗を害すべき書籍」を「限定的に解釈すれば，憲法上保護に値する表現行為をしようとする者を萎縮させ，表現の自由を不当に制限する結果を招来する」ことはないとして，限定解釈すれ

ば規制は不明確でないとの判断を下したのであった。

　この判断において「一般国民の理解」は，問題の規定の文言自体の明確性を判定するために用いられているのか，限定解釈された内容から導き出される基準をベースにした予見可能性の判定に用いられるものなのかは必ずしも定かでない。そのために，この多数意見の判断に対しては，伊藤正己ほか4裁判官の反対意見が，表現の自由を規制する法律規定が不明確で，何が規制の対象となり，何がその対象とならないのかが明確な基準で示されていない場合，国民に対してどのような行為が規制の対象となるかを適正に告知する機能を果たしておらず，また，規制機関による恣意的な適用を招く危険があるうえに，「国民がその規定の適用を恐れて本来自由にすることができる範囲に属する表現までをも差し控えるという効果の生ずることを否定できない」という点を強調する。そしてそこから，限定解釈ではなく，あくまでも規定の文言の明確性から問題を取り上げて，「風俗を害すべき書籍」との規定は「不明確であると同時に広汎に過ぎるものであり，……憲法21条1項に違反し，無効であるといわなければならない」との見解を示したのであった。

第4節　裁判規範の明確性？

「淫行」＝淫らな行為？　　上記の限定解釈をすれば規制が明確になるという点から，刑罰法規の明確性の問題を取り上げたのが，青少年の健全な育成を図り，青少年を保護することを目的として定められた青少年保護育成条例による「淫行」行為の処罰の問題である。最高裁では，青少年（法令により成年者と同一の能力を有する者を除き，小学校就学の始期から満18歳に達するまでの者）に対し淫行行為をした者を処罰することが刑罰法規の明確性の観点で問題であるとされた（最大判1985（昭和60）年10月23日刑集39巻6号413頁）。

　最高裁は，ここでの明確性の問題を，まず，「淫行」とは「広く青少年に対する性行為一般をいう」のではなく，「青少年を誘惑し，威迫し，欺罔し又は困惑させる等その心身の未成熟に乗じた不当な手段により行う性交又は性交類似行為のほか，青少年を単に自己の性的欲望を満足させるための対象として扱っているとしか認められないような性交又は性交類似行為をいうもの」との

限定解釈を施して，問題を検討する。というのも，「淫行」を「性行為一般」と解すれば，「『淫らな』性行為を指す『淫行』の用語自体の意義に添わない」だけでなく，婚約中の青少年や真摯な交際関係にある青少年との間で行われる性行為等，「社会通念上および処罰の対象として考え難いものを含む」ことになるし，また，「単に反倫理的あるいは不純な性行為と解するのでは，犯罪の構成要件として不明確である」ために，規定の文理から合理的に導き出され得る解釈の範囲内で限定して解するのが相当であるとの判断が，その理由とされる。

　そのうえで，最高裁は，「このような解釈は通常の判断能力を有する一般人の理解にも適うものであり，『淫行』の意義を右のように解釈するときは，同規定につき処罰の範囲が不当に広過ぎるとも不明確であるともいえない」から，問題の規定が憲法31条の規定に違反するものではないとの憲法判断についての結論を示す。その結果，この事件では，上記のように限定解釈された内容での処罰の可否に関しては，諸事情に照らして，被告人が少女を「単に自己の性的欲望を満足させるための対象として扱っているとしか認められないような性行為をした場合に該当する」から，ここで取り上げられた行為が「淫行」に当たるとした判断は正当であるとの結論が下されることになった。

> 一般人の理解を超える限定解釈？

この多数意見の限定解釈による明確性の判定には，伊藤正己裁判官の反対意見が，そのような解釈の可能性という観点から批判を投げかける。まず，伊藤裁判官は，「ある刑罰法規があいまいで不明確である理由でもって憲法31条に違反すると認めるべきかどうかは，通常の判断力を有する一般人の理解において，具体的場合に当該行為がその適用を受けるものかどうかの判断を可能ならしめるような基準が読みとれるかどうかによって決定すべきである」との，本来の明確性に関する命題を維持する判断から始める。そして，「多数意見の示すような限定解釈は一般人の理解として『淫行』という文言から読みとれるかどうかきわめて疑問であって，もはや解釈の限界を超えたものと思われる」との見解を示したうえで，憲法の自由保障という趣旨から見て本来処罰されるべき範囲は「不当な手段により青少年との性交又は性交類似行為がなされた場合に限られると解する」ことになるが，このような解釈も「淫行」という「文言の語義からいつても無理を伴うも

ので，通常の判断能力を有する一般人の理解の及びえないもの」になってしまうとの考えが示される。そのために，伊藤裁判官は，限定解釈の不能性から，「淫行」という文言は「正当に処罰の範囲とされるべきものを示すことができず，……犯罪の構成要件の明確性の要請を充たすことができないものであつて，憲法31条に違反し無効というほかはない」との結論を示した。ここでは要するに，「淫行」という文言を問題にして，裁判官がその文言をいかに限定解釈しても，その解釈は一般人の理解の及び得ないような内容になるから，そのような文言は「刑罰法規に対して要求される明確性を欠くものであつて，違憲といわざるをえない」としているのであった。

<u>裁判規範と行為規範</u>　刑罰法規の明確性の要請は，本来，行為の結果に対する予測可能性から導かれることから，市民の行動の自由の確保と法適用機関の恣意的解釈・運用の排除という2つの内容を構成要素として根拠づけられていた。ところが，最高裁の多数意見は，文言の不明確性を解消する方法として規定の文理から合理的に導き出され得る範囲内で通常の判断能力を有する一般人の理解にかなうはずの限定解釈を施し，その解釈の下で明確性を判定している。この点から，谷口正孝裁判官の反対意見は，「明確性の要請は，一方，裁判規範としての面において，刑罰権の恣意的な発動を避止することを趣旨とするとともに，他方，行為規範としての面において，可罰的行為と不可罰的行為との限界を明示することによって国民に行動の自由を保障することを目的とするものである」が，「裁判規範の面における明確性と行為規範の面におけるそれとは表裏一体の関係」にあり，「前者の面において犯罪構成要件の意味内容において明確性を欠くときは，公権力の恣意的発動を招来するものであって，国民に対し拠るべき行為基準を示しえないばかりでなく，その法的地位の安定性を損なう」との指摘を行う。そのうえで，「淫行」概念に含まれる「性交及び性交類似行為は，人間の営む行為として，もともと違法・適法の価値判断に親しまない価値中立的行為」であり，そこに「誘惑，威迫等の手段・方法に違法性のある場合を挙げる」ことで規範内容を限定しようとするが，そのような「規範内容を『通常の判断能力を有する一般人の理解』において読みとることができるかどうか」は疑問であるとして，「性行為一般がもともと性的欲望の充足を目的とする人の営為であること」を考慮に入れれば，

「淫行」概念は「明確性の基準に欠けるものとの非難を免れない」との結論を導き出すことになる。

なお，島谷六郎裁判官の反対意見は，罪刑法定主義の要請としての犯罪構成要件の明確性という行為規範としての側面のみに注目して，「淫行」といった「はなはだ漠然として不明確な表現をもって犯罪を定め，処罰の対象とすることは，刑罰法規として，犯罪構成要件の明確性を欠くものであり，罪刑法定主義の要請に反するものである」との判断を下すことになる。もちろんそこでも，「青少年に対する何らかの性的行為が青少年の保護育成上有害であるとして，これを禁止すること自体は，条例制定者の政策決定の問題であるが，刑罰をもつて臨む以上は，禁止しようとする行為，そして処罰の対象となる行為を，条例上明確に規定すべき」であり，「淫行」という概念を限定解釈することで不明確性を解消して合憲ならしめようとしても，「そこに示された解釈は，『淫行』という言葉から通常の判断能力を有する一般人が想到し得る範囲をはるかに超えている」との非難を行うのであった。

第5節　おわりに

刑罰法規の明確性は，その後も最高裁の限定解釈により合憲との判断が続くことになる。たとえば，広島市暴走族追放条例事件（最判2007（平成19）年9月18日刑集61巻6号601頁）でも，暴走族およびそれに類似する集会の規制対象の不明確性が問題にされたが，「暴走族による集会等が公衆の平穏を害してきたこと」や，処罰を市長の中止命令に従わない者にしている段階的なものであることを理由に，限定解釈すれば憲法21条1項，31条に違反するとまではいえないとの結論を下している。ただ，条文を文字どおりに解すると，そこから多数意見のいうような限定解釈を導くことができるのか否かを問題にする藤田宙靖裁判官の反対意見や，「通常の判断能力を有する一般人の視点に立ったとき」，やはりその文言から多数意見が述べるような「限定解釈に辿りつくことは極めて困難」とする田原睦夫裁判官の反対意見が付されている。

しかし，限定解釈の可能性というよりも，刑罰法規の明確性は，裁判官による限定解釈を通しての裁判規範としての明確性ではなく，市民に対する行為規

範としての側面から文言の明確性の判定をすべきではないのかという点はやはり問題になる。すなわち，法適用機関である裁判所，裁判官が社会通念によって条文を限定解釈し，それがそのまま一般人の理解によっても規範内容として明確になるとする論法は，本当にそれでよいのかという問題である。

最高裁自身も，公務員の争議行為およびそのあおり行為の規制に関して次のように述べていた（全農林警職法事件：最大判1973（昭和49）年4月25日刑集27巻4号547頁）。すなわち，「行為自体の違法性の強弱または社会的許容性の有無」を論ずるような「限定解釈は，かえって犯罪構成要件の保障的機能を失わせることとなり，その明確性を要請する憲法31条に違反する疑いすら存する」としたのである。もちろんそれは，法令の文言自体が明確であれば，当該規制の合憲性をそのまま判断すればよいという趣旨で述べられた事例ではあったが，刑罰法規の明確性そのものが問題とされる場合は，限定解釈という手法でたとえ裁判規範としての明確性が導けたとしても，規範の名宛人である一般市民にその規範内容が文言から読み取れるかが問題なのである。一般市民は法律の専門家ではない。専門家の施す解釈を事前にどこまで理解できるのか。この点を考慮して，明確性の問題は，そもそも法律条文の内容が「通常の判断能力を有する一般人」に理解できるか否かであるという点から，一般市民にとっての行為規範としての明確性であり，一般市民の側から事件が発生しないとわからないような裁判官の限定解釈による裁判規範としての明確性ではないといえるのではないだろうか。

📖 参考文献

佐伯仁志「刑罰法規の明確性・広汎性」山口厚・佐伯仁志編『刑法判例百選1 総論〔第7版〕』（有斐閣，2014）6頁

宍戸常寿「青少年保護育成条例による淫行禁止」磯部力ほか編『地方自治判例百選〔第4版〕』（有斐閣，2013）51頁

【春名麻季】

Chapter **17**

適正手続の保障
―― 「結果良ければすべて良し」とはならない？

第1節　はじめに

　不当に身体の拘束を受けない自由である「人身の自由」(「身体の自由」ともいう) に分類される自由・権利については，日本国憲法のもとでは比較的豊富な保障規定 (憲法18条・31条・33～39条) が置かれているが，そうした規定の多くは，適正な手続保障と表裏一体の関係にあるものでもある。人身の自由保障規定の多くは，主として刑事手続の被疑者・被告人の自由を念頭に置いたものであり (ただし，後述するようにこれらの規定の対象が必ずしも刑事手続に限定されるわけではない)，そうした自由は必然的に適正な刑事手続 (あるいはその他の手続) の要請という意味を含むものでもある。

　明治憲法においては，人身の自由および手続保障に関する定めとしては，23条の「日本臣民ハ法律ニ依ルニ非スシテ逮捕監禁審問処罰ヲ受クルコトナシ」，25条の「日本臣民ハ法律ニ定メタル場合ヲ除ク外其ノ許諾ナクシテ住所ニ侵入セラレ及捜索セラルヽコトナシ」という規定を見るくらいであったが，これらの規定により保障された自由も，法律や命令によって大幅に制限される可能性が残されており，実際，治安維持法が制定された後には，官憲による拷問や恣意的逮捕など，適正手続の要請に反する自由の制限が後を絶たなかったことが知られている。こうした反省もふまえ，人身の自由および適正手続の豊富な保障規定を持つに至った戦後の日本国憲法には，手続保障を重視する英米法の影響が見られ，そこでは刑事上の「実体的真実主義」から「適正手続主義」への転換がしばしば語られる。

　もっとも，これらの適正手続保障規定の解釈および妥当範囲をめぐっては，様々な問題がある。以下では，日本国憲法において適正手続保障の総則的規定ともいえる憲法31条 (法定手続の保障) を中心に，さらに35条 (住居侵入および書類・所持品等の捜索・押収に際しての令状主義) および38条1項 (自己に不利益な供述の強制の禁止) を取り上げ，これらの条項をめぐって提起される問題を検討していこう (なお，39条の定める「事後法の禁止」については，⇒ Chapter 18)。

第2節　法定手続の保障（憲法31条）

適正手続保障の原則的規定　「何人も，法律の定める手続によらなければ，その生命若しくは自由を奪はれ，又はその他の刑罰を科せられない」（憲法31条）。この条項は，アメリカ合衆国において南北戦争後の1865年に連邦憲法に追加され，以降重要な役割を果たしてきた修正14条のデュー・プロセス条項——同条項は，「法の適正な手続（due process of law）」によらずに「生命，自由もしくは財産」を剥奪することを禁止する——の規定にならって設けられたものであり，日本国憲法においても，人身の自由と適正手続保障を実あるものとしていくうえで，きわめて重要な規定である。それは学説によって，人身の自由と適正手続保障の基本原則を定めた規定であるとか，手続保障の通則的規定であるといった位置づけが与えられている。

法定か適正か，手続か実体か　こうした憲法31条の及ぶ範囲をめぐってはいろいろと問題がある。31条は，条文だけみるなら，「法律の定める手続」のみを要求しているように読める。そうしたことから，この条項は，①手続の「法定」（法律で定めること）のみで足りるという意味なのか，それとも法定手続の「適正」までも要請するものなのか，さらには，②「手続」の保障のみで足りるとするのか，それとも「実体」の法定または適正までも要請しているのか，という点が問題にされてきた。ここに「実体」として念頭に置かれているのは，具体的には「罪刑法定主義」であるが，この問題については別の箇所に譲り（⇒ Chapter 18），ここでは①の問題のみ取り上げよう。

手続は「適正」でなければならない　もっともこの点については，憲法31条は手続の「法定」のみならず「適正」までも要請するものであるという点で，現在の学説はほぼ一致しているといってよい。いくら手続が法律で定められていたとしても，その内容が適正なものでなければ意味をもたないというのがその理由である。そういう意味でこの条項は，文字どおり「適正手続の保障」を定めたものなのである。

それでは，「適正手続」の内容としては具体的にはどのようなものがあるか。すでに見たように，憲法33条以下の条文にも適正手続保障が数多く含まれてい

るが，33条以下ではカバーされない，したがって31条で保障される「適正手続」の内容として挙げられるのは，「告知と聴聞」の保障である。公権力が国民に刑罰その他の不利益を科すには，当人にその内容を知らせ，防御の機会を与えなければならないというわけである。

> **所有物没収にも弁解の機会が必要**

憲法31条で要求される法定手続が適正なものでなければならないということは，実は判例も当然の前提としていると考えられ，その意味でも解決済みの論点といってよい。この点については，「告知，弁解，防御の機会」を与えることなく所有物を没収することを違憲と判断した，第三者所有物没収事件判決（最大判1962（昭和37）年11月28日刑集16巻11号1593頁）が参考になる。

この事件で最高裁は，密輸を企てた被告人の船舶に積んであった第三者の所有物を，旧関税法118条1項――それは，密輸貨物の運搬等をする罪に関して「犯罪に係る貨物」を没収する旨定めていた――により没収することについて，「所有物を没収せられる第三者についても，告知，弁解，防禦の機会を与えることが必要であつて，これなくして第三者の所有物を没収することは，適正な法律手続によらないで，財産権を侵害する制裁を科するに外なら」ず，「憲法31条，29条に違反するものと断ぜざるをえない」と述べている。最高裁は，憲法31条の手続保障の意味することについて，正面から論じているわけではないが，こうした説示から，憲法31条が「適正な法律手続」を要請するものとして理解されていることは明らかであろう。

なお，ここで詳しく立ち入ることはできないが，この判決では，当事者（被告人）による「第三者の権利」の主張の可否についても触れられている。これは，憲法訴訟論において「憲法上の争点を提起する適格」として扱われてきた論点に関するものであり，本判決は，従来の判例を変更し，第三者の権利の主張を認めていることでも注目される。そういう意味でも本判決は，一度はじっくり読んで検討しておきたい判例の1つである。

> **行政手続にも用いられるのか**

憲法31条による手続保障の範囲に関して提起される問題としてはなお，同条が，刑事手続以外の手続，とりわけ行政手続に対しても及ぶのか，という問題がある。31条の文言が，法定の手続によらずして「その生命若しくは自由を奪はれ，又はその他の刑罰を科せられ

ない」と述べていることからすると，同条が典型的には刑事手続を念頭に置いたものであることは疑いない。それでは，刑事手続以外には同条の出番はないのであろうか。これは，憲法31条に限らず，同じく刑事手続を主として念頭に置いた33条以下の規定についても生じ得る問題である。

学説においては，適正手続を保障する憲法31条が，行政手続に対しても適用ないし準用されると説く立場が有力である。その理由としては，たとえば，税務調査のための事業所への立入りや，風俗営業の不許可処分の例などに見るように，現代国家においては行政が国民生活の諸領域に深く浸透し，刑事手続と同様に，あるいはそれ以上に国民の権利に大きな影響を及ぼしていることから，そうした行政の活動にも手続上の適正が求められる，という点が挙げられる。もっとも，憲法31条を行政手続に及ぼすことに消極的な立場もある。この立場も，憲法上の要請として行政手続が適正であるべきことは認めるのだが，ただ，その根拠を憲法31条ではなく，他の条項——通常は憲法13条——に求めるのである。そうだとすれば，行政手続も適正であるべきだということについては学説は一致しており，見解の違いは，その根拠を憲法のどの条文に求めるかという解釈技術にかかわるものに過ぎないと見ることもできよう。

>建物の使用禁止命令に告知・弁解は不要？

判例も，憲法31条が刑事手続以外の手続に適用ないし準用され得る可能性については，これを認めている。ただ，この点に関する判例の立場は，決して積極的なものとはいえない。そのあたりは，この問題について最高裁が初めて論じた，成田新法事件判決（最大判1992（平成4）年7月1日民集46巻5号437頁）の説示の中に見てとることができる。

これは，空港建設に対する反対闘争が激化したため，新空港の安全確保のためとして制定された法律により，「規制区域内」のある建造物を，「多数の暴力主義的破壊活動者の集合の用」に供すること等を禁止する命令が発せられたことに対し，建造物の所有者が処分の取消しを求めた事件に関するものである。

この事件では，問題となった法律の規定に対しては，様々な違憲の主張がなされているが，その1つとして，禁止命令に際して相手方に告知・弁解・防禦の機会を与えなかったことが問題にされた。最高裁は，①「憲法31条の定める法定手続の保障は，直接には刑事手続に関するものであるが，行政手続につい

ては、それが刑事手続ではないとの理由のみで、そのすべてが当然に同条による保障の枠外にあると判断することは相当ではない」と述べ、初めて憲法31条が行政手続にも及び得ることを認めたが、これに続く説示としては、②「同条による保障が及ぶと解すべき場合であっても、一般に、行政手続は、刑事手続とその性質においておのずから差異があり、また、行政目的に応じて多種多様であるから、行政処分の相手方に事前の告知、弁解、防御の機会を与えるかどうかは、行政処分により制限を受ける権利利益の内容、性質、制限の程度、行政処分により達成しようとする公益の内容、程度、緊急性等を総合較量して決定されるべきものであって、常に必ずそのような機会を与えることを必要とするものではないと解するのが相当である」と述べるにとどめ、③「総合較量」の結果、「命令をするに当たり、その相手方に対し事前に告知、弁解、防御の機会を与える旨の規定がなくても、本法（いわゆる成田新法＝引用者）3条1項が憲法31条の法意に反するものということはできない」と判断している。

ここでは、行政手続が、当然に憲法31条による保障の枠外にあると判断することは相当でないと述べられるにとどまっており、同条の保障が行政手続に及ぶ範囲と程度については必ずしも判断が示されているわけではない。

行政手続法　行政手続一般について定めた法律は長い間存在していなかったが、1993（平成5）年に行政手続法が制定された。この法律は、「処分、行政指導及び届出に関する手続並びに命令等を定める手続に関し、共通する事項を定めることによって、行政運営における公正の確保と透明性……の向上を図り、もって国民の権利利益の保護に資すること」（1条1項）を目的とし、広く行政手続に関する定めをおいている。このうち、不利益処分（2条4号参照）については、原則として、その相手方に聴聞・弁明の機会を付与し（13条1項）、理由を提示しなければならないものとされている（14条）。もっとも、一定の行政分野については、同法の適用除外が認められるほか（3条・4条参照）、個別法による適用除外も認められている（1条2項）。したがって、行政手続法の制定によっても、憲法原則としての行政手続の適正を論じる意義がなくなったわけではなく、とりわけ上記の適用除外規定については、それが憲法31条等に抵触しないか、なお検討が必要である。

第3節　住居侵入・捜索・押収に際しての令状主義（憲法35条）

憲法35条の保障の意味　憲法35条は，1項で「何人も，その住居，書類及び所持品について，侵入，捜索及び押収を受けることのない権利は，第33条の場合を除いては，正当な理由に基いて発せられ，且つ捜索する場所及び押収する物を明示する令状がなければ，侵されない」と，2項で「捜索又は押収は，権限を有する司法官憲が発する各別の令状により，これを行ふ」と定めている。

　住居や所持品は人の私生活の中心をなすきわめて重要なものであるにもかかわらず，主として犯罪捜査に名を借りた国家権力による恣意的な住居侵入や所持品剥奪等が繰り返されてきたことは，歴史の物語るところである。憲法35条は，国家が個人の住居に立入り所持品等を捜索・押収することを令状主義の下に置くことにより，公権力による個人の私的領域への恣意的侵入を防止し，こうした領域を保護しようとするものである。

　ここにいう「住居」とは，「およそ人が私生活の保護について合理的期待を抱く場所」と解され，必ずしも住宅に限定されず，事務所や旅館の居室等も含む。「所持品」とは現に身につけている物品だけでなく，当人の占有する（つまり当人が現実に支配している）すべての物件を指す。また「侵入」とは，管理者の同意なしに「住居」内に立ち入ることをいうが，物理的に内部に押し入ることだけでなく，たとえば盗聴行為なども「侵入」に当たると解される。なお，「捜索」とは，特定の物を探す目的で住居・所持品を点検することを，「押収」とは，特定の物の占有を強制的に取得することをいう。

　また憲法35条における「令状」は，同条の趣旨から，裁判官が発するものと解され，その内容も捜索の場所および押収する物が具体的に特定されているものでなければならず，包括的な令状は許されない。

税務調査のための検査と令状主義　憲法35条においても，31条の場合と同じく，その保障が行政手続に対しても及ぶかという点が問題になる。この点について最高裁は，31条の場合よりも早く，1972年の川崎民商事件判決（最大判1972（昭和47）年11月22日刑集26巻9号554頁）において検討している。

これは，税務署による税務調査を拒んで起訴された者が，当該調査が違憲であるとして争った事件に関するものである。旧所得税法は，収税官吏が調査に必要であるときは納税義務者等に質問し，帳簿書類等の物件を検査することができる旨を定め（63条），質問に答弁しない者や検査を妨害等した者に対して罰則を科していた（70条10号・12号）。ここでは，令状によることなく事業所等に立ち入る税務検査が，憲法35条に違反しないか，という問題について，最高裁の述べたところを見ておこう（なおこの事件では，憲法35条違反のみならず，質問への回答を強制する点で38条1項（後述）に違反する旨，および問題となった法律の規定が不明確で31条に違反する旨の主張（⇒ Chapter 16）も行われている）。

　　刑事手続以外にも及び得るはずなのだが…　この問題を論じるに当たり最高裁はまず，問題となった検査が，罰則を伴うものであるにせよ，「もつぱら，所得税の公平確実な賦課徴収のために必要な資料を収集することを目的とする手続であつて，その性質上，刑事責任の追及を目的とする手続ではない」こと，および，その場合の強制の度合いが，「それが検査の相手方の自由な意思をいちじるしく拘束して，実質上，直接的物理的な強制と同視すべき程度にまで達しているものとは，いまだ認めがた」く，「その目的，必要性にかんがみれば，右の程度の強制は，実効性確保の手段として，あながち不均衡，不合理なものとはいえない」ことを指摘する。

　そして，憲法35条1項の規定は，「当該手続が刑事責任追及を目的とするものでないとの理由のみで，その手続における一切の強制が当然に右規定による保障の枠外にあると判断することは相当ではない」としつつも，「しかしながら，前に述べた諸点を総合して判断すれば」，問題となった検査が，「あらかじめ裁判官の発する令状によることをその一般的要件としないからといつて，これを憲法35条の法意に反するものとすることはでき」ないと判示している。

　ここでもやはり，刑事責任追及を目的としない手続が当然に憲法35条による保障の枠外にあると判断することは相当ではない，ということ以上に踏み込んだ判断が十分にされているとはいえず，本判決の20年後に，先に見た成田新法事件判決が憲法31条と行政手続について述べたことと同様の問題を残すものとなっている。

212

第4節　自己に不利益な供述の強要の禁止（憲法38条1項）

> 憲法38条1項の意味

憲法38条は，やはり刑事手続を主に念頭におき，総じて「自白を強制されない自由」を保障したものとして理解することができるが，ここでは特に，38条1項の「何人も，自己に不利益な供述を強要されない」という規定を取り上げよう。

憲法38条1項は，アメリカ合衆国憲法修正5条の自己負罪拒否特権に由来するものであり，自白偏重がもたらす権利侵害等の弊害を防止することにその目的がある。ここに，「自己に不利益な供述」とは，自己の刑事責任に関して不利益となる供述をいい，たとえば刑罰等の基礎となる事実や量刑にかかわる事実に関する不利益な供述が該当する。また，「強要されない」とは，「不利益な供述」を避けた場合に，処罰その他法律上の不利益を課されないことを意味する。

> 黙秘権も保障される？

刑事訴訟法は，刑事責任に関する証言拒絶権を保障したほか（146条），さらに，被疑者・被告人に対していわゆる黙秘権を保障しているが（198条2項・291条3項・311条1項），こうした黙秘権の保障は憲法上の要請に基づくものか否かについては，争いがある。

黙秘権という概念は，①憲法38条1項で保障された，「自己に不利益な供述を拒否する権利」の意味で用いられることもあるが，さらに，②刑事訴訟法198条2項および311条1項に見るような，「自己の意思に反する一切の供述を拒否する権利」の意味で用いられることもある（「完全な黙秘権」とも称される）。憲法38条1項との関係が問題になるのは，②の意味の黙秘権である。この点，刑訴法の保障する黙秘権は，そのすべてが憲法上の要請によるものではなく，憲法の保障を拡大したものであると一般に考えられているが，被疑者・被告人に関する限り，その供述はどのようなものであっても，自己の刑事責任に関し不利益となるおそれがあることを理由に，憲法の要請に基づくものと解する説もある。

> 行政手続にも及ぶか？

憲法38条1項の定める，自己に不利益な供述の強要禁止は，行政手続においても問題となり得る。とりわけ，

種々の目的のために報告，届出，答弁あるいは記帳等の義務を課し，これに応じない者に一定の刑罰を科す行政法規が，憲法38条1項に違反しないかをめぐってしばしば問題にされてきたが，最高裁はいずれも合憲と判断している。

すなわち最高裁は，①麻薬等の使用の帳簿記載義務（旧麻薬取締法14条1項。なお，現行の麻薬及び向精神薬取締法37条以下参照）について，麻薬等の取扱者として免許された者は，取締法規の命ずる「一切の制限または義務に服することを受諾しているもの」ととらえ（最判1954（昭和29）年7月16日刑集8巻7号1151頁），②自動車運転者の交通事故報告義務（道交法旧67条。なお現行法72条参照）について，報告すべき「事故の内容」に「刑事責任を問われる虞のある事故の原因その他の事項」は含まれていないと解し（最大判1962（昭和37）年5月2日刑集16巻5号495頁），③所得税に関する収税官吏の質問検査（旧所得税法63条。なお，現行所得税法234条参照）について，「実質上，刑事責任追及のための資料の取得収集に直接結びつく作用を一般的に有する手続」ではないと判断し（前述の川崎民商事件），さらに，④医師が「死体又は妊娠4月以上の死産児を検案して異状があると認めたとき」の届出義務（医師法21条）について，「本件届出義務の公益上の必要は高い」一方で，「犯罪行為を構成する事項の供述までも強制されるものではな」く，また「医師免許は，人の生命を直接左右する診療行為を行う資格を付与するとともに，それに伴う社会的責務を課するものである」こと等から，同届出義務が，「医師免許に付随する合理的根拠のある負担として許容されるべきもの」であると述べ（最判2004（平成16）年4月13日刑集58巻4号247頁），これらについて定めた規定が——その違反に対して刑罰が科されるにもかかわらず——いずれも違憲ではないと判断している。

第5節　おわりに

かつてお茶の間で人気を博した「水戸黄門」と呼ばれるテレビドラマがあった。舞台は江戸時代，副将軍である黄門様とその一行が旅の途中で，庶民を苦しめる悪代官らに対して徳川の家紋の入った印籠を示し，「この紋所が目に入らぬか！」の一声とともに，小悪党らを一刀両断のもとに裁くという筋立てで，こうした「名裁き」はそれはそれで胸のすく思いにさせられる一面があ

る。しかしながら，いまの憲法の下では，このような「手続」を無視した問答無用的な裁判が許されないのは，これまで見てきたところからも明らかであろう。しかし，黄門様のような「名裁き」は，日本国憲法の下ではなぜ許されないのであろうか。刑事裁判などで多少手続に問題があったとしても，裁判の「結果」が正しければそれでよいのではないかとも思われる。要するに，適正手続が保障されなければならないのは，なぜであろうか。

　ここでまず理解しておかなければならないのは，日本国憲法の下では，刑事裁判等の「手続」は，正しい裁判結果（実体）に至るための単なる「手段」としてのみ位置づけられているのではない，ということである。そうではなくて，これまで見てきたような「適正な手続」自体に，重要な価値が置かれているのである。「適正な手続」とは，刑事裁判の場合は被疑者や被告人らをも「個人」としてその自由と主体性を認め，その意見を十分に述べることを可能にするような手続であるということができる。それはまさに，日本国憲法の根底にある「個人の尊重」原理（⇒ Chapter 02）の，1つの現れ方にほかならない。併せてそれは，公的決定に関係者の意思を反映させようとする民主制原理とも，相通ずるものがあるといえる。日本の場合，従来ややもすると，正しい裁判結果のみを追求する「実体的真実主義」に走りがちで，適正手続という面はないがしろにされる傾向があった。しかしながら，日本国憲法の下では，「結果良ければすべて良し」というわけにはいかないのである。

　このことは，刑事手続のみならず，現代社会においてますます影響力を増している行政手続についても当てはまる。しかしながら，前節までに見てきたところからもわかるように，適正手続に関する日本国憲法の諸規定が，行政手続に対しても及ぶのか，及ぶとしたらいかなる場合にどの程度及ぶのかという問題に対して，最高裁の立場ははなはだあいまいであるといわざるを得ない。もっとも，この点は学説も同様であり，適正手続保障規定の妥当範囲，とりわけ行政手続との関係について，これまで十分に満足のいく答えを打ち出してきたとは言い難いのが実情である。今後，適正手続保障の趣旨をふまえつつ，さらなる検討が望まれるところである。

📖 参考文献

安念潤司「憲法問題としての『手続上の権利』」ジュリ884号（1987）246頁
市川正人「刑事手続と憲法31条」樋口陽一編『講座憲法学』（日本評論社, 1994）197頁
棟居快行「適正手続と憲法」樋口陽一編『講座憲法学』（日本評論社, 1994）229頁
大石眞「憲法的刑事手続」大石眞・石川健治編『憲法の争点』ジュリ増刊（2008）158頁

【門田 孝】

Chapter 18

罪刑法定主義と事後法の禁止
―― 後出しはずるくない？

第1節　はじめに

　じゃんけんの後出しで負けるという事態は，何ともいえず不愉快な気分になる。それと同じように，あるいはそれ以上に，自分にとって不利なルールに後で変わる（たとえばスリーストライクを取ってからストライクは4つ取らないとアウトにしないとルールが変わるようなもの）ということを認めるのも，ゲーム進行に不合理さを感じるのはいうまでもない。憲法は，国がそのような不合理なことを行うのを禁止する原理を定めている。それが罪刑法定主義と，そこからの帰結となる事後法の禁止である。しかし，後出しはなぜ不合理で禁止されるだろうか。後から不利益を課せられるということは，なぜ不当な国家権力の発動として許されないのだろうか。ここではそれを考えてみよう。

第2節　憲法原理としての罪刑法定主義

法律による刑罰の規定　判例法を中心とする英米のコモン・ロー体制の法制度とは異なり，成文法を中心にするヨーロッパ大陸や日本の法制度では，なによりもまず，いかなる行為が刑罰の対象になるのかを予め法律で定めておかなければならないという罪刑法定主義の原理が登場する。というのも近代以降，自力救済を否定し，刑罰権を国家が独占するようになると，その刑罰権は不可侵で普遍的とされる基本的人権そして憲法上保障される自由・権利に対する最も重大な脅威となり，もしその恣意的発動を許すことになると，個人の自由や権利は最も危険な状態に置かれるからである。フランス人権宣言8条2文も，「何人も，犯行に先立って制定され，公布され，かつ，適法に適用された法律によらなければ処罰されない」として，この罪刑法定主義の原理を明文で規定している。

　罪刑法定主義は，近代立憲主義の下で，まず民主主義の原理から要請される。すなわち，どのような行為が犯罪とされ，どのように処罰されるかについて，国民の代表機関である議会（日本の場合は国会）の定める法律によって予め規定されていなければならないということである。これは，国家の刑罰権発動

の根拠を国民代表機関の議会の定める法律（すなわち，国民の代表者による多数決での承認）にのみ求め，そのことから恣意的な刑罰権発動を抑制しようとするものである。日本国憲法は，この点について，行政機関の定める政令は「特にその法律の委任がある場合を除いては，罰則を設けることができない」（憲法73条6号）とし，あくまでも刑罰権発動を法律によりコントロールすることにしている。

　この民主主義的要請の問題に関して，最高裁は，国家公務員法102条1項で禁止される公務員の政治的行為の具体的内容を人事院規則に委任し，その違反に対して同法110条1項19号で処罰することが憲法に違反しないかどうかが争われた事件（猿払事件：最大判1974（昭和49）年11月6日刑集28巻9号393頁）で，次のような判断を下した。すなわち，国家公務員法102条1項の禁止は，行政の中立的運営とそれに対する国民の信頼の維持のためになされる合理的で必要やむを得ない規制であり，公務員の政治的中立性を損なうおそれのある政治的行為を具体的に定めるよう人事院規則に委任するものであって，刑罰の対象となる政治的行為の定めを一様に委任するからといって，そのことが「憲法の許容する委任の限度」を超えることにはならないとの簡単な判断で合憲との結論を示した。ただ，この判断に対しては，犯罪の構成要件となる具体的行為の内容を一様に規則に委任しても憲法違反にならない（すなわち罪刑法定主義に違反しない）という結論が本当にそれでよいのかとの批判もある。

> 地方議会の制定する条例での犯罪処罰の可否

　また，罪刑法定主義との関係での法律による犯罪処罰の事前の規制に関しては，地方議会の決定によって制定される条例でそれを定めることができるのかという問題も提起される。

　この点に関して，住民の代表機関である地方議会が定立する条例によって犯罪となる行為を規定し得ることは，国の場合と同じように民主的機関の民主的決定による罪刑の規定と考えられる以上，それが形式的に法律でないとの理由だけで罪刑法定主義に反することにはならないと解されている。つまり，地方議会の制定する条例は，行政機関の制定する政令とはその性格が異なり，法律に準じて考えることができるというのである。そして，条例違反に対する罰則制定を包括的に規定する地方自治法14条3項は，法律による条例への刑罰規定の包括的委任というよりも，「法律の範囲内」（憲法94条）での条例の制定とい

う意味での，条例による罰則の上限を定めた規定と解することで，条例による刑罰の制定の可否とは直接にかかわらないと考えられている。

最高裁も，条例で集団示威運動を犯罪として規制し得るかを取り上げた事件（新潟県公安条例事件：最大判1954（昭和29）年11月24日刑集8巻11号1866頁）で，「条例は直接に憲法94条によって認められた地方公共団体の立法形成」であり，「法律の範囲内において効力を有するものと定められて」おり，「条例をもって規定し得る事項について憲法上特段の制限がなく，……法律に準拠して条例が罰則を設けることは憲法上禁止された事項とは解されない」との判断を下している。さらに，法律での規制（全国一律に一定の行為が犯罪として処罰される）とは異なり，条例での処罰が地域によって差異を生み出すことの問題が争われた東京都売春取締条例事件（最大判1958（昭和33）年10月15日刑集12巻14号3305頁）でも，憲法94条に基づき，普通地方公共団体は法令に違反しない限りにおいてその事務に関し条例を制定することができる（地方自治法14条1項）し，条例に違反したものに対して一定の刑罰を科すための規定を設けることができる（同条3項）のであるから，それらの規定に基づき制定された条例で取り扱いに差異が生じても，「憲法が各地方公共団体の条例制定権を認める以上，地域によって差別を生ずることは当然に予期されること」であって，そのような差異は「憲法みずから容認するところである」との判断を下している。

処罰される行為の事前の告知

罪刑法定主義は，もう1つ，自由主義からも要請される。すなわち，国民に対してどのような行為が犯罪として国家の刑罰権の発動を許容するかを事前に法律によって告知しておかなければならないということである。いかなる行為が犯罪になり，その犯罪にどのような刑罰が科せられるかが事前にわからないと，国民としては何をすることができ，何をすることができないのかの自己決定を下すことができなくなるからである。それは，言い換えると，いわゆる自由主義から導かれる可罰行為の予測可能性の要請ということになる。

可罰行為の予測可能性ということになると，いかなる行為が犯罪とされるのかがわからないような犯罪構成要件の不明確な法律は，それがたとえ法律として制定されていても，罪刑法定主義の観点からは許されないことになる。というのも，不明確な法律規定は，国民に対して，どのような行為が犯罪として処

罰されるのかの事前の告知を行っていないに等しいことになり，法適用機関（警察や検察，裁判所）の恣意的な運用を招く危険性があるからである。ただ，最高裁も指摘する（徳島市公安条例事件：最大判1975（昭和50）年9月10日刑集29巻8号489頁）ように，法律は「規定の文言の表現力に限界がある」だけでなく，性質上，多かれ少なかれ抽象性を有しているために，解釈や文言の意味の確定によってそのような危険性を回避できることになると，法律規定が不明確であるというだけで罪刑法定主義に反するとただちになるわけではない（⇒ Chapter 16）。

さらに，罪刑法定主義は，法適用機関に対して，その恣意的運用を禁止しようとしていることから，刑罰法規の類推解釈・適用をも禁止する。というのも，たとえ犯罪処罰のための法律規定が不明確でないとしても，類推解釈によって犯罪とされる行為の範囲を広げ，その解釈によって広げられた範囲に該当する行為を処罰対象にすることになれば，それはやはり可罰行為の予測可能性を否定することになると同時に，法適用機関によって立法者の意図とは異なる範囲の行為を処罰対象にすることになるからである。その点から，刑罰法規の解釈・適用は，規定の文言に厳格にこだわってなされなければならない。

| 個人を尊重するための罪刑法定主義 | 日本国憲法には，以上のような一般原理としての罪刑法定主義そのものを定める規定は存在せず，むしろ国家の刑罰権発動に関しては，英米のコモン・ロー体制の下で発展してきた手続の保障，つまり法定手続の保障（憲法31条）を中心に詳細な規定が置かれている。その中で，罪刑法定主義に直接関連するのは，遡及処罰の禁止に関する憲法39条の規定ぐらいになる。ただ，憲法31条の法定手続の保障は，刑罰権発動のための手続（つまり犯罪の捜査をし，被疑者を捕まえ，有罪・無罪の判定をする手続）を議会（国会）の制定する法律で定めておけばよいとするだけではなく，当事者に予めなぜ身柄を拘束されるのかの理由を告げ，それに対する反論の機会を与えるなどの適正なものでなければならないと考えられている（憲法33条以下参照）。その点で法律の明確性も，事前の告知という意味で適正手続の保障に含まれると考えられ，憲法31条によって要請されると解されている（⇒ Chapter 16）。

問題は，刑事実体法（犯罪や刑罰を定める法律）に関する罪刑法定主義が憲法31条の射程に含まれるのかという点になる。手続の保障がまさに「一人ひとりの個人が自由な存在として尊重されなければならない」とする「個人の尊重」

原理（憲法13条）に源があるとすれば，国家の刑罰権発動の根拠を事前に制定されている法律（条例をも含む）のみに求め，個人の行為に対する不利益の予測可能性を確保する罪刑法定主義も同じ原理に支えられているといえることになる。また，事前に制定されている法律に基づいてのみ国家は刑罰権を発動できるという考え方は，犯罪処罰のための手続的な要請にもなっている。その意味で，罪刑法定主義のような近代立憲主義の一般原理が憲法上の根拠をもたないという考え方は否定され，現在では，憲法31条を手続・実体両面での刑事法に関する一般的規定として，罪刑法定主義それ自体もそこに含まれると考えられているのであった。

ただ，適正手続の保障（⇒ Chapter 17）も罪刑法定主義も，たしかに自由な存在としての個人を尊重するために必要とされるが，特に罪刑法定主義から憲法31条に刑事実体法の内容に関する適正さを求めるのは，その条文の文言からは無理がある。犯罪として規制される行為は，むしろ憲法上の自由・権利としての保障に関連する。たとえば表現活動を犯罪とする場合，それを規定する法律は憲法31条違反とするよりも，憲法21条違反と主張するほうが自然なことになる。その意味で，憲法31条は罪刑法定主義の根拠規定ではあるが，刑事実体法の内容上の適正さまで要請しているとは考えられない。

第3節　遡及処罰の禁止と事後法

具体的に規定される遡及処罰の禁止　刑事実体法の内容の適正さとは別に，罪刑法定主義の内容についても，前述の憲法73条6号とともに，憲法39条は，「実行の時に適法であった行為」について事後に犯罪として「刑事上の責任」を問うことを禁止する，いわゆる遡及処罰の禁止を明文で規定する。これに関しても，事後法で処罰することは，罪刑法定主義に違反するが，それを憲法31条違反という必要はなく，端的に憲法39条違反と主張すれば済むことになる。

この遡及処罰の禁止も，可罰行為の予測可能性という自由主義からの要請の1つである。行為の時点で適法であったのに事後の法律でそれを処罰することになれば，たとえ民主的な決定に基づくものであっても，不明確な法律や類推

解釈・適用と同じように，あるいはそれ以上に，行為時点での可罰行為の予測可能性は無意味になり，国民は安心して行動できなくなる。そのために，遡及処罰の禁止は，罪刑法定主義からの帰結のうちでも絶対的に許されない禁止事項と考えられている。そして，刑罰という不利益の重大さから，事後の法律で刑罰を重くすることも，事前の告知という観点から，同じく遡及処罰の禁止に触れる許されないものとされる。なお，この事後の不利益賦課の禁止という観点からの帰結として遡及処罰の禁止が導かれるとすれば，国民にとって不利益とならない事後的な刑罰規定の変更，たとえば刑罰の軽減や犯罪としての処罰の廃止などは，必ずしも禁止されていないと考えられる。この点に関して，憲法ではないが，刑法6条は「犯罪後の法律によって刑の変更があったときは，その軽いものによる」としている。

<u>判例変更による遡及処罰？</u>　なお，行為時点での判例の解釈では犯罪とならないにもかかわらず，その後，判例変更が行われたために当該行為が処罰されるようになった場合，それは遡及処罰の禁止に触れないのかは問題になる。これに関して，判例に従って行為した者に対して重大な不利益を課す場合には，判例変更すべきでないとする見解もある。ただ，最高裁は，地方公務員法による争議行為の禁止に関連して，まさに行為時点での最高裁の判例の示す法解釈に従えば無罪となるべき行為を処罰することは憲法39条に違反しないかが争われた事件（最判1996（平成8）年11月18日刑集50巻10号745頁）で，この問題に直接答えることになった。そこでの多数意見は，「行為当時の最高裁判所の判例の示す法解釈に従えば無罪となるべき行為」であっても，それを処罰することは憲法39条に違反しないと簡単に合憲判断を下している。ただ，河合伸一裁判官の補足意見は，そこでの事案の処罰可能性は認めつつも，「最高裁判所が示した法解釈」については，「国民も，それを前提として自己の行動を定めることが多い」から，それを「信頼し，適法であると信じて行為した者を，事情の如何を問わずすべて処罰するとすることには問題がある」とし，そこでの問題は事後の判例の「遡及的適用」の許否ではなく，「行為時の判例に対する国民の信頼の保護」の問題であり，「判例を信頼し，それゆえに自己の行為が適法であると信じたことに相当な理由のある者については，犯罪を行う意思，すなわち，故意を欠くと解する余地がある」との考えを示している。

たしかに，判例が成文法律と同じように行為の規律規範（国民の行為を統制する実体的規範）になるのかという点に関しては，英米のような判例法中心のコモン・ロー体制ではなく，成文法主義をとる日本ではなかなかそこまで言い切ることは難しいかもしれない。しかし，信頼保護の要請であろうと遡及処罰の禁止からであろうと，事前の可罰行為の予測可能性という点からの疑問は拭い去れない。その意味で，刑事実体法の事後法と同じとまではいえないにしても，判例変更後の処罰については，一定の考慮が必要になることはいうまでもない。その限りで，遡及処罰の禁止は，事後の法律の場合とは異なり，判例変更の場合には絶対的禁止ではなくなることになる。

　なお，最高裁は，上告理由の一部を制限した刑事手続法（被告人に不利益となる手続法の改正）によって改正前の行為の審判をすることが許されるかについて争われた事件（最大判1950（昭和25）年4月25日刑集4巻4号700頁）で，「単に上告理由の一部を制限したに過ぎない訴訟手続に関する」改正法の下で改正前の行為を審判することは，「行為時の手続法よりも多少被告人に不利益であるとしても」，憲法39条の「趣旨を類推すべき場合と認むべきではない」と判断した。なお，その判決の沢田竹治郎，斎藤悠輔，藤田八郎の3裁判官の補足意見は，憲法39条の遡及処罰の禁止は，「過去の適法行為に適用すべき行為規範たる刑事の実体法規に関するものであって，性質上将来の訴訟行為に適用さるべき手続規範たる刑事訴訟立法を制限するものでない」としている。

> 実体法だけでなく手続法も遡及できないのか

　ただ，同じ事件での真野毅裁判官の補足意見も，当該事件での不利益変更は憲法違反ではないとしつつも，遡及処罰の禁止を「刑事の実体法にのみ関すると解するのは，純然たる大陸法的，ドイツ法的の従来の考え方」であるとして，英米，特にアメリカでは「事後立法禁止は特殊な訴訟法的なものについても適用があるとする種々の判例」があり，訴訟手続法を被告人に不利益に変更しても憲法39条に違反しないと概括的に断定することは早計であり，憲法上の自由・権利にとって「立法の慎重さを期せしめるゆえんではない」との見解を示していた。そのために，実体法そのものではなく，手続法に分類されるが実体法と密接な関係を持つ公訴時効のようなものは遡及処罰の禁止が妥当し，事後的な不利益変更は許されないと解すべきか否かが問題になる。

Chapter 18　罪刑法定主義と事後法の禁止

　最高裁は，犯行時から起算して公訴が提起（起訴）された時点では旧法に従うと時効が成立していたが，公訴時効を廃止する新法施行の時点でそれが成立していない事案については新法に従うとの規定を定めていたことを取り扱った事件（最判2015（平成27）年12月3日刑集69巻8号815頁）で，この問題についての判断を下すことになった。そこでは，「公訴時効制度の趣旨は，時の経過に応じて公訴権を制限する訴訟法規を通じて処罰の必要性と法的安定性の調和を図ることにある」とし，新法によるその廃止・延長が行われても「行為時点における違法性の評価や責任の重さを遡って変更するものでは」なく，「被疑者・被告人となり得る者につき既に生じていた法律上の地位を著しく不安定にするようなものでもない」から，経過措置として新法施行時点で公訴時効が成立していない事案について新法（すなわち不利益変更したもの）を適用するとしても憲法39条に違反しないとの結論を示した。ここでも，実体法上の評価が変わらない以上，公訴提起を規律する事項に関して，被疑者にとって不利益な変更が行われても，それを変更前の行為に適用することは遡及処罰にあたらないと考えているようである。

> 民事・行政法の領域での
> 事後的な不利益的変更

　以上のように，罪刑法定主義からの帰結となる遡及処罰の禁止は，事後的な法律改正による不利益的措置の禁止と言い換えることができる。それは，たとえ民主的な決定に基づくものであっても，不利益措置の予測可能性という観点からの，自由な存在としての国民の自己決定を否定することになるからである。そうだとすれば，刑事法の領域だけでなく，民事法や行政法の領域でも同じことがいえるのかという問題が提起できる。行為の後に不利益となるような法改正が行われ，それが改正前の行為にも適用されるということになれば，やはり事後的な不利益賦課になることは間違いない。

　この点，たとえば，許可申請の段階での法律に従えば，許可条件を充足していたにもかかわらず，申請後の法律によって許可条件が変更され，それによると不許可になってしまう事後法の問題に関する事件（薬事法違憲判決：最大判1975（昭和50）年4月30日民集29巻4号572頁）で，最高裁は，許可のような「行政処分は原則として処分時の法令に準拠してされるべきもの」であって，「法令に特段の定めのないかぎり，許可申請時の法令によって許否を決定すべきも

の」ではなく，それは，申請者が，「申請によって申請時の法令により許可を受ける具体的な権利を取得するものではない」ことから導かれ，そのように「解したからといって法律不遡及の原則に反する」ことにはならないとの判断を下した（ただし，変更された許可条件を定める薬事法が憲法違反とされ，不許可処分は取り消された点について⇒Chapter 12）。要するに，これは，申請段階ではまだ許可されるという具体的権利が発生していないために，申請後の新法を適用しても事後的な不利益措置にはならないという判断であろう。

　同じように民事法の領域でも，法律で規定されているだけでまだ具体的な権利が成立していない段階で，行為の後に法律改正が行われ，具体的権利成立段階では改正された新法が適用される場合には，事後法も憲法に違反しないということになる可能性が高い。そこには，刑事法の領域と異なり，民事法ではその権利に対する不利益が重大とはいえないとの前提があるように思われる。

権利剥奪に至らない権利内容の変更　法律上権利が成立しており，事後的にその内容が変更されるという場合はどうだろうか。たとえば，法律で退職時には退職金の支給を受ける権利が規定されているが，働き始めた後に，すなわち事後的にその支給額を減額する内容に改められたような場合，働き始めた段階での基準に従って退職金を受け取ることができるだろうか。これも，退職金請求権が否定されていない以上，事後法による不利益変更はその内容（要するに金額）の変更に過ぎず，事後法の適用が許されるということができるのかという問題になる。働き始めた段階で，退職金請求権は成立しているが，まだいつ退職するか定かでないので具体的な内容の退職金請求権は成立しておらず，事後法の適用も許されると考えることができるのだろうか。

　最高裁は，そのような問題に関して，高度経済成長後の土地の取り扱いに関する不公正さを勘案した法律改正に基づき，農地改革のために低額で買収された農地の買戻し価格について事後的に引き上げた法律の適用に関する事件（最大判1978（昭和53）年7月12日民集32巻5号946頁）で，買戻しそのものの権利が否定されていない以上，買戻し価格の引き上げがあったとしても，それは財産権の事後的変更として許され，権利の剥奪ではなく権利内容の変更にすぎないから，事後法の遡及適用も許されるとの判断を下した。ここでは，権利自体の剥奪と権利内容たる買戻し対価の変更を区別し，後者の変更自体が公共の福祉に

適合するものである限り，事後法による不利益的変更も許されると解しているようである。

第4節　おわりに

　以上見てきたように，刑事実体法の領域での後出しは，遡及処罰の禁止として絶対的に禁止されている。それは，可罰行為の予測可能性という観点から，罪刑法定主義の1つの重要な帰結となり，罪刑法定主義を支える民主主義の要請を充たしても，個人の自己決定を最大限尊重しようとする自由主義の要請から導かれる重要な憲法上の禁止とされることになる。それが認められないようならば，憲法上の自由・権利は，民主的決定に基づきさえすればいかようにでもされてしまう危険を常にはらむことになるからである。

　ただ，民事法や行政法の領域でも同じことがいえるのかは検討が必要になる。そこでは，国家の刑罰権行使に対する可罰行為の予測可能性ではなく，法律に対する国民の信頼保護の観点からの考察が必要になる。そして，最高裁は，私法上の信頼保護という国民の利益よりも公共の福祉という一般的利益を優先する傾向を示している。そこには，憲法が遡及的不利益変更を禁止しているのは罪刑法定主義からの帰結としての刑事実体法の領域についてのみであって，民事法の領域では，刑事手続法の場合と同様に，必ずしもそれを禁止するものではないとの前提が存在している。最高裁は，まさにそのように考えており，民事事件の出訴期間を短縮した法律を事後的に適用することが争われた事件（最大判1949（昭和24）年5月18日民集3巻6号199頁）で，刑罰法規については憲法39条で事後法の制定は禁止されているが，民事法規については遡及適用を禁止していないとの判断を示している。民事法や行政法の領域での遡及的不利益変更の禁止に関する憲法上の明文規定がないということが，ある意味では決定的になっているようである。

　しかし，事後法による不利益は，民事法や行政法の領域と刑事実体法の領域で違いがあるのだろうか。また，同じく刑事法の領域で，実体法と手続法の違いがあるのだろうか。たしかに，一定の場合には事後法も許されると考えることは可能だろう。ただそうであるとしても，類型的に民事法や行政法，刑事手

続法の領域での事後法の容認には繋がらないはずである。そこでも，なぜ後出しが許されるのかについての正当化理由は，刑事実体法で絶対的に禁止されていることとの対比で，慎重な考察が必要になると思われる。

📖 参考文献

山崎友也「公訴時効廃止の遡及適用を定めた経過措置規定の合憲性」ジュリ1505号（2017）28頁

池田公博「公訴時効廃止の適用関係を定めた経過措置規定の合憲性」ジュリ1505号（2017）194頁

井上典之「事後法禁止の原則をめぐる憲法上の一考察」門田孝・井上典之編『憲法理論とその展開　浦部法穂先生古稀記念』（信山社，2017）35頁

【井上典之】

エピローグ：「憲法上の権利」の考え方と残された問題

第1節　はじめに

　憲法上の権利の保障について学ぶべき対象は，ここまで取り上げた18の項目（**プロローグ**の内容も入れると19の項目）に尽きるわけではない。誰に憲法上の権利の保障が及ぶかについての「『人権』享有主体性」といわれる問題は，日本国籍の壁（⇒ Chapter 01）だけではなく，日本国籍を有していても未成年者あるいは平等原則に対する憲法上の例外である天皇・皇族は議論の余地があるし，いわゆる自然人だけでなく会社などの法人に関連しても問題が提起される。また，平等原則（⇒ Chapter 03）や思想・良心の自由（⇒ Chapter 06）の場面で一部取り上げられているが，憲法上の自由・権利の効力が及ぶ範囲としての私人間効力という問題も残っている。

　さらに，18項目の中では最高裁の判例を中心にして，そこで取り上げる問題の憲法上の自由・権利に関する実体的な判断を中心に扱っている箇所がある。しかし，実際の事件では，具体的な訴訟の中での問題解決という観点で憲法上の自由・権利に関する判断が示されることから，その内容は訴訟の形態や当事者の主張に影響される傾向が通常は強く見られる。本書の18項目では，その点を捨象して実体的判断のみに注目した記述をしている点には留意することが必要になる。

　以上の点をふまえ，以下においては，18項目から外れているが，一応，憲法上の自由・権利を学ぶうえで簡単な説明が必要になると思われる問題を取り上げて，その内容を確認しておく。

第2節　享有主体と私人間効力

法人に憲法上の権利・自由は保障されるか？

基本的人権として憲法上保障されている自由・権利は，「人間が生まれながらにして当然に持つ権利」との定義からも，「人権」享有主体は自然人に限られる。しかし，法の世界では，個々の自然人だけではなく，一定の団体にも権利能力が認められる。すなわち，「法人は，法令の規定に従い，定款その他の基本約款で定められた目的の範囲内において，権利を有し，義務を負う」（民法34条）とされるのである。そこでは，定款等に示される法人という団体の目的の範囲内で活動し，個々の自然人とは別個の権利主体となることが定められている。ただ，たしかに法律上の権利義務の主体になれるとしても，そこから当然に法人にも自然人と同様の最高法規である憲法上の自由・権利の保障がただちに及ぶということはできず，はたして本当に法人の憲法上の権利享有主体性は認められるのかという問題を考えることが必要になる。

最高裁は，会社の代表取締役が政党に政治資金の寄付を行った行為が問題になった事件（八幡製鉄事件：最大判1970（昭和45）年6月24日民集24巻6号625頁）で，「憲法第3章に定める国民の権利および義務の各条項は，性質上可能なかぎり，内国の法人にも適用されるものと解すべきである」との判断を下した。そこから一般には，私法上の権利の基礎をなす経済的自由（財産権や営業の自由），裁判を受ける権利などは法人にも保障されると考えられるが，自然人のみに適用が想定されている参政権，奴隷的拘束からの自由，生存権や教育を受ける権利などは保障されないということができるであろう。しかし，前記の事件で取り上げられた問題は，自然人と同じように，会社も政治活動の自由を保障されるのかであり，その点に関しては議論の余地がある。最高裁は，「会社の社会的役割を果たすためになされた」行為は「定款所定の目的の範囲内の行為」とし，会社も「自然人たる国民と同様，国や政党の特定の政策を支持，推進または反対するなどの政治的行為をなす自由を有する」としたが，自然人から独立した活動主体とされる法人が，少数ではあってもその構成員の意思に反する政治的行為を本当になし得るのかは，検討の余地があるともいわれるこ

とになる。なお、放送局や新聞社が表現の自由を、宗教団体が信教の自由を、学校法人が教育の自由を主張し得ることは、その団体の存在意義から考えれば当然といえ、その問題が争われる場合にわざわざ法人の権利享有主体性を論じる必要はない。法人の権利享有主体性を考えなければならない場面というのは、本当に自然人と同じように、前記事件で取り上げられたような、問題とされる憲法上の自由・権利（たとえば法人の政治活動や内心の自由など）の保障が及ぶのか否かを考える必要がある場合に限られるのではないだろうか。

> 私法関係に憲法規定は適用できるか？

最高裁は、すでに見たように（⇒ Chapter 03）、憲法上の自由・権利を「国または公共団体の統治行動」に対して保障されたものとし、「もっぱら国または公共団体と個人との関係を規律するものであり、私人相互の関係を直接規律することを予定するものではない」との見解を展開する（三菱樹脂事件：最大判1973（昭和48）年12月12日民集27巻11号1536頁）。そこでは、「相互の社会的力関係の相違から、一方が他方に優越し、事実上後者が前者の意思に服従せざるをえない場合」に「劣位者の自由や平等を著しく侵害または制限する」おそれがあることは否定できないが、そのような事実上の支配関係がある場合でも私人間の法律関係は「権力の法的独占の上に立って行なわれるもの」ではなく、「単なる社会的事実としての力の優劣の関係」に過ぎないために「憲法の基本権保障規定の適用ないしは類推適用を認める」ことはできないとの判断が示される。ただ、「私的支配関係においては、個人の基本的な自由や平等に対する具体的な侵害またはそのおそれがあり、その態様、程度が社会的に許容しうる限度を超えるときは、これに対する立法措置によってその是正を図ることが可能であるし、また、場合によっては、私的自治に対する一般的制限規定である民法1条、90条や不法行為に関する諸規定等の適切な運用によって、一面で私的自治の原則を尊重しながら、他面で社会的許容性の限度を超える侵害に対し基本的な自由や平等の利益を保護し、その間の適切な調整を図る方途も存する」との見解も提示する。ただ、最高裁は、そのような場合でも「個人の基本的な自由や平等」をきわめて重要な法益として尊重すべきことは当然であるが、これを絶対視することは許されず、「統治行動の場合と同一の基準や観念によってこれを律することができない」と判示していることから、私法関係では、憲法上の自由・権利と区別された私法上の

「基本的な自由や平等」を観念しているようである。

　なお，新聞・雑誌やモデル小説のような表現物による名誉やプライバシー侵害が問題になる場合（⇒ Chapter 02・Chapter 08），私人の行為による個人の憲法上の権利侵害が問題とされる。そこでは，通常，個人の憲法上の権利（13条の人格権としての名誉権やプライバシーの権利）と表現の自由の権利衝突の場面としての衡量がなされる。そのような場合に憲法上の自由・権利が持ち出されるのは，裁判所がもし一方に軍配を上げるならば，他方の自由・権利を国家権力である司法権を行使する裁判所が規制することになるからである。憲法上の権利衝突の場面での不法行為事件では，私的自治の原則の下での私法関係が問題になるだけではなく，裁判所という公権力機関による利益衡量を通じた私人の憲法上の自由・権利の制限が問題になることに注意が必要である。

> 公務員は憲法上の自由
> ・権利を保障されるか？

　公務員は，一般市民とは異なり，公権力を行使する立場にある。そのような公権力を行使する場合，公務員は，一般市民から見れば憲法上の自由・権利を侵害する立場にあるということになる。そのために，公務員は「憲法を尊重し擁護する義務」（憲法99条）を負い，「全体の奉仕者」（憲法15条2項）として職務に従事しなければならない。このような公務員の特殊性から，かつては公務員を一種の身分のようにとらえ，公務員には対国家との関係で憲法上の自由・権利保障は及ばないと考えられたこともあった（いわゆる特別権力関係）。しかし，公務員もその職務を離れれば一般市民と変わらないということができる。「全体の奉仕者」であることを求められるのは，まさにその職務執行の場面に限られ，一般市民としての活動には憲法上の自由・権利の保障が及ぶと考えるのも当然ということになる。

　そうはいっても，一般市民には当然に認められる自由・権利であっても，公務員には規制されているものもある。その代表的な憲法上の権利が，公務員の労働基本権である。規制の詳細はすでに取り上げられている（⇒ Chapter 15）が，ここで1点だけ確認しておくことが必要になる。労働基本権の本質から，私企業の労働者は雇用者に対してその保障が当然に認められる（言い換えれば労働基本権は私人間適用が前提になっている）のに対して，国・公共団体に雇われる公務員は雇用する国・地方共団体に対してその完全な保障が必ずしも認められていない（本来的な対国家に対する効力が制限されている）との奇妙な権利の効

力妥当領域の転換が起こっているということである。

　もう1つの代表例が，公務員の政治活動の自由になる。一般市民の場合，議会制民主主義の観点から政治活動の自由（憲法21条1項）は完全に保障されるのに対して，公務員は，政治活動が禁止され（国家公務員法102条1項，人事院規則14-7，地方公務員法36条），違反した場合には処罰される可能性（国家公務員法110条1項19号）がある。最高裁（猿払事件：最大判1974（昭和49）年11月6日刑集28巻9号393頁）は，「行政の中立的運営の確保」と「これに対する国民の信頼の維持」は憲法の要請にかない，そのために「公務員の政治的中立性を損うおそれのある政治的行為を禁止する」ことは憲法21条1項に違反しないとの判断を下していた。これに対して後の事件（堀越事件：最判2012（平成24）年12月7日刑集66巻12号1337頁）で，最高裁は，「公務員の職務の遂行の政治的中立性を損なうおそれが実質的に認められる」とはいえない活動は，公務員の政治活動を禁止する「罰則規定の構成要件に該当しない」との判断を下した。そこでは，諸般の事情を考慮して，「公務員による行為と認識し得る態様で行われたものでもない」場合は，一見すると一律全面的に禁止されているような公務員の政治活動であっても，犯罪構成要件に該当しないとされたのである。ただし，この事件でも，最高裁は，「公務員の職務の遂行の政治的中立性を保持することによって行政の中立的運営を確保し，これに対する国民の信頼を維持する」ことは，「議会制民主主義に基づく統治機構の仕組みを定める憲法の要請にかなう国民全体の重要な利益」であるとして，公務員に対する政治活動の禁止そのものを憲法違反ではないと判示している。

第3節　規制の正当化の判定

絶対的禁止としての「検閲」と事前抑制　　憲法上の自由・権利に対する規制の憲法適合性の判定は，すべての場合に同じように，一律になされるわけではない。問題とされる自由・権利の性質や規制の態様に応じて様々に変化する。その中でも，憲法自身が禁止する規制態様が存在する。それが，表現・情報発信に対する「検閲」の禁止になる。それは，日本だけでなく諸外国においても，表現や情報発信を事前に規制する制度としてその自由を著しく制限して

きたという歴史的経験に由来する。その点をふまえ，最高裁（税関検査事件：最大判1984（昭和59）年12月12日民集38巻12号1308頁）も，憲法21条2項の検閲の禁止を「公共の福祉を理由とする例外の許容」をも認めない「絶対的禁止を宣言した趣旨」と解することになる。したがって，問題の規制が「検閲」となれば，それは例外を許さずに憲法違反と判定されることになる。

そうなると，問題は，どのような規制が絶対的に禁止される「検閲」になるのかという定義になる。最高裁は，これにつき，「憲法21条2項にいう『検閲』とは，行政権が主体となって，思想内容等の表現物を対象とし，その全部又は一部の発表の禁止を目的として，対象とされる一定の表現物につき網羅的一般的に，発表前にその内容を審査した上，不適当と認めるものの発表を禁止することを，その特質として備えるものを指す」と定義づける。これは，戦前の出版法，新聞紙法，映画法の経験からの典型的な「検閲」を定義づけたものであり，その沿革から導かれた内容になっている。しかし，それは現在において存在しないようなものであり，あまりにも限定しすぎているのではないかと批判されることもある。実際に，最高裁は，問題とされる規制を「検閲」に該当するとした例はなく，その代わりに，「検閲」には該当しないが，規制が表現・情報発信の事前抑制に当たる場合には「表現の自由を保障し検閲を禁止する憲法21条の趣旨に照らし，厳格かつ明確な要件のもとにおいてのみ許容されうる」との判断を下している（北方ジャーナル事件：最大判1986（昭和61）年6月11日民集40巻4号872頁）。というのも，「表現行為に対する事前抑制は，新聞，雑誌その他の出版物や放送等の表現物がその自由市場に出る前に抑止してその内容を読者ないし聴視者の側に到達させる途を閉ざし又はその到達を遅らせてその意義を失わせ，公の批判の機会を減少させるものであり，また，事前抑制たることの性質上，予測に基づくものとならざるをえないこと等から事後制裁の場合よりも広汎にわたり易く，濫用の虞があるうえ，実際上の抑止的効果が事後制裁の場合より大きいと考えられる」ことを根拠として挙げ，最高裁は，「裁判所の行う出版物の頒布等の事前差止め」が「このような事前抑制に該当する」との判断を下している。

|「公共の福祉」を根拠にする正当な規制| 規制の態様とは別に，憲法上の自由・権利の制約根拠になるのは「公共の福祉」である。最高裁は，しばしば憲

エピローグ 「憲法上の権利」の考え方と残された問題

法上の自由・権利といえども絶対無制約ではなく、「公共の福祉」により制約されると述べる（⇒プロローグ）。ただ、その内容の不明確性は、個々の自由・権利制約の正当性が問題になる場面で明らかになる（たとえば、抽象的な美観風致の維持なども公共の福祉の内容とされる⇒ Chapter 09）。とはいうものの、憲法上の自由・権利に対する規制の必要性・合理性の判定のためには、その目的が「公共の福祉」の内容になっていないと当該規制は憲法上の正当な理由に基づく規制とはならない。最高裁は、しばしば、規制の目的が「公共の福祉」の内容になると言及することで、規制の目的は正当であるとの判定を行うことになる。そのうえで、最高裁は、規制目的、規制される憲法上の自由・権利の内容に従って、正当性の判定の厳格度・密度に違いを示す。そして、その場合、「憲法22条1項が『公共の福祉に反しない限り』という留保のもとに職業選択の自由を認めた」ことを指摘し、経済的自由と精神的自由を区別する判断が下されるのであった。

> 規制の正当性判定の厳格度・密度

規制目的、規制される憲法上の自由・権利の違いに応じた正当性判定の厳格度・密度の違いとして、最高裁は、職業の自由の規制（⇒ Chapter 12）に関して、目的の違いと自由・権利の違いを同時に示すことになる。まず、最高裁は、「積極的な社会経済政策の実施」という観点からの規制について、「個人の経済活動の自由に関する限り、個人の精神的自由等に関する場合と異なって、右社会経済政策の実施の一手段として、これに一定の合理的規制措置を講ずることは、もともと、憲法が予定し、かつ、許容するところと解するのが相当」とし、経済的自由と精神的自由を区別する判断を下している（小売市場距離制限事件：最大判1972（昭和47）年11月22日刑集26巻9号586頁）。また、「社会生活における安全の保障や秩序の維持等の消極的なもの」という弊害除去のための規制の場面でも、「職業の自由は、それ以外の憲法の保障する自由、殊にいわゆる精神的自由に比較して、公権力による規制の要請」が強いとの判断が示される（薬事法距離制限事件：最大判1975（昭和50）年4月30日民集29巻4号572頁）。そして、この職業の自由に対する規制における積極・消極の規制目的二分論（⇒ Chapter 12）の下で、必要性・合理性の判定の厳格度・密度の違い（規制目的の質的相違に基づく違い）とともに、前述のとおり、経済的自由と精神的自由の区別が言及されるのであった。

精神的自由の領域に該当する集会の自由に対する制約に関しても，最高裁（泉佐野市民会館事件：最判1995（平成7）年3月7日民集49巻3号678頁）は，そこでの規制が「精神的自由を制約するものであるから，経済的自由の制約における以上に厳格な基準の下にされなければならない」との判断を下すことになった。ただ，その際には，薬事法距離制限事件の判断が先例として引用されるが，小売市場距離制限事件は先例とされていないことは重要である。というのも，後者では，積極的観点からの規制における2つの自由の区別が語られており，そもそも精神的自由にはそのような観点からの規制のないことが暗示されていたからである。要するに，最高裁の先例の引用において，精神的自由の場合，経済的自由とは異なり，積極的観点からの規制は存在せず，弊害除去という消極的観点での規制のみが存在し，消極的観点からの規制の場合にも，2つの自由を区別できるとするのが薬事法距離制限事件になる。

　そこで，集会の自由の規制に関して，最高裁は，当該規制が「他の基本的人権に対する侵害を回避し，防止するために必要かつ合理的なものとして，憲法21条に違反」しないと判定するためには，「単に危険な事態を生ずる蓋然性があるというだけでは足りず，明らかな差し迫った危険の発生が具体的に予見されることが必要」としたうえで，「人の生命，身体又は財産が侵害され，公共の安全が損なわれる危険」な事態の発生が「客観的な事実に照らして具体的に明らかに予測される場合でなければならない」との判断を下す（⇒ Chapter 09）。ここに，「事の性質上おのずから広狭」があるとしながらも，具体的な規制措置について様々な要素を慎重に比較衡量する「立法府の判断がその合理的裁量の範囲」にとどまるか否かを審査する経済的自由の場合とは異なり，正当性判定のための比較衡量の基準としても，精神的自由の場合には，その判定に客観的事実に照らした危険発生の具体的予見性がなければならないとの違いが示されるのであった。

第4節　国務請求権の合憲性

受益権としての
国務請求権

　ここまでの18項目で取り上げていない憲法上の自由・権利として，国務請求権が残っている。それは，政府から

236

何らかの給付・サービスを受ける権利を意味するとされ，広い意味では社会権もその中に含められることがある。しかし，一般には，政府が準備する制度に能動的に関与することができる権利として，社会権とは区別されることになる。すなわち，生存権などの社会権は，国に対して給付・作為を求める権利としての市民の積極的な地位を保障するものであるのに対して，国務請求権は，受益権として国の制度からの一定の給付・サービスの提供を求める権利と位置づけられるのである。現行法の下では，憲法32条の裁判を受ける権利，40条の刑事補償請求権とともに，17条の国家賠償請求権がそれに当たると考えられている。

　この受益権としての国務請求権は，「法律の定めるところにより」（憲法17条・40条）権利を行使することができる。32条の裁判を受ける権利の場合は，特にそのような文言は規定されていないが，最高裁（刑訴応急措置法事件：最大判1948（昭和23）年7月8日刑集2巻8号801頁）は，「裁判所の裁判権，審級その他の構成は，憲法上原則として法律において定められることとなっており」，そのような「規定の定めるところに従って，裁判所において裁判を受ける権利が保障されている」として，ここでも権利行使の前提として「法律」の存在が予定されている。結局，受益権としての国務請求権は，いずれにしてもその権利行使のためには「法律」を必要とするということになる。

| 国務請求権の侵害の可否 | 以上のように，「法律」の存在を前提に，その権利行使の可否が決まる国務請求権の場合，いったい，どのような場合に当該権利の規制という問題が提起されるのだろうか。最高裁は，「公務員の不法行為により，損害を受けたときは，法律の定めるところにより，国又は公共団体に，その賠償を求めることができる」（憲法17条）とする国家賠償請求権に関する事件（郵便法事件：最大判2002（平成14）年9月11日民集56巻7号1439頁）で重要な判断を下すことになった。そこでは，郵便法によって国の損害賠償責任を否定・制限することが憲法上の権利としての国家賠償請求権を侵害するのではないかという問題が争われたのであった。

　最高裁は，まず憲法が保障する国家賠償請求権について，公務員の行為の多様性を前提に，憲法17条は「公務員のどのような行為によりいかなる要件で損害賠償責任を負うかを立法府の政策判断にゆだねたもの」であり，「立法府に

無制限の裁量権を付与するといった法律に対する白紙委任を認めているもの」ではなく，「国又は公共団体の損害賠償責任を免除し，又は制限する法律の規定」については，諸般の要因を総合的に考慮して，「免責又は責任制限を認めることの合理性及び必要性」を判断するとの見解から出発する。そこで，郵便法による免責・制限の目的をきわめて重要な社会基盤である「郵便の役務をなるべく安い料金で，あまねく，公平に提供することによって，公共の福祉を増進する」点に求め，最高裁は，その規制目的自体は正当であると判断する。そのうえで，「郵便業務従事者の故意又は重大な過失による不法行為に基づき損害が生ずるようなことは，通常の職務規範に従って業務執行がされている限り，ごく例外的な場合にとどまるはずであって，このような事態は，書留の制度に対する信頼を著しく損なう」ことになるから，「このような例外的な場合にまで国の損害賠償責任を免除し，又は制限しなければ」郵便法の定める規制目的を達成することができないとは到底考えられず，国の賠償責任の「免責又は責任制限を認める規定に合理性があるとは認め難い」との判断が示される。さらに，書留郵便のごく一部となる特別の形態であり，訴訟法上の送達の実施方法である特別送達は，「直接の利害関係を有する訴訟当事者等は自らかかわることのできる他の送付の手段を全く有していないという特殊性」を有しており，その郵便物について「郵便業務従事者の軽過失による不法行為から生じた損害の賠償責任を肯定したからといって」，郵便法による規制目的の達成が害されるということはできず，やはり国の賠償責任の「免責又は責任制限に合理性，必要性があるということは困難」で，結局，「そのような免責又は責任制限の規定を設けたことは，憲法17条が立法府に付与した裁量の範囲を逸脱したものである」との結論が示されたのであった。

　郵便法によって定められた「国家賠償法に基づく国の損害賠償責任を免除し，又は制限している部分は，憲法17条に違反し，無効である」という最高裁の最終的判断は，憲法上の権利としての国務請求権に対する規制についての正当性判定の１つの重要な示唆を提供するものになる。それは，憲法が定めるように，権利行使の内容が具体化された法律（国家賠償法）の存在を前提に，そこから逸脱する特別法（郵便法）の内容を憲法上の権利に対する規制ととらえ，当該規制の目的から特別法に定める逸脱の程度が正当化されるか否かを審査す

るという手法である。そしてその場合，「立法府の政策判断」を認めつつ，立法府の裁量判断を総合的考慮によって憲法上枠づけるとするアプローチで臨むとされたのであった。

第5節　おわりに

　これまで，憲法で保障されている自由・権利についての様々な問題・論点を取り上げてきたが，最後に，それに関する問題を検討する際の視点を確認しておこう。それは，最高法規として憲法が保障する個人の自由・権利を知っておくうえで，最も重要と思われることになる。

　憲法が保障する自由・権利は，一般市民から見れば，公権力によって干渉されない私的な領域，あるいは人間として生きていくうえで必要不可欠となる利益を保護するものである。したがって，もし自分の行為が公権力機関によって規制されていると感じたときは，まさに憲法上の自由・権利が，多くの他人の感情とは無関係に，自分の私的領域への不当な介入としてその排除を求める，あるいは自分の人間としての生活に配慮を求める際の法的根拠になり得るということである。したがって，私のいかなる行為が，いかなる方法で制約されているのかを検討することを出発点にして，その行為がどのような自由・権利として憲法は保障しているのかを考えることが重要になる。その際に，大多数の他人が当該行為の制約に不満を感じていなくても，すなわち多数決で決定・制定された法律による規制の場合でも，自分一人が不満を感じるならば憲法上の自由・権利の侵害を主張できるのである。というのも，通常の法律とは異なり，憲法は，議会制民主主義における多数決をも制限する最高法規だからである。

📖 参考文献

　小泉良幸「法人と人権」大石眞・石川健治編『憲法の争点』ジュリ増刊（2008）78頁
　高橋和之「人権の私人間効力」高見勝利・岡田信弘・常本照樹編『日本国憲法解釈の再検討』（有斐閣，2004）1頁
　松本和彦「特別権力関係と人権」大石眞・石川健治編『憲法の争点』ジュリ増刊（2008）72頁

池端忠司「表現の事前規制と検閲」大石眞・石川健治編『憲法の争点』ジュリ増刊（2008）
　　116頁
井上典之「国家賠償責任の免除・制限と憲法17条」ジュリ1246号（2003）19頁

【井上典之】

判例索引

最高裁判所

最大判1948（昭和23）年 9 月29日刑集 2 巻10号1235頁〔食糧管理法事件〕……………………… 172
最大判1948（昭和23）年 7 月 8 日刑集 2 巻 8 号801頁〔刑訴応急措置法事件〕……………………… 237
最大判1949（昭和24）年 5 月18日刑集 3 巻 6 号839頁〔食糧緊急措置令事件〕……………………… 96
最大判1949（昭和24）年 5 月18日民集 3 巻 6 号199頁 ……………………………………………… 227
最大判1950（昭和25）年 9 月27日刑集 4 巻 9 号1799頁 …………………………………………… 68
最大判1950（昭和25）年10月11日刑集 4 巻10号2037頁 …………………………………………… 38
最大判1950（昭和25）年11月22日刑集 4 巻11号2380頁 …………………………………………… 4
最大判1950（昭和25）年 4 月25日刑集 4 巻 4 号700頁 ……………………………………………… 224
最大判1950（昭和25）年11月15日刑集 4 巻11号2257頁〔山田鋼業事件〕…………………………… 188
最大判1953（昭和28）年12月23日民集 7 巻13号1523頁〔自作農創設特別措置法事件〕…………… 166
最判1954（昭和29）年 1 月22日民集 8 巻 1 号225頁〔自作農創設特別措置法事件〕……………… 165
最判1954（昭和29）年 7 月16日刑集 8 巻 7 号1151頁 ……………………………………………… 214
最大判1954（昭和29）年11月24日刑集 8 巻11号1866頁〔新潟県公安条例事件〕………………… 220
最大判1956（昭和31）年 6 月13日刑集10巻 6 号830頁 ……………………………………………… 4
最大判1956（昭和31）年 7 月 4 日民集10巻 7 号785頁 ……………………………………………… 75
最大判1957（昭和32）年 3 月13日刑集11巻 3 号997頁〔チャタレー事件〕………………………… 97
最判1958（昭和33）年 4 月10日刑集12巻 5 号830頁 ………………………………………………… 101
最大判1958（昭和33）年 9 月10日民集12巻13号1969頁〔帆足計事件〕……………………… 4, 154
最大判1958（昭和33）年10月15日刑集12巻14号3305頁〔東京都売春取締条例事件〕…………… 220
最大判1969（昭和34）年 4 月 2 日刑集23巻 5 号305頁〔都教組事件〕……………………………… 189
最大判1961（昭和36）年 2 月15日刑集15巻 2 号347頁 ……………………………………………… 100
最大判1962（昭和37）年 5 月 2 日刑集16巻 5 号495頁 ……………………………………………… 214
最大判1962（昭和37）年11月28日刑集16巻11号1593頁〔第三者所有物没収事件〕……………… 208
最判1963（昭和38）年 5 月15日刑集17巻 4 号302頁〔加持祈祷事件〕……………………………… 83
最大判1963（昭和38）年 5 月22日刑集17巻 4 号370頁〔東大ポポロ事件〕………………………… 137
最大判1963（昭和38）年 6 月26日刑集17巻 5 号521頁〔奈良県ため池条例事件〕………………… 161
最判1964（昭和39）年 2 月26日民集18巻 2 号343頁〔教科書代金負担請求訴訟〕………………… 142
最判1964（昭和39）年 5 月27日民集18巻 4 号676頁〔高齢者待命処分事件〕……………………… 38
最判1967（昭和42）年 5 月24日民集21巻 5 号1043頁〔朝日訴訟〕………………………………… 174
最大判1968（昭和43）年11月27日刑集22巻12号1402頁〔河川付近地制限令事件〕……………… 164
最大判1968（昭和43）年12月 4 日刑集22巻13号1425頁〔三井美唄事件〕………………………… 187
最大判1968（昭和43）年12月18日刑集22巻13号1546頁〔大阪市屋外広告物条例事件〕………… 109
最大判1969（昭和44）年 6 月25日刑集23巻 7 号975頁〔夕刊和歌山時事事件〕…………………… 101
最大判1969（昭和44）年10月15日刑集23巻10号1239頁〔悪徳の栄え事件〕……………………… 123
最大決1969（昭和44）年11月26日刑集23巻11号1490頁〔博多駅テレビフィルム提出命令事件〕…… 128

241

最大判1969（昭和44）年12月24日刑集23巻12号1625頁〔京都府学連事件〕……………… 6, 29
最大判1970（昭和45）年6月17日刑集24巻6号280頁〔軽犯罪法事件〕……………………… 109
最大判1970（昭和45）年6月24日民集24巻6号625頁〔八幡製鉄事件〕……………………… 230
最大判1972（昭和47）年11月22日刑集26巻9号586頁〔小売市場距離制限事件〕…………… 150
最大判1972（昭和47）年11月22日刑集26巻9号554頁〔川崎民商事件判決〕………… 211, 235
最大判1973（昭和48）年4月4日刑集27巻3号265頁……………………………………………… 39
最大判1973（昭和48）年4月25日刑集27巻4号547頁…………………………………………… 189
最判1973（昭和48）年10月18日民集27巻9号1210頁〔土地収用法事件〕…………………… 167
最大判（昭和48）年12月12日民集27巻11号1536頁〔三菱樹脂事件〕……………………… 42, 78
最大判1973（昭和49）年4月25日刑集27巻4号547頁〔全農林警職法事件〕………………… 203
最大判1974（昭和49）年11月6日刑集28巻9号393頁〔猿払事件〕…………………… 219, 233
最大判1975（昭和50）年4月30日民集29巻4号572頁〔薬事法距離制限事件〕………… 150, 225
最大判1975（昭和50）年9月10日刑集29巻8号489頁〔徳島市公安条例事件〕………… 196, 221
最判1975（昭和50）年11月28日民集29巻10号1698号〔国労広島地本事件〕……………… 187
最大判1976（昭和51）年4月14日民集30巻3号223頁…………………………………………… 64
最大判1976（昭和51）年5月21日刑集30巻5号615頁〔旭川学力テスト事件〕……… 136, 139
最大判1977（昭和52）年7月13日民集31巻4号533頁〔津地鎮祭事件〕……………………… 86
最判1978（昭和53）年7月12日民集32巻5号946頁……………………………………………… 226
最大判1978（昭和53）年10月4日民集32巻7号1223頁…………………………………………… 11
最判1980（昭和55）年11月28日刑集34巻6号433頁〔四畳半襖の下張り事件〕……………… 98
最判1981（昭和56）年3月24日民集35巻2号300頁〔日産自動車事件〕……………………… 43
最判1981（昭56）年4月14日民集35巻3号620頁〔前科照会事件〕…………………………… 29
最判1981（昭和56）年4月16日刑集35巻3号84頁〔月刊ペン事件〕………………………… 102
最判1981（昭和56）年6月15日刑集35巻4号205頁等……………………………………………… 68
最大判1982（昭和57）年7月7日民集36巻7号1235頁〔堀木訴訟〕………………………… 176
最大判1983（昭和58）年4月27日民集37巻3号345頁…………………………………………… 67
最大判1983（昭和58）年6月22日民集37巻5号793頁〔よど号ハイジャック記事抹消事件〕……… 95
最大判1984（昭和59）年12月12日民集38巻12号1308頁〔税関検査事件〕…… 95, 96, 110, 124, 198, 234
最大判1984年（昭和59）年12月18日刑集38巻12号3025頁〔鉄道営業法違反事件〕……… 110
最大判1985（昭和60）年3月27日民集39巻2号247頁…………………………………………… 41
最大判1985（昭和60）年7月17日民集39巻5号1100頁…………………………………………… 66
最大判1985（昭和60）年10月23日刑集39巻6号413頁…………………………………………… 199
最大判1986（昭和61）年6月11日民集40巻4号872頁〔北方ジャーナル事件〕……………… 234
最判1987（昭和62）年3月3日刑集41巻2号15頁〔大分県屋外広告物条例事件〕………… 110
最判1987（昭和62）年4月22日民集41巻3号408頁〔森林法判決〕…………………………… 161
最大判1988（昭和63）年6月1日民集42巻5号277頁〔自衛官合祀訴訟〕……………………… 90
最判1989（平成1）年1月20日刑集43巻1号1頁…………………………………………………… 151
最判1989（平成1）年3月2日判時1363号68頁〔塩見訴訟〕…………………………………… 14
最判1989（平成1）年3月7日判タ694号84頁……………………………………………………… 151
最大判1989（平成1）年3月8日民集43巻2号89頁〔法廷メモ事件〕………………… 113, 126
最判1989（平成1）年12月14日民集43巻12号2051頁〔三井倉庫港運事件〕………………… 186
最判1990（平成2）年1月18日民集44巻1号1頁〔伝習館高校事件〕………………………… 141
最判1990（平成2）年4月17日民集44巻3号547頁〔政見放送削除事件〕…………………… 113

242

最大判1992（平成4）年7月1日民集46巻5号437頁〔成田新法事件〕	209
最判1992（平成4）年9月25日労判618号14頁〔三菱重工長崎造船所事件〕	188
最判1992（平成4）年11月16日集民166号575頁〔森川キャサリーン事件〕	13
最判1992（平成4）年12月15日民集46巻9号2829頁	151
最判1993（平成5）年2月16日民集47巻3号1687頁〔箕面忠魂碑・慰霊祭訴訟〕	87
最判1993（平成5）年3月16日民集47巻5号3483頁〔第一次家永教科書訴訟〕	135, 140
最判1994（平6）年2月8日民集48巻2号149頁〔ノンフィクション「逆転」事件〕	27
最判1995（平成7）年2月28日民集49巻2号639頁	15
最判1995（平成7）年3月7日民集49巻3号687頁〔泉佐野市民会館事件〕	118, 236
最大決1995（平成7）年7月5日民集49巻7号1789頁	51
最判1995（平成7）年12月5日判時1563号81頁	53
最判1995（平成7）年12月15日刑集49巻10号842頁〔外国人指紋押捺拒否事件〕	6
最決1996（平成8）年1月30日民集50巻1号199頁	84
最判1996（平成8）年3月8日民集50巻3号469頁〔剣道実技不受講事件〕	89
最判1996（平成8）年11月18日刑集50巻10号745頁	223
最大判1997（平成9）年4月2日民集51巻4号1673頁〔愛媛玉串料訴訟判決〕	87
最判1997（平成9）年8月29日民集51巻7号2921頁〔第三次家永教科書検定訴訟〕	141
最大判1999（平成11）年11月10日民集53巻8号1704頁	60, 61
最決2000（平成12）年1月27日判時1707号121頁	51
最判2000（平成12）年2月8日刑集54巻2号1頁〔司法書士法事件〕	152
最判2002（平成14）年2月13日民集56巻2号331頁	161
最判2002（平成14）年6月11日民集56巻5号958頁〔土地収用法事件〕	167
最大判2002（平成14）年9月11日民集56巻7号1439頁〔郵便法事件〕	237
最判2002（平14）年9月24日判時1802号60頁＝判タ1106号72頁〔石に泳ぐ魚事件〕	26
最判2003（平成15）年3月28日判時1820号62頁	51
最決2003（平成15）年3月31日判時1820号64頁	51
最判2003（平成15）年4月18日民集57巻4号366頁	161
最判2003（平15）年9月12日民集57巻8号973頁〔早稲田大学江沢民講演会名簿提出事件〕	27
最判2003（平成15）年10月16日民集57巻9号1075頁〔所沢ダイオキシン報道事件〕	113
最判2004（平成16）年4月13日刑集58巻4号247頁	214
最判2004（平成16）年11月25日民集58巻8号2326頁〔ほっとモーニング事件〕	112
最大判2006（平成17）年1月26日民集59巻1号128頁〔東京都管理職選考試験受験拒否事件〕	16, 35
最判2005（平成17）年7月14日民集59巻6号1569頁	124
最判2006（平成18）年9月4日民集60巻7号2563頁	47
最大判2005（平成17）年9月14日民集59巻7号2087頁〔在外日本国民選挙権訴訟〕	62
最判2006（平成18）年3月28日判時1930号80頁〔旭川介護保険料事件〕	172
最決2006（平成18）年10月3日民集60巻8号2647頁〔NHK記者証言拒否事件〕	113
最判2007（平成19）年2月27日民集61巻1号291頁	76
最決2007（平成19）年3月23日民集61巻2号619頁	48
最判2007（平成19）年9月18日刑集61巻6号601頁〔広島市暴走族追放条例事件〕	202
最判2007（平成19）年9月28日民集61巻6号2345頁〔学生無年金障害者訴訟〕	177
最判2008（平成20）年2月19日民集62巻2号445頁〔メープルソープ事件〕	98
最判2008（平成20）年3月6日民集62巻3号665頁〔住基ネット事件〕	6, 30

最判2008（平成20）年４月11日刑集62巻５号1217頁〔立川ビラ配り事件〕·················111
最大判2008（平成20）年６月４日民集62巻６号1367頁〔国籍法違憲判決〕················50
最決2009（平成21）年９月30日·················51
最判2009（平成21）年11月30日刑集63巻９号1765頁〔葛飾マンション事件〕·················111
最大判2010（平成22）年１月20日民集64巻１号１頁〔空知太神社事件〕·················88
最判2011（平成23）年５月30日民集65巻４号1780頁·················76
最判2012（平成24）年２月28日民集66巻３号1240頁〔老齢加算廃止違憲訴訟〕·················175
最大判2012（平成24）年10月17日民集66巻10号3357頁·················67
最判2012年（平成24）年12月７日刑集66巻12号1337頁〔堀越事件〕·················233
最大決2013（平成25）年９月４日民集67巻６号1320頁〔非嫡出子相続分差別事件〕·················7, 51
最決2013（平成25）年12月10日民集67巻９号1847頁·················55
最判2015（平成27）年12月３日刑集69巻８号815頁·················225
最大判2015（平成27）年12月16日民集69巻８号2427頁·················53
最大判2015（平成27）年12月16日民集69巻８号2586頁·················54
最決2017（平成29）年１月31日民集71巻１号63頁·················117

高等裁判所

東京高決1993（平成５）年６月23日高民集46巻２号43頁·················51
東京高判1997（平成９）年11月26日高民50巻３号459頁）·················16
大阪高判2014（平成26）年７月８日判時2232号34頁·················104

地方裁判所

東京地判1964（昭39）年９月28日下民集15巻９号2317頁〔宴のあと事件〕·················26
東京地判1986（昭和61）年３月20日行集37巻３号294頁〔日曜授業参観事件〕·················90
京都地判2013（平成25）年10月７日判時2208号74頁·················104

簡易裁判所

神戸簡判1975（昭和50）年２月20日刑月７巻２号104頁〔牧会活動事件〕·················84

事項索引

あ行

新しい人権……………………………… 22
家制度 ………………………………… 46
違憲状態 ……………………………… 65
1票の較差 …………………………… 64
淫行 ………………………………… 199
インターネット …………………… 114
営業の自由 ……… 147, 148, 150, 155, 160, 182
営利的言論 ………………………… 100
応能負担の原則 …………………… 41

か行

外国移住の自由 ……………… 153, 154
外国人 ………………………………… 10
外国人の権利 ………………………… 10
外国人の政治活動 …………………… 11
外国人の公務就任権 ………………… 16
外国人の参政権 ……………………… 15
外国人の社会権 ……………………… 14
外国旅行の自由 …………………… 154
学習指導要領 ………… 136, 141, 143
学問研究の自由 …………………… 135
学問の自由 ………………… 134, 143
規制の必要かつ合理性 …………… 109
規制目的二分論 … 150, 151, 152, 162, 235
義務教育の無償 …………………… 142
教育を受けさせる義務 …………… 142
教育を受ける権利 …… 134, 138, 140, 143
教科書 ……………………… 135, 142, 143
教科書検定 ………………… 135, 140, 141
教授の自由 ………………… 136, 139
行政手続法 ………………………… 210
居住・移転の自由 ………… 153, 154
勤労の義務 ………………… 175, 176
勤労の権利 ………………… 182, 183, 184
具体的権利 ………………………… 164
具体的権利説 ……………………… 173
経済的自由 ………………………… 230
刑罰権 ……………………………… 218
刑罰法規の類推解釈・適用 ……… 221

結社 …………………………………… 94
検閲 ………………………………… 233
厳格な合理性の基準 ……………… 149
研究発表の自由 …………… 135, 140
健康で文化的な最低限度 ………… 171
健康で文化的な最低限度の生活 … 170, 174, 177, 178
限定解釈 …………………………… 199
憲法13条の補充的性格 …………… 24
憲法上の自由・権利の制約原理 …… 5
行為規範 …………………… 201, 224
公共の福祉 …………………… 4, 234
公序良俗違反 ……………………… 78
後段列挙事由 ……………………… 36
幸福追求権 ……………………… 3, 22
公法上の法律関係に関する確認の訴え … 63
公務員の権利 …………………… 232
公務員の政治活動の自由 ………… 233
公務員の争議権 …………………… 189
合理的区別 ………………………… 39
国籍 ………………………………… 50
国籍離脱の自由 …………………… 153
国民教育権説 …………………… 139
国民の私生活上の自由 ……………… 6
国務請求権 ………………………… 236
個人主義 …………………………… 22
個人主義の原理 ……………………… 3
個人情報を開示・公表されない自由 …… 6
個人の私生活上の事実 …………… 102
個人の尊重 ……………………… 3, 22
国家教育権説 …………………… 139
国家神道 …………………………… 82
国家賠償請求権 ………………… 237
国旗及び国歌に関する法律 ……… 75
子どもの学習権 …………… 138, 139
戸別訪問の禁止 …………………… 67
コモン・ロー体制 ………………… 218

さ行

在外日本国民選挙権訴訟 ………… 61
罪刑法定主義 …………………… 218
再婚禁止期間 ……………………… 53

245

財産権……………158, 159, 160, 162, 164, 165, 167
裁判規範……………………………………201
裁判の公開…………………………………125
裁判を受ける権利…………………………237
差別的言論…………………………………103
サボタージュ………………………………187
参議院の特殊性……………………………66
参政権………………………………58, 230
自衛官合祀訴訟……………………………90
塩見訴訟……………………………………14
自己決定権…………………………………47
自己実現の価値……………………………95
自己情報コントロール権…………………24
事後的な不利益賦課………………………225
自己統治の価値……………………………95
自己に不利益な供述の強制の禁止………213
自作農創設措置法…………………………163
自作農創設特別措置法……………………166
事情判決の法理……………………………66
私人間効力……………………………78, 231
事前の告知…………………………………220
思想・信条についての中立性……………79
私的自治の原則……………………………232
児童の酷使…………………………………184
私法上のプライバシー権…………………25
指紋押捺を強制されない自由……………6
ジャーナリズム……………………………115
社会権…………………………………171, 185
社会通念……………………………………97
謝罪広告の強制……………………………74
集会……………………………………94, 118
集会の自由…………………………………236
衆議院比例代表並立制違憲訴訟…………59
住基ネット判決……………………………30
宗教的結社の自由…………………………84
宗教的行為の自由…………………………83
宗教的人格権………………………………90
住居侵入・捜索・押収に際しての令状主義…211
私有財産制……………………………158, 159, 162
収用……………………………163, 164, 165, 166
取材の自由…………………………………128
出入国管理及び難民認定法………………12
小選挙区制…………………………………58
肖像権………………………………………6
情報公開請求権……………………………129
情報発信の事前抑制………………………234

情報を受領する自由・権利………………122
条例での犯罪処罰…………………………219
職業選択の自由……………146, 147, 148, 153, 155
自力救済……………………………………218
知る権利……………………………………123
人格権…………………………………54, 101
信教の自由…………………………………83
人権の不可侵性……………………………1
人権の普遍性………………………………1
信仰の自由…………………………………83
人事の自治…………………………………136
人種差別撤廃条約…………………………103
信条説………………………………………72
人身の自由…………………………………206
信頼保護の要請……………………………224
ストライキ……………………185, 187, 188, 190
生活保護法……………………………174, 175
政教分離……………………………………85
政策的制約……………………149, 150, 151, 155, 162
政治活動の自由……………………………230
青少年保護育成条例………………………199
生殖補助医療技術…………………………47
生存権……………………170, 171, 172, 173, 176, 178
性同一性障害者……………………………55
正当な補償……………………………163, 166, 167
制度後退禁止原則……………………174, 179
制度準拠的権利………………………158, 160
制度的保障…………………………………85
絶対的平等…………………………………36
選挙運動の自由……………………………67
選挙権………………………………………58
煽動行為……………………………………99
争議行為………………………………188, 189, 190
相続分差別…………………………………51
相対的平等…………………………………36
遡及処罰の禁止……………………………222
損失補償……………………………163, 164, 165

た行

大学の自治…………………………………136
大選挙区制…………………………………58
団結権…………………………………185, 186, 188
男女同一賃金の原則………………………42
団体交渉権……………………………185, 187
団体行動権（争議権）………………185, 187
抽象的権利説…………………………173, 175

246

中選挙区制	59
重複立候補	59
沈黙の自由	79
通常の判断能力を有する一般人の理解	197
定住外国人	18
適正手続の保障	221
手続規範	224
投票価値の平等	43, 64
特別永住者	18
特別権力関係	232
特別の犠牲（特別な犠牲）	163, 165, 167
図書・新聞閲読の自由	125
土地収用	163
土地収用法	163, 164, 166, 167
奴隷的拘束からの自由	230

な行

内在的制約	148, 149, 150, 151, 165
内心説	72
内面的精神活動	70
二重の基準	105
入国の自由	13

は行

表現手段の規制	109
表現の自由	94
表現の内容規制	99
表現媒体	131
ビラ配布	110
ビラ（ポスター）貼りに対する規制	108
比例代表制	59
夫婦同氏制	54
福祉受給権	43
父母両系血統主義	49
プライバシーの権利	102
プログラム規定	164
プログラム規定説	172, 174

プロバイダー	115
兵役拒否	73
包括的権利	3
法人の憲法上の権利享有主体性	230
放送	111
放送の自由	112
法定手続の保障	207, 221
報道の自由	127
法律の留保	5
法律の明確性	195, 221

ま行

マス・メディア	113, 127
マス・メディアの部分規制	114
明白性の原則	150, 162
名誉毀損の法理	101
目的・効果基準	86
黙秘権	213

や行

ユニオン・ショップ契約	186
予測可能性	195, 220

ら行

立法者拘束説	36
立法者非拘束説	35
立法不作為	63
労働基本権	182, 183, 185, 186, 189, 190, 191
労働協約	186, 187
労働組合	185, 186, 187, 190, 191
労働組合法	185
労働契約	183, 184
労働者	182

わ行

わいせつ文書	96
忘れられる権利	116

【執筆者紹介】（執筆順，＊は編者）

＊井上 典之	(いのうえ のりゆき)	神戸大学大学院法学研究科教授	プロローグ, Chapter 08, 09, 18, エピローグ
門田 孝	(もんでん たかし)	広島大学大学院法務研究科教授	Chapter 01, 02, 05, 07, 17
春名 麻季	(はるな まき)	福岡大学法学部教授	Chapter 03, 04, 06, 10, 16
植木 淳	(うえき あつし)	名城大学法学部教授	Chapter 11, 12, 13, 14, 15

Horitsu Bunka Sha

「憲法上の権利」入門

2019年6月30日　初版第1刷発行
2023年5月3日　初版第2刷発行

編　者　井上典之

発行者　畑　　光

発行所　株式会社 法律文化社

〒603-8053
京都市北区上賀茂岩ヶ垣内町71
電話 075(791)7131　FAX 075(721)8400
https://www.hou-bun.com/

印刷：共同印刷工業㈱／製本：㈲坂井製本所
装幀：白沢　正
ISBN 978-4-589-04016-9
©2019 Noriyuki Inoue Printed in Japan

乱丁など不良本がありましたら、ご連絡下さい。送料小社負担にて
お取り替えいたします。
本書についてのご意見・ご感想は、小社ウェブサイト、トップページの
「読者カード」にてお聞かせ下さい。

JCOPY 〈出版者著作権管理機構 委託出版物〉

本書の無断複写は著作権法上での例外を除き禁じられています。複写される
場合は、そのつど事前に、出版者著作権管理機構（電話 03-5244-5088、
FAX 03-5244-5089、e-mail: info@jcopy.or.jp）の許諾を得て下さい。

〈18歳から〉シリーズ ●学問の世界への第一歩
具体的な事象を18歳の目線でとらえ、基礎となるエッセンスを解説。

＊B５判・カバー巻・100～120頁

18歳からはじめる憲法〔第２版〕	水島朝穂 著	2420円
18歳から考える人権〔第２版〕	宍戸常寿 編	2530円
18歳からはじめる民法〔第５版〕	潮見佳男・中田邦博・松岡久和 編	2420円
18歳から考える家族と法	二宮周平 著	2530円
18歳から考える消費者と法〔第２版〕	坂東俊矢・細川幸一 著	2420円
18歳からはじめる情報法〔第２版〕	米丸恒治 編	2530円
18歳から考えるワークルール〔第２版〕	道幸哲也・加藤智章・國武英生 編	2530円
18歳からはじめる環境法〔第２版〕	大塚直 編	2530円
18歳から考える知的財産法	大石玄・佐藤豊 編	2530円
18歳から考える日本の政治〔第３版〕	五十嵐仁 著	2530円

曽我部真裕・横山真紀編

スタディ憲法〔第２版〕
Ａ５判・248頁・2750円

大好評テキストの最新版。各章冒頭のマンガが，各章のテーマやポイントを道案内。法律学を知らなくても楽しく読める・学習できるを実現した，憲法テキスト史上もっとも分かりやすい入門書。コロナ禍など，憲法に関連する最新の事象・動向を踏まえてアップトゥーデート。

大島義則著

憲法の地図
―条文と判例から学ぶ―
Ａ５判・196頁・2200円

憲法の条文の規範的内容について最高裁の下した判決を中心に解説する。各章末に判例をマッピングした「地図」を付すとともに，本文を理解するための必要な判決を一覧化。憲法の条文・判例の全体像を理解できる一冊。

瀧川裕英編

問いかける法哲学
Ａ５判・288頁・2750円

私たちの生活に大きくかかわっている法や制度を根本的に見つめ直すことによって，それらがどのように成り立っているのかを考える「いきなり実戦」型の入門書。賛否が分かれる15の問いを根源的に検討するなかで，法哲学の魅力に触れることができる。

法律文化社

表示価格は消費税10％を含んだ価格です